《"中国制造2025"出版工程》编委会

主　任

　　孙优贤（院士）

副主任（按姓氏笔画排序）

　　王天然（院士）　杨华勇（院士）　吴　澄（院士）
　　陈　纯（院士）　陈　杰（院士）　郑南宁（院士）
　　桂卫华（院士）　钱　锋（院士）　管晓宏（院士）

委　员（按姓氏笔画排序）

　　马正先　王大轶　王天然　王荣明　王耀南　田彦涛
　　巩水利　乔　非　任春年　伊廷锋　刘　敏　刘延俊
　　刘会聪　刘利军　孙长银　孙优贤　杜宇雷　巫英才
　　李　莉　李　慧　李少远　李亚江　李嘉宁　杨卫民
　　杨华勇　吴　飞　吴　澄　吴伟国　宋　浩　张　平
　　张　晶　张从鹏　张玉茹　张永德　张进生　陈　为
　　陈　刚　陈　纯　陈　杰　陈万米　陈长军　陈华钧
　　陈兵旗　陈茂爱　陈继文　陈增强　罗　映　罗学科
　　郑南宁　房立金　赵春晖　胡昌华　胡福文　姜金刚
　　费燕琼　贺　威　桂卫华　柴　毅　钱　锋　徐继宁
　　郭彤颖　曹巨江　康　锐　梁桥康　焦志伟　曾宪武
　　谢　颖　谢胜利　蔡　登　管晓宏　魏青松

"十三五"国家重点出版物
出版规划项目

"中国制造2025"
出版工程

复杂制造系统的可重构计划与调度

乔非 吴莹 马玉敏 著

·北京·

本书包括 3 篇内容，第 1 篇可重构体系篇，针对复杂制造系统的生产计划与调度整体需求与特点，构建具有可重构能力的生产计划与调度体系结构，并讨论体系结构的可重构特性以及体系的重构过程和方法。第 2 篇可重构单元篇，在复杂制造系统生产计划与调度体系的整体框架下，分别讨论体系结构中的四个核心单元，即中期生产计划单元、短期生产计划单元、实时调度单元和重调度单元。第 3 篇可重构实施篇，首先给出了实施本书体系结构设计的可重构计划与调度体系原型系统的实现，然后应用此原型系统，结合案例对单元级和系统级的体系结构重构过程加以分析说明。

本书面向从事复杂制造系统计划、调度和优化等相关领域研究工作的科研人员，微电子等复杂制造行业的生产管理或工程技术人员，也可作为系统工程、工业工程、自动化、机械工程等专业院校研究生和教师的学习用书。

图书在版编目（CIP）数据

复杂制造系统的可重构计划与调度/乔非，吴莹，马玉敏著.
—北京：化学工业出版社，2018.12
"中国制造 2025"出版工程
ISBN 978-7-122-33227-1

Ⅰ.①复… Ⅱ.①乔…②吴…③马… Ⅲ.①制造工业-生产计划-研究-中国②制造工业-生产调度-研究-中国　Ⅳ.①F426.4

中国版本图书馆 CIP 数据核字（2018）第 250364 号

| 责任编辑：宋　辉 | 文字编辑：陈　喆 |
| 责任校对：王鹏飞 | 装帧设计：尹琳琳 |

出版发行：化学工业出版社（北京市东城区青年湖南街 13 号　邮政编码 100011）
印　　装：三河市延风印装有限公司
710mm×1000mm　1/16　印张 20½　字数 382 千字　2019 年 5 月北京第 1 版第 1 次印刷

购书咨询：010-64518888　　　　　　　　　　售后服务：010-64518899
网　　址：http://www.cip.com.cn
凡购买本书，如有缺损质量问题，本社销售中心负责调换。

定　　价：98.00 元　　　　　　　　　　　　　版权所有　违者必究

序

制造业是国民经济的主体,是立国之本、兴国之器、强国之基。近十年来,我国制造业持续快速发展,综合实力不断增强,国际地位得到大幅提升,已成为世界制造业规模最大的国家。但我国仍处于工业化进程中,大而不强的问题突出,与先进国家相比还有较大差距。为解决制造业大而不强、自主创新能力弱、关键核心技术与高端装备对外依存度高等制约我国发展的问题,国务院于2015年5月8日发布了"中国制造2025"国家规划。随后,工信部发布了"中国制造2025"规划,提出了我国制造业"三步走"的强国发展战略及2025年的奋斗目标、指导方针和战略路线,制定了九大战略任务、十大重点发展领域。2016年8月19日,工信部、国家发展改革委、科技部、财政部四部委联合发布了"中国制造2025"制造业创新中心、工业强基、绿色制造、智能制造和高端装备创新五大工程实施指南。

为了响应党中央、国务院做出的建设制造强国的重大战略部署,各地政府、企业、科研部门都在进行积极的探索和部署。加快推动新一代信息技术与制造技术融合发展,推动我国制造模式从"中国制造"向"中国智造"转变,加快实现我国制造业由大变强,正成为我们新的历史使命。当前,信息革命进程持续快速演进,物联网、云计算、大数据、人工智能等技术广泛渗透于经济社会各个领域,信息经济繁荣程度成为国家实力的重要标志。增材制造(3D打印)、机器人与智能制造、控制和信息技术、人工智能等领域技术不断取得重大突破,推动传统工业体系分化变革,并将重塑制造业国际分工格局。制造技术与互联网等信息技术融合发展,成为新一轮科技革命和产业变革的重大趋势和主要特征。在这种中国制造业大发展、大变革背景之下,化学工业出版社主动顺应技术和产业发展趋势,组织出版《"中国制造2025"出版工程》丛书可谓勇于引领、恰逢其时。

《"中国制造2025"出版工程》丛书是紧紧围绕国务院发布的实施制造强国战略的第一个十年的行动纲领——"中国制造2025"的一套高水平、原创性强的学术专著。丛书立足智能制造及装备、控制及信息技术两大领域,涵盖了物联网、大数据、3D 打印、机器人、智能装备、工业网络安全、知识自动化、人工智能等一系列的核心技术。丛书的选题策划紧密结合"中国制造 2025"规划及 11 个配套实施指南、行动计划或专项规划，每个分册针对各个领域的一些核心技术组织内容，集中体现了国内制造业领域的技术发展成果，旨在加强先进技术的研发、推广和应用，为"中国制造 2025"行动纲领的落地生根提供了有针对性的方向引导和系统性的技术参考。

这套书集中体现以下几大特点：

首先，丛书内容都力求原创，以网络化、智能化技术为核心，汇集了许多前沿科技，反映了国内外最新的一些技术成果，尤其使国内的相关原创性科技成果得到了体现。这些图书中，包含了获得国家与省部级诸多科技奖励的许多新技术，因此，图书的出版对新技术的推广应用很有帮助！这些内容不仅为技术人员解决实际问题，也为研究提供新方向、拓展新思路。

其次，丛书各分册在介绍相应专业领域的新技术、新理论和新方法的同时，优先介绍有应用前景的新技术及其推广应用的范例，以促进优秀科研成果向产业的转化。

丛书由我国控制工程专家孙优贤院士牵头并担任编委会主任，吴澄、王天然、郑南宁等多位院士参与策划组织工作，众多长江学者、杰青、优青等中青年学者参与具体的编写工作，具有较高的学术水平与编写质量。

相信本套丛书的出版对推动"中国制造 2025"国家重要战略规划的实施具有积极的意义，可以有效促进我国智能制造技术的研发和创新，推动装备制造业的技术转型和升级，提高产品的设计能力和技术水平，从而多角度地提升中国制造业的核心竞争力。

中国工程院院士 潘云鹤

前言

制造业是国民经济发展的重要支柱，制造业的先进程度标志着一个国家的发展水平。随着现代制造业在环境、结构、过程等多方面表现出的复杂性日益增强，对复杂制造系统的运营管理与优化也提出了更高的要求。复杂制造系统技术密集，资金密集，例如，在半导体集成电路芯片制造生产线上，投资的75%用在设备上，相比于通过增加贵重设备来提高产能的方式，以改进生产计划与调度策略来优化生产也能收到良好效果，价格动辄数千万甚至上亿的设备如果少空闲几分钟，则将节省数目可观的成本。

生产计划与调度是复杂制造企业生产活动和组织管理的重要环节，是提高企业经济效益的有效途径，对于提高企业生产管理水平、节约成本、提升市场竞争力、快速收回投资以及获得更高的经济效益有着十分重要的意义。而复杂制造系统的调度优化毫无疑问是众多调度问题中颇具挑战性的一类，得到了国内外工业工程、控制工程、人工智能、应用数学、运筹学、计算机科学、管理科学、系统工程等领域的研究人员及工程技术人员的广泛关注，成为学术界和应用界的研究热点之一。

以多重入特征明显的半导体制造系统为代表的一类复杂制造系统，因其在工艺流程、多样性约束、生产方式等方面的复杂要求及来自内外部制造环境的动态不确定性，为其制造过程的生产计划和调度控制的研究带来了更大的挑战。近十多年来，虽然有大批学者投身这一领域的研究，也取得了相当可观的成果积累，但主要的研究工作还是集中于对生产计划与调度中各个子问题的求解，如能力计划、投料控制、实时调度等。无论是从模型到方法的理论研究，还是从优化问题到控制策略的技术探索，都难以填充研究与应用之间的鸿沟，究其原因，已有的研究成果在系统性和灵活性上的不足可能是制约因素之一。

著者从20世纪90年代初开始涉足制造领域生产计划与调度的研究，先后围绕柔性制造、计算机集成制造等先进制造系统，积累了多年的科研、教学及工程经历。

近十多年来，进一步专注于对以半导体芯片制造为代表的复杂制造系统的生产计划与调度理论、方法和应用研究，同时也越来越体会到，对于复杂制造系统的调度优化管理，在不断改进模型、创新方法的基础上，更需要加强系统级的协同能力和对于复杂动态环境的应变能力。

鉴于此，本书从系统工程的角度切入，面向以半导体生产线为代表的多重入复杂制造系统，研究提出一种可重构的生产计划与调度体系结构。该体系结构不仅把复杂的半导体制造过程所涉及的各类典型生产计划与调度问题科学合理地整合为一个有机体，将各部分各环节的常规方法及著者多年研究形成的方法成果等嵌入该体系之中，而且能够针对具体业务问题在体系结构层级上重新配置其业务系统，产生合理的方案，支持具体环境下的计划调度决策。

本书的主要内容来源于著者及其研究生们的科研积累，强调理论与实践的结合以及学术研究与工程应用的结合。着重研究具有集成性和灵活性的复杂制造系统生产计划与调度体系的构建及相关技术方法，并突出其可重构特征与可重构能力的设计与实现。全书包括3篇9章。

第1篇可重构体系篇，针对复杂制造系统的生产计划与调度整体需求与特点，构建具有可重构能力的生产计划与调度体系结构，并讨论体系结构的可重构特性以及体系的重构过程和方法，为后续内容建立框架和基础。

第2篇可重构单元篇，在复杂制造系统生产计划与调度体系的整体框架下，分别讨论体系结构中的四个核心单元，即中期生产计划单元、短期生产计划单元、实时调度单元和重调度单元。在分别概述各单元的概念、发展及一般方法的基础上，重点介绍了著者研究提出的若干针对复杂制造系统的计划与调度的新方法。这些单元问题及方法都可以借助于体系结构的集成化模型纳入生产计划与调度体系的框架之中,并参与系统的重构过程。

第3篇可重构实施篇,首先给出了实施本书体系结构设计的可重构计划与调度体系原型系统的实现,继而应用此原型系统,结合案例对单元级和系统级的体系结构重构过程加以分析说明。

本书面向从事复杂制造系统计划、调度和优化等相关领域研究工作的科研人员,系统工程、工业工程、自动化、机械工程等专业大专院校研究生和教师,微电子等复杂制造行业的生产管理或工程技术人员等,力图在生产计划与调度的系统化技术、方法、工具及应用案例等方面,为读者提供有价值的参考和帮助。

与本书内容相关的研究工作得到了国家自然科学基金项目(编号:71690234 和 61034004)等的资助,也得到了团队创始人吴启迪教授的指导和帮助。在本书编写过程中,丁小进、施斌、叶恺、李兆佳、郭璎宵、倪嘉呈、谷翔、李雯琳、于孝雨、高海、王正等研究生参与了研究工作,研究生王巧玲、邢俊霞协助了书稿整理,在此一并表示感谢。

限于水平和能力,本书难免有不妥之处,衷心希望各位读者不吝批评指正。

目录

第1篇 可重构体系篇

第1章 复杂制造系统概述

1.1 制造系统的复杂性 / 2
    1.1.1 制造系统的分类与特点 / 2
    1.1.2 工业制造系统的复杂性 / 5
1.2 多重入复杂制造系统运作概述 / 6
    1.2.1 多重入复杂制造系统概念及特征 / 6
    1.2.2 典型多重入复杂制造系统——半导体制造 / 6
    1.2.3 制造信息系统 / 8
1.3 复杂制造系统的生产计划与调度 / 10
    1.3.1 生产计划与调度概念 / 10
    1.3.2 中期生产计划问题与方法 / 11
    1.3.3 短期生产计划生产调度问题与方法 / 12
    1.3.4 动态调度问题与方法 / 13
1.4 复杂制造系统的发展趋势 / 15
    1.4.1 新一代互联网技术驱动下的制造系统发展趋势 / 15
    1.4.2 新型制造模式下计划调度的可重构意义 / 16
参考文献 / 17

第2章 可重构的复杂制造系统生产计划与调度体系

2.1 体系结构的一般概念 / 19
    2.1.1 体系结构和体系结构框架 / 19
    2.1.2 常用体系结构框架 / 20
    2.1.3 体系结构框架的概念模型 / 24

2.2 面向生产计划与调度的体系结构框架 / 25
  2.2.1 制造系统生产计划与调度的研究路线 / 25
  2.2.2 面向生产计划与调度的体系结构框架的元素及关系 / 26
  2.2.3 面向生产计划与调度的体系结构框架的视角及模型 / 31
  2.2.4 面向生产计划与调度的体系结构框架的特点分析 / 36
 2.3 复杂制造系统生产计划与调度体系结构的构建 / 37
  2.3.1 业务系统视角模型建立 / 38
  2.3.2 业务过程视角模型建立 / 42
  2.3.3 协同视角模型建立 / 45
  2.3.4 体系结构模型之间的集成和重构关系 / 49
 2.4 可重构的复杂制造系统生产计划与调度集成体系 / 53
  2.4.1 体系结构的业务功能关系 / 53
  2.4.2 体系结构的业务过程逻辑 / 55
  2.4.3 体系结构的特点分析 / 57
 参考文献 / 59

第3章 面向复杂制造系统的计划与调度重构

 3.1 面向复杂制造系统的计划与调度体系重构概述 / 61
  3.1.1 可重构系统的结构及组成 / 61
  3.1.2 可重构的类别 / 62
  3.1.3 可重构系统的复用层次 / 63
 3.2 可重构的内容与层次 / 66
  3.2.1 系统级重构 / 66
  3.2.2 组件级重构 / 68
  3.2.3 算法级重构 / 69
 3.3 可重构系统的建立过程 / 70
 3.4 复用层次的语义基础 / 72
  3.4.1 范畴论基础概念 / 73
  3.4.2 复用层次的语义基础 / 74
 参考文献 / 80

第2篇　可重构单元篇

第4章　复杂制造系统的中期生产计划

4.1　中期生产计划概述　/ 84
    4.1.1　投料计划概述　/ 84
    4.1.2　维护计划概述　/ 87
4.2　投料计划方法研究　/ 89
    4.2.1　负荷均衡投料计划算法　/ 90
    4.2.2　动态负荷均衡投料计划算法　/ 93
    4.2.3　基于产能约束的混合智能投料算法　/ 97
4.3　维护计划方法研究　/ 99
    4.3.1　设备维护策略　/ 99
    4.3.2　智能优化维护方法研究　/ 101
4.4　协同计划方法研究　/ 103
    4.4.1　投料计划与维护计划的协同　/ 103
    4.4.2　维护计划与生产调度的协同　/ 104
4.5　中期计划的可重构集成　/ 107
    4.5.1　中期计划体系结构模型　/ 107
    4.5.2　中期计划集成控制　/ 112
    4.5.3　中期计划通用组件及接口　/ 115
4.6　案例：考虑了生产调度的维护计划　/ 116
    4.6.1　案例描述　/ 116
    4.6.2　仿真模型　/ 117
    4.6.3　仿真结果　/ 117
参考文献　/ 119

第5章　复杂制造系统的短期计划与调度

5.1　短期生产计划与调度概述　/ 121
    5.1.1　短期生产计划与调度概念　/ 121
    5.1.2　短期生产计划与调度方法　/ 122
5.2　基于约束理论的 DBR 短期生产计划方法　/ 125
    5.2.1　面向多重入制造系统实施的 DBR 分析　/ 125
    5.2.2　基于 DBR 的分层调度算法　/ 129

5.3 基于 SBO 的多目标调度优化方法 / 130

 5.3.1 面向复杂制造调度的 SBO 方法设计 / 131

 5.3.2 基于灰色关联度分析的优化目标选取 / 134

 5.3.3 基于 NSGA-Ⅱ算法的 SBO 多目标调度优化方法 / 136

 5.3.4 基于层次分析法的最优解选取 / 140

5.4 瓶颈区并行设备调度方法 / 142

 5.4.1 瓶颈区调度优化方法简介 / 142

 5.4.2 瓶颈区调度优化方法设计 / 142

 5.4.3 调度期内瓶颈区工序集预测方法 / 144

 5.4.4 瓶颈区调度任务的优化 / 146

5.5 短期计划与调度的可重构集成 / 150

 5.5.1 短期计划与调度体系结构的业务系统视角模型 / 150

 5.5.2 短期计划与调度体系结构的业务过程视角模型 / 155

5.6 案例：SBO 多目标调度优化方法 / 161

 5.6.1 基于 BenchMark6 模型的 SBO 仿真优化 / 161

 5.6.2 最优解选取 / 164

参考文献 / 166

第 6 章 复杂制造系统的实时调度

6.1 实时调度概述 / 171

 6.1.1 基于规则的实时调度方法 / 171

 6.1.2 基于数据的实时调度方法 / 173

6.2 基于数据的组合规则调度策略 / 175

 6.2.1 调度规则库的设计与选取 / 176

 6.2.2 性能指标集的设计与选取 / 178

 6.2.3 基于数据的实时调度 / 180

6.3 基于数据的瓶颈设备实时调度 / 184

 6.3.1 基于数据的瓶颈识别 / 185

 6.3.2 基于数据的瓶颈调度算法 / 189

6.4 实时调度的可重构集成 / 192

 6.4.1 实时调度的业务系统视角模型 / 193

 6.4.2 实时调度的业务过程视角模型 / 195

6.5 案例：基于数据的瓶颈设备实时调度 / 198

参考文献 / 202

第 7 章 复杂制造系统的重调度

7.1 重调度概述 / 204
  7.1.1 重调度策略的研究现状与发展 / 205
  7.1.2 重调度方法的研究现状与发展 / 206
  7.1.3 重调度评价的研究现状与发展 / 206
7.2 基于模糊 Petri 网推理的重调度策略 / 207
  7.2.1 面向重调度决策的模糊 Petri 网模型 / 208
  7.2.2 基于模糊推理的重调度决策 / 212
7.3 匹配重调度方法 / 217
  7.3.1 匹配时段与匹配区域 / 217
  7.3.2 单台设备匹配重调度方法 / 220
  7.3.3 设备组匹配重调度方法 / 224
  7.3.4 两种匹配重调度方法的比较分析 / 225
7.4 重调度评价 / 227
  7.4.1 稳定性评价 / 227
  7.4.2 有效性评价 / 228
7.5 重调度的可重构集成 / 228
  7.5.1 重调度的业务系统视角模型 / 228
  7.5.2 重调度的业务过程视角模型 / 229
7.6 案例：在线重调度 / 233
参考文献 / 236

第 3 篇 可重构实施篇

第 8 章 可重构体系原型系统设计

8.1 原型系统简介 / 240
8.2 原型系统设计 / 241
  8.2.1 原型系统基础架构设计 / 241
  8.2.2 数据层设计 / 242
  8.2.3 软件层设计 / 243
  8.2.4 仿真层设计 / 246
8.3 数据层实现 / 247
8.4 软件层实现 / 248
  8.4.1 数据接口定义实现 / 248

8.4.2 基础模型实现 / 250
8.4.3 体系结构组件实现 / 251
8.4.4 仿真模型接口实现 / 262
8.4.5 用户界面实现 / 262
8.5 仿真层实现 / 263
8.5.1 模型库实现 / 264
8.5.2 算法库实现 / 266
8.6 MRPSS 使用流程 / 267
参考文献 / 268

第 9 章 基于原型系统的可重构实施

9.1 原型系统基本使用界面 / 269
9.2 基于原型系统的可重构验证研究 / 272
9.2.1 概述 / 272
9.2.2 瓶颈区需求模型 / 273
9.2.3 HP24Fab 模型简介 / 274
9.2.4 重构验证过程及分析 / 275
9.3 基于原型系统的可重构优化研究 / 280
9.3.1 概述 / 280
9.3.2 生产线数据分析过程 / 282
9.3.3 生产线数据表示与评估尺度 / 284
9.3.4 生产线数据分析模型 / 290
9.3.5 Minifab 模型 / 298
9.3.6 Minifab 数据分析的重构过程案例 / 300
参考文献 / 306

附录 专业词语汇总表

索引

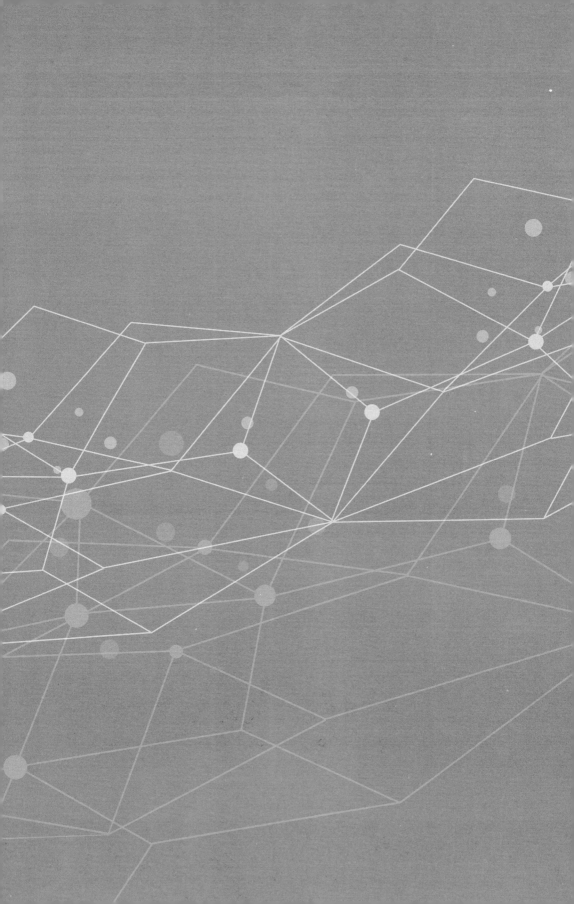

第1篇
可重构体系篇

本篇首先介绍复杂制造系统及其生产计划与调度体系,作为全书问题对象的引出;继而从宏观上给出可重构计划与调度的基本思想和体系框架,对体系结构的重构特性及通用方法和过程加以分析,为后续篇章建立基本概念和理论基础。

第1章
复杂制造系统概述

制造业是国民经济的支柱产业,是国家科技水平和综合实力的重要标志。在技术驱动和需求拉动的双重作用力下,制造业走过了机械化、自动化、信息化等的发展历程。自20世纪中叶以来,信息技术的发展越来越广泛而深刻地影响着制造业,先后出现了计算机数控(Computerized Numerical Control,CNC)、柔性制造系统(Flexible Manufacturing System,FMS)、计算机集成制造(Computer Integrated Manufacturing,CIM)、敏捷制造(Agile Manufacturing,AM)、智能制造(Intelligent Manufacturing,IM)等一系列新型制造模式。与此同时,一方面制造管理的精益化程度不断提高,另一方面制造系统也呈现着日益复杂化的趋势,包括具有大规模、不确定、强耦合等高度复杂性,以及因需求波动、设备故障、任务或工艺调整等引发的不确定性。这些复杂性特点为制造系统,特别是以半导体制造为代表的一类复杂制造系统的生产过程的计划调度和控制管理带来了更高的挑战,也受到了学术界和工业界的广泛关注。

生产计划和调度是企业生产组织和管理核心,是提高企业综合效益的关键技术。调度的基本挑战在于需要兼顾:满足约束、优化性能、实用高效。现代科学技术、特别是信息科学技术的快速发展,为生产过程带来了一系列的变化,即系统结构、系统功能、性能指标和调度环境都日趋复杂化,这些又加剧了复杂生产过程的调度和控制问题解决的难度。

本章在概述制造系统复杂性及以半导体制造为代表的复杂制造系统的信息管理系统的基础上,对生产计划与调度问题的概念与方法加以梳理,并明确新型制造模式下构建生产计划与调度可重构体系的趋势与意义。

1.1 制造系统的复杂性

1.1.1 制造系统的分类与特点

制造系统按照产品加工路线的特征不同,可以分为:作业车间、流水车间与多重入制造系统。这三类生产制造系统分类及特点如表1-1所示。

按照产品生产工艺的特征不同，制造系统又可以分为连续制造和离散制造，它们各自的概念及特点如表1-2所示。

表1-1 生产制造系统分类及特点（按照产品加工路线特征的不同划分）

制造系统	加工路径	加工顺序约束	重入加工流	调度目标	生产计划与调度研究现状
作业车间	不固定，每个工件都有独特的加工路径	无	可能有，但很少	确定每台机器上的工件加工顺序，满足优化目标	比较成熟，已形成比较完善的体系结构，在实际生产中已有所应用
流水车间	固定，所有工件具有统一路径	有	除返工外没有	确定工件在每台机器上的加工顺序，满足优化目标	比较成熟，已形成比较完善的体系结构，在实际生产中已有所应用
多重入制造系统	同种工件的加工路径是固定的，但选择的设备可能是不同的	有	大量，在多处设备存在重入流	确定工件在哪台设备上加工与每个机器上的工件加工顺序，满足优化目标	近十几年来才开始进行研究，还未形成完善的体系结构，在实际中应用得很少，有待进一步研究

表1-2 生产制造系统概念及特点（按照产品生产工艺特征的不同划分）

制造系统	概念	特点	管理目标	生产计划与调度研究的关注点
连续制造	物料均匀、连续地按一定工业顺序运动，一般不可中途停顿。如化工生产、金属冶炼、食品制剂等	产品不可拆分（单位：重量、体积），容器存储。生产过程伴随着化学性变化	主要专注于物料的数量、质量和工艺参数的控制	生产计划的制定相对简单和稳定，生产设备的能力固定，工艺也相对固定，企业的产能主要由硬件决定
离散制造	生产过程由可以间断的若干工艺步骤组成，包括零部件加工和装配。如汽车、飞机、船舶、家电等制造业	产品可拆分（单位：件），可按件存储。生产过程主要通过对原材料物理形状的改变、组装成为产品，使其增值	在满足工艺约束和完成计划任务的同时，尽可能达成效率、成本、质量等多目标的优化	产品的工艺过程经常变更，生产过程的变化和不确定因素多。生产计划需要协调和优化的因素多而复杂，作业调度困难

制造系统还可以按生产组织方式的不同分为备货型生产（Make to Stock，MTS）和订货型生产（Make to Order，MTO），如表1-3所示。备货型生产基于对市场需求的研究和预测组织生产，生产出的产品不断补充成品库存，再通过库存满足用户的需求；订货型生产则是基于用户的订单组织产品的设计、装配和

生产，又可细分为按订单组装（Assemble to Order，ATO）、狭义的按订单生产（Make to Order，MTO）和按订单设计（Engineer to Order，ETO）三类，如表1-4所示。各类生产方式的制造系统和用户交界面不尽相同，由图1-1可知，从MTS、ATO、MTO到ETO，用户介入制造过程的时间依次提前，相应地，订货提前期也逐次增大。而各类制造系统在产品产量方面的比较如图1-2所示。

表1-3 生产制造系统分类及特点（按照生产组织方式的不同划分）

制造系统	产品定位策略	用户参与度	产品品种与批量	管理目标	生产计划与调度研究关注点
备货型生产（MTS）	根据市场需求（预测）组织生产	无	标准产品，有限品种，大批量生产	平衡生产能力与库存	通过采购计划、库存控制等合理利用资源，提高生产效率
订货型生产（MTO）	根据用户订单，组织采购、生产和装配	中	多品种，小批量	面向客户需求，协调采购、生产和装配	兼顾单元自动化和企业柔性化，同时满足订单计划和产品工艺，降低库存

表1-4 生产制造系统分类及特点（按照订货型生产方式的不同划分）

制造系统	产品定位策略	用户参与度	产品品种与批量	管理目标	生产计划与调度研究关注点
按订单组装（ATO）	根据用户订单，对标准件组织装配	低	标准部件，类似品种	面向客户需求，平衡交货期与装配能力	借助柔性车间的灵活配置和管理，达到增加产品品种、满足多变市场需求的目的
按订单设计（ETO）	根据用户订单及需求进行产品设计，并组织采购、生产和装配	高	定制产品，特殊品种，单件生产	面向客户需求，客户化的设计及相应的生产组织	客户化设计和特殊产品、工艺、原材料的组织，实施设计与制造的并行工程

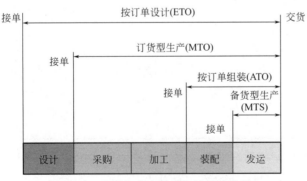

图1-1 不同生产方式对内特性的比较

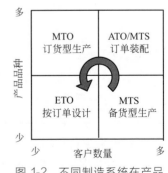

图1-2 不同制造系统在产品产量方面的比较

关于制造系统的分类还可以有多种，比如按产品使用性能分为通用产品生产类型和专用产品生产类型；按照生产稳定性和重复性分为大量生产、成批生产和单件小批生产等。

本书将重点讨论一类具有重入性特征的离散型制造系统，按照复杂系统组成元素多且互相存在强耦合作用的定义，这是一类典型的复杂系统。

1.1.2 工业制造系统的复杂性

制造系统的复杂性可以从数量、关系、状态、信息等方面理解[1~4]，包括工程复杂性和管理复杂性。工程复杂性是复杂制造系统的自然属性，体现的是系统细节复杂性。在企业生产管理实践中，表现为具有多个连续或平行加工的生产工艺流程，半成品和产成品种类繁多，生产时间、空间跨度大等。

管理复杂性是复杂制造系统的关系属性，体现的是系统动态复杂性。具体表现为：问题规模大带来的结构复杂性、约束条件多对应的过程复杂性、目标多样化体现的高耦合复杂性以及不确定因素多反映出来的制造环境复杂性。

① 问题规模大　现实生活中的复杂制造系统大多具有设备数目多、产品种类多、在制品数目多、工件加工流程长等特点，因此，针对小规模问题的寻优方法一般不具备解决实际规模问题的能力。故而，针对实际复杂制造系统的生产管理决策通常只做满意决策，随着新兴信息技术的发展，找到满意决策的优良解空间的方法也在不断发展，再加上对实用性和计算成本的考虑，更使得对计划和调度的研究和设计没有止境。

② 约束条件多　计划和调度问题求解过程中，受到物料、设备、工艺、时间、人员等多种因素的影响和制约：工艺约束指产品生产过程必须遵循加工工序的顺序及各工序的工艺参数要求；设备约束主要指生产过程受相关的设备产能、设备性能、设备加工方式等约束；时间约束指生产过程需满足工艺要求的加工时间和满足客户要求的交货时间。在实际生产过程中，以上各类约束大都具有不确定性，而且需要同时被满足，否则会带来质量、拖期等一系列问题。

③ 目标多样化　面向复杂制造系统的计划和调度问题往往是多目标的，大致可分为三类：设备相关的目标，如设备利用率、设备排队队长等；工件相关的目标，如准时交货率、加工周期等；生产过程相关的目标，如在制品数量、工件移动步数等。上述目标之间又存在着错综复杂的关系，在不同工况下可能体现为不同的耦合关系，而生产实际往往需要达到多个目标的协同优化，这也增加了复杂制造系统计划与调度的复杂性。

④ 不确定因素多　复杂制造系统中的不确定因素也是多方面的，比如，由于工艺特性等造成的加工时间不确定、由于市场需求波动引起的加工任务不确定（工件优

先级变化、急件投放等)、由于设备故障或维修带来的生产资源不确定等。这些不确定扰动因素对生产过程的冲击,增加了复杂制造生产计划与调度的难度。

1.2 多重入复杂制造系统运作概述

1.2.1 多重入复杂制造系统概念及特征

多重入复杂制造系统（Multi Re-entrant Lines）主要指离散制造中一类具有结构性多重入特性的复杂制造系统,所谓的"重入"是指在制品 WIP（Work in Process）按照其工艺流程,在生产过程中会出现反复多次进入同一个加工区域或设备进行加工的现象。发生重入的加工中心或设备的数量越多、重入的次数越多,制造过程及所需工艺也越复杂。所谓"结构性"重入,是指重入的现象是由工艺流程决定的,与其他制造系统中出现的"返工（Rework）"有本质不同,返工是指不合格品的重新加工,对生产线的负荷影响非常有限。

20世纪90年代初,Kumar 等[5]将这类多重入生产系统定义为继作业生产与流水生产之后的第三类生产系统。作业车间与多重入生产的不同点为[6]：每一时刻每台机器只加工一个工件；每个作业不能在同一台机器上加工多次；不考虑作业加工的优先权；作业加工时间事先给定。流水车间每一个任务都有相同的流动次序,与多重入系统的生产方式更加不同。Kumar 给出的多重入制造问题的定义如下[5]：

加工中心集合记为 $\{1,2,\cdots,S\}$,加工中心记为 σ,$\sigma \in \{1,2,\cdots,S\}$,包括 M_σ 台相同的设备。某类型若干工件进入加工中心 σ_1 的缓冲区 b_1 等待,加工完毕进入加工中心 σ_2 的缓冲区 b_2 等待。以此类推,假设 σ_l 是最后一个加工中心。那么 $\sigma_1, \sigma_2, \cdots, \sigma_l$ 就形成了工件的加工路径。对于不同的加工阶段 i、j,$i \neq j$,允许 $\sigma_i = \sigma_j$。

在多重入制造系统中,普遍存在如下情况：不同加工工序的工件在同一设备前同时等待加工。这种情况使得每台设备的加工任务数目急剧增加,同时带来更多不确定性因素,直接导致设备产能即便能够满足加工任务要求,生产线也会出现 WIP 急剧增加、生产周期很难预测等非常不稳定状态。由于多重入加工流程的存在,使得多重入制造系统在本质上有别于传统的作业生产（Job Shop）与流水生产（Flow Shop）,针对 Job Shop 与 Flow Shop 的相关研究成果也无法直接在多重入制造系统中得到应用。

1.2.2 典型多重入复杂制造系统——半导体制造

具有上述特征的多重入复杂制造系统有多种,如半导体芯片制造、薄膜胶片生产，其中，以半导体芯片制造为典型代表。进入信息时代以来，半导体制造作为微电子产业的重要基石，尤其受到了学术界和工业界的广泛关注。

半导体制造的主要产品是集成电路芯片，完整的制造过程包括硅片制备、硅片加工、测试/分类、装配与封装、产品终测五大步骤[7]。其中的硅片加工过程，即通称的半导体芯片制造过程，是技术最为复杂、资金最为密集的部分，该阶段的主要任务是将设计好的 IC 线路逐步制作在硅片制备加工阶段准备好的硅晶圆片上。这是一个步骤复杂且有大量重入现象的过程，往往需要进行成百上千道工序，概括起来主要有五个工艺阶段。

① 氧化、淀积、金属化　通过氧化淀积在硅片表面形成一层 SiO_2 薄膜，以隔离和保护硅片内的灵敏器件；通过金属化在绝缘介质薄膜上淀积金属薄膜，为形成电路连接做准备。

② 光刻　将光刻胶涂到硅片表面后，经曝光在硅片表面形成所需的图形。这是芯片制造中最复杂也是最关键的操作，又可细分为涂胶、前烘、曝光、曝光后烘、显影、坚膜等步骤。

③ 刻蚀　用化学或物理方法有选择地从硅片表面去除不需要的材料，刻掉被曝光的部分以最终形成电路。刻蚀方法有干法刻蚀和湿法腐蚀，有图形刻蚀和无图形刻蚀。

④ 离子注入　选中的离子被植入本征半导体层中，以改变被曝光的部分的电学特性，形成不同导电形式的 P 型或 N 型区域。

⑤ 去胶　去掉残留的光刻胶。

由于半导体元件是层次化的结构，每一层以类似的工序生产，有些工序只是加入的材料或使用的模板有所变化，因此在工艺过程上就表现为不断重复访问某些设备，造成了多重入加工流程的出现。图 1-3 给出了一个半导体硅片加工的生产过程示意图[7]，表 1-5 是其中的设备功能明细。图 1-3 中的大多数设备都被多次重入访问，例如完成沉积工艺的设备 1 的重入次数达到 10 次，而在实际的半导体生产线上某些设备的重入次数往往更多。

随着半导体芯片制造技术的不断发展，芯片制造企业之间的竞争势必越来越激烈，为了降低成本、快速收回投资，获得良好的经济效益，针对多重入的复杂半导体芯片制造的生产计划与调度的研究需求越来越强烈，提出了迫切需要解决的一系列决策优化问题。例如，合理的生产计划与调度体系结构、先进的建模方法与优化算法、实时调度与在线优化方法等。这些问题也给管理科学、系统科学和优化控制带来了新的挑战和广阔的研究和发展空间。从应用的角度看，对半导体芯片制造的生产计划与调度进行研究，将为半导体芯片制造企业的生产计划与调度提供决策支持的模型和软件工具，从而大大提高企业的生产管理水平。

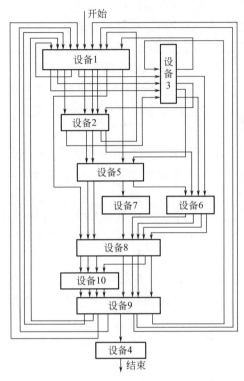

图 1-3 半导体硅片加工的生产过程示意图

表 1-5 设备功能明细

设备编号	工艺名称
1	沉积(Deposition)
2	沉积
3	沉积
4	沉积
5	曝光(Lithography)
6	曝光
7	曝光
8	刻蚀(Etching)
9	去胶(Resist Strip)
10	离子注入(Ion Implant)

1.2.3 制造信息系统

物质、能源和信息是社会赖以生存的三大要素,信息已渗透到社会的各个角落,对促进传统产业特别是制造业的进步发挥着越来越重要的作用。

制造系统的本质是对原材料进行加工处理,使之成为具有一定用途的产品的过程,表现在两个方面:一方面,能源是加工制造的一种驱动源;另一方面,制造过程中各种信息资源的采集和加工处理过程,也是增强产品信息含量的过程。因此,信息是加工制造的另一个驱动源。信息链接了制造系统各个要素,形成一定的生产组织结构的纽带,已经成为制造系统中与设备、能源同等重要的制造资源。建立以信息为导向的生产流程,可以使得产品设计、开发、制造、行销、售后服务等信息快速流动和有效管理,从而减少在制品数量,提升准时交货率,缩短生产周期,保证交货周期,减少不合格品数量,这已经成为企业强化竞争力、实现制造业信息化的基本前提。

制造信息系统是辅助制造企业实施管理和运营的信息化系统，是一个不断与市场、设计、制造等进行信息交换的复杂的开放性系统。根据普渡企业参考体系结构[8]（Purdue Enterprise Reference Architecture，PERA），一个完备的制造系统体系架构可以自上而下地分为 5 个层次 22 项任务，涉及制造设备体系、信息系统体系、人与组织体系三大方面。其中，仅从制造信息系统的角度考察，可以概括为 5 个层次，自上而下依次为经营决策、企业管理、生产调度、过程优化、过程控制[9]，如图 1-4 所示。基于 PERA 的五层结构给出了指导制造信息系统实施的详细路线图，用细分层次将生产过程控制和管理加以区分。

根据美国先进制造研究机构（Advanced Manufacturing Research，AMR）提出的制造业三层结构[10]，将制造管理信息系统分为以企业决策、财物分析为核心的经营规划系统（BPS），以优化管理、优化运行为核心的制造执行系统（MES），以设备综合控制为核心的过程控制系统（PCS）三个部分（图 1-5），为充分体现生产和管理的有机结合，进一步引入了制造执行系统（MES）作为上层决策管理与底层工业控制之间的重要桥梁。本书重点讨论的生产计划与调度作为 MES 的核心功能，是面向车间层的制造管理信息系统的中枢，旨在实现对车间内部具体生产活动的管理和优化，在制造信息系统中起到了承上启下的作用。

图 1-4 基于 PERA 的制造信息系统模型

图 1-5 基于 BPS/MES/PCS 三层结构的制造信息系统模型

企业车间层是一个企业物流与信息流的集中交汇点，也是制造价值增值的关键环节。通过对生产现场的透明化感知，实现对执行过程的有序可控，从而达到车间生产的高效优化，是生产计划与调度的根本任务。为此，不仅需要对生产计划与调度系统的结构、方法和集成应用等共性技术加以研究，而且还需要有针对性地对具有特殊需求和特点的制造对象加以特别研究与设计。

1.3 复杂制造系统的生产计划与调度

生产计划与调度是制造企业组织和管理车间级生产活动的关键核心，旨在通过合理规划生产任务并调配有限生产资源，在保证生产有序进行的同时，尽可能提高企业综合效益，在制造信息系统中处于承上启下的核心地位。从学术研究的角度看，生产计划与调度问题可以归结为组合优化问题，即从问题的所有可行解中求出最优解，属于一类具有非确定多项式难题（Non-deterministic Polynomial Hard，NP-hard 或 NPH）特性的典型复杂问题。从应用的角度看，生产计划与调度是企业生产经营活动的主要依据，并直接影响着生产的性能和效益。

1.3.1 生产计划与调度概念

生产计划与调度问题因其复杂性，在实际分析求解时，往往会根据研究的侧重或关注的因素不同，对其加以合理分解而形成若干子问题。

从时间性上考察，一般将实际运行前完成的优化决策称为计划（Planning），将随着生产过程的运行同时进行的优化决策称为调度（Scheduling）。生产计划又可根据时间粒度分为中期生产计划和短期生产计划（长期生产计划因归入上层企业级的决策而不属于本书讨论的范畴）。中期生产计划对应于车间级的生产计划，是根据上层计划下达的销售预测和销售订单，在考虑车间生产能力、生产负荷、产品交货要求、车间实时状态等多方面因素的情况下，给出的车间任务（主要包括产品生产任务和设备的配备安排）下达，计划周期稍长，一般以周为单位。短期生产计划也可称作车间作业计划，是根据中期生产计划下达的生产任务，在满足工艺和资源等相关约束条件下，通过确定各工序任务（作业）的加工设备和在相应设备上的加工顺序/加工开始时间等，使生产性能尽可能趋优。短期生产计划是在生产运行开始前完成的工序级的分配和序列执行方案，计划周期稍短，一般以天或班次为单位。

从空间性上考察，又可以分为投料控制、工件调度、设备维护调度等。投料控制决定产品原料投入生产系统进行生产的投放时间、数量和品种，旨在控制生产系统的在制品（Work in Process，WIP）水平，同时提高单位时间内生产线的产出。设备维护调度决定各个设备分别何时开始进入维护保养状态，以及维护的类型和时间等，通过对计划停机时间和非计划停机时间的折中优化，保证安全高效的设备运行。工件调度对每个进入系统的工件的每道加工工序进行详细安排，又可再进一步划分为工件派工（Dispatching）和工件排序（Sequencing），前者决定工件的某道加工工序由哪台或哪类设备进行加工；后者决定共同竞争加工资源的多个工件的先后加工顺序。

从资源特殊性上考察，还有诸如瓶颈设备调度、批加工设备调度、特殊集成设备调度等局部问题。瓶颈设备泛指制造系统中限制了整体"最大"能力的少数能力"最小"的关键性设备（组），因其决定着生产系统的生产节奏，往往被作为重点调度优化的对象。批加工设备是一类可以同时加工多个产品的设备，因其产能具有不确定性，其调度的求解也需要特殊对待。另外，对于特定的复杂制造系统，还有一些专门的集成设备，比如半导体制造系统中把多组晶圆加工模块和搬运系统有效组织为一体的集束型设备（Cluster Tool），虽然能够提高生产率、充分利用作业空间，但同时也带来了精确建模与分析的困难，从而通常作为一类特殊复杂问题而被深入研究。

上述生产计划与调度子问题虽然各有特点、各不相同，但都具有在约束条件下追求目标优化的共性模式，只不过每个子问题存在的环境条件、约束方式、优化目标不尽相同罢了。另外，在实际系统中，这些子问题也往往都是同时交叉存在的，因此分解后的有效集成也是达成生产计划与调度问题求解的关键。

对于本书讨论的复杂制造系统，因其具有规模大、多重入流程、约束复杂、不确定性强等特点，其生产计划与调度问题不仅有一般计划与调度问题普遍具有的 NP-难特性，而且还需要面对由于复杂制造本身多重入、混合加工方式等特殊复杂性，相关的研究也一直备受关注。

1.3.2 中期生产计划问题与方法

中期生产计划需要为计划时段内的车间生产任务和车间资源安排做出合理规划，计划时段一般以周或天为单位。狭义的中期生产计划仅涉及车间生产任务的安排，也就是要确定计划时段内投入车间安排生产的产品类型、数量及相应的开始生产及计划完工时间，不涉及详细的设备机时及工件的加工工序。车间生产任务的安排其实是一个负荷与能力的匹配问题，所谓的车间生产能力，涉及可用于安排生产的设备、工具、工装、人员等多方面的资源。就设备而言，虽然其监测统计、维护保养、故障维修等管理活动一般由专门的设备管理系统负责，但其中决定生产能力并与正常生产直接相关的设备工作时间和非工作时间（包括维修保养时间）的规划，也可列入中期生产计划的范畴，本书采用这一观点，将中期生产计划扩展为投料控制（车间生产任务的投入安排）和设备维护调度（车间设备资源的安排）两部分。

早在 1988 年就有学者[11,12]从加工周期（Cycle Time）、成本（Cost）、库

存（Inventory）和成品率（Yield）等角度论证了投料控制对复杂的可重入制造系统性能指标提升的重要性。解决投料控制的方法经历了从开环投料策略到闭环投料策略的发展过程。开环投料策略不考虑生产线的状态，按事先计划好的固定策略安排投料计划，且投料时间点也不会随着生产线状态的不同而改变。此类投料控制方法包括：统一投料法、固定时间间隔投料法、随机分布泊松流投料法、指数分布投料法等[13]。闭环投料策略通过监控生产线上的某一指标，根据实际生产线状态来对投料进行调整控制。此类投料控制方法包括：固定在制品数投料法（Constant WIP，CONWIP）[14,15]、避免饥饿投料法（Starvation Avoidance，SA）[16]、固定工作负荷投料法（Constant Load，CONLOAD）[17]等。

中期生产计划中考虑的设备维护调度主要指预防性维护，即在设备正常工作阶段，为减少和避免设备意外故障的发生，保证设备的安全可靠生产，对设备的维护时机（即预防性维护周期）提前做出的合理规划。主要的方法有基于役龄的维护计划、基于周期的维护计划、基于健康状况的维护计划。

基于役龄的维护方式是在设备累计运行时间达到预定的役龄（役龄为固定值）时安排维修；基于周期的维护方式通过统计数据或经验定期安排设备维修，根据决定周期的因素不同，又分为按加工时间的周期性维护（平均故障间隔时间，Mean Time between Failure，MTBF）、按加工数量的周期性维护（Unit Based Maintenance，UBM）计划；基于健康状况的维护计划是依据反映设备健康状况的信息来安排维护任务，比如基于性能参数的维护（Condition Based Maintenance，CBM）、基于设备故障预测与健康管理（Prognostics and Health Management，PHM）的维护计划。

在中期生产计划阶段形成的车间生产任务和设备维护任务下达到短期生产计划阶段后，都需要通过占用相应设备的时间来完成，这种生产/维护任务到设备时间在作业层面的合理优化就构成了短期生产计划阶段要重点解决的问题。

1.3.3 短期生产计划生产调度问题与方法

短期生产计划是依据中期生产计划下达的任务和当前车间制造资源状态，通过生产任务转换、作业排程等操作，制定一定生产周期内的车间作业计划。因其为实际生产开始前完成的优化作业执行方案，所以是一种"计划"，故称为短期生产计划；又因为决策的是车间作业计划中的各工作任务到各类制造资源的优化指派，所以也是一种"调度"，可以称其为生产作业调度，或生产调度。复杂制造系统的调度问题可以描述为在资源受限与能力约束条件下，针对一项可分解的生产任务，通过确定工件加工顺序和生产资源的分配等，获得生产任务执行效率或成本的优化。具体而言，调度是对一定时间范围内的工件集合，按照工艺流程要求的加工步骤（工序，Step）分解后，安排分解后的各工序在设备上的加工顺序，形成调度方案（Schedule），即确定所有工序由某台设备在某个确定的时间段内完成。生产资源安排的时间精度具体到小时、分钟甚至秒，具备明显的次序要求。

作为一项具有较长历史的研究命题，自20世纪50年代以来，关于生产调度的大量理论和应用研究使这一领域的模型和方法体系逐渐形成并完善。

在模型方面，早期针对多重入制造系统的调度模型主要是以排队论为基础的Kelly模型、Brawnian模型、连续流模型、马尔可夫模型等，但因其对实际系统过强的人为假设，以及无法克服系统复杂度带来的维数灾难，因此基本不具备实用性。另一类以离散事件动态系统理论为基础的调度模型，如Petri模型、离散事件仿真模型等，虽然能够较好地描述复杂制造系统动态、并发等特性，但因缺乏准确、及时的模型参数和对复杂生产系统不确定因素的快速反应等，而无法真正得到精度和应变力都满足实际要求的模型；近年来，随着信息技术的发展，特别是制造业信息化的普及，新的基于数据的生产调度建模方法被提出并日益得到重视。基于数据的调度建模涉及两方面含义：一方面是基于制造信息系统积累的大量离线和在线数据，运用数据挖掘等技术手段，建立生产调度过程的模型；另一方面是基于工业制造数据的生产调度模型的参数预测和在线调整，以增加模型的精度。

在方法方面也出现了运筹学方法（随机整数规划、动态规划等）、启发式方法（各类启发式调度规则）和智能方法（神经网络、遗传算法、蚁群算法等）等主要流派。传统运筹学方法在理论上能求得问题的全局最优解，但计算量偏大，对于实际问题规模的求解速度往往难以达到实用的要求，因此通常只能用来解决规模较小或大幅简化了的问题，缺乏实用性。启发式方法虽然不存在计算成本过大的问题，但易于陷入局部最优及无法保证最优等问题也限制了其通用性。近十多年来，相关研究更注重于引入智能化方法，通过模拟某种自然现象、物理规律或生物行为来探索更为高效可行的运算机理。更有学者进一步尝试将智能方法加以混合运用，以提高方法的性能和效率。

1.3.4　动态调度问题与方法

生产调度（Production Scheduling）是对工件在相关设备上的加工顺序和加工时间实施安排，以保证所选定的生产目标趋优。生产调度按照类型可以分为静态调度（Static Scheduling）和动态调度（Dynamic Scheduling）。静态调度是在作业及设备等生产环境确定已知且不考虑意外扰动变化的情况下，对加工任务进行的组合优化决策；动态调度需要依据动态变化的实时生产环境，逐步生成调度方案并指导实际的生产过程。通常的动态调度方法大致分为三类：反应式调度（Reactive Scheduling）、预测-反应式调度（Predictive-reactive Scheduling）和主动式调度（Proactive Scheduling）[18]。

反应式调度并不会事先形成全局的优化调度方案，而是伴随着实际生产过程的执行，根据生产系统的实时状态及加工任务信息，实时进行局部决策，为空闲的设备确定加工任务，这种动态调度也称为实时调度（Real-time Scheduling）。最常见的实时调度方法就是运用某种调度规则（Dispatching Rule）从等待空闲设备加工的众多加工任务中，选择优先级最高的一个加工，优先级的计算依据是当前加工任务和相关设备的实时状态与属性。经过众多学者的长期研究，已有非常多的调度规则被提出并加以实际应用。基于调度规则的实时调度方法具有快速、直观、易实施等优点，但其局部优化的本质也导致其具有难以达成全局和长远的调度优化效果等局限性。

预测-反应式调度是一个调度/重调度的过程。调度阶段在假定生产系统状态和加工任务均确定的情况下，形成优化的调度方案（原始调度方案）；重调度阶段在已形成的原始调度方案基础上，响应实际动态环境下生产系统状态和加工任务执行的变化情况，对原始调度方案加以调整，产生新的也是最终的调度方案。因为前一阶段调度过程实际上相当于短期生产计划，所以后一阶段的重调度就是这一类动态调度的关注重点，或者就直接称其为重调度（Rescheduling）问题。

主动式调度是指在进行调度决策时，提前将可能出现的不确定因素考虑在内，从而构建一种对动态生产环境具有一定鲁棒性的预防式调度方案，所以这种动态调度方法也称为鲁棒调度。在主动式调度研究中，目前被广泛加以考虑的是加工时间相关的不确定性。例如，Pereira[19]针对单机调度问题，将其中不确定的工序加工时间在固定闭区间上取值，基于场景规划方法，提出了以加权完工时间为性能指标的鲁棒调度方法。Drwal等[20]基于并行机调度中工序加工时间只有其间隔边界已知的认识，提出了以总完工时间为评价指标的最小、最大后悔值调度方法。除了加工时间的不确定，也有学者通过对随机机器故障[21]和急件到达[22]等生产系统不确定性的预测，开展主动式鲁棒调度方法的研究。

综观过去几十年的学术研究和实践探索，关于生产计划与调度的研究和应用已取得了大量成果，从概念理论到方法体系，再到系统工具都有丰厚的积累。但是，大部分工作都是将生产计划和车间调度分离开来，作为两个独立的领域，分别针对其各自的子问题加以分析和求解。例如，生产计划领域的投料控制、维护调度，生产调度领域的作业排程、实时调度、组批调度、瓶颈设备调度等。然而这些子问题之间又是密切相关的，为了达到彼此协同、优化整合的效果，需要将其纳入一个系统框架下加以分析和研究，以探索真正适合实际的复杂制造系统管理需要的解决方案，这也正是本书撰写的初衷。

1.4 复杂制造系统的发展趋势

1.4.1 新一代互联网技术驱动下的制造系统发展趋势

遵循一般的科技发展规律，制造业也是受两种力量的驱动——技术的推动和需求的拉动，两者共同促成了制造业的发展。自从工业革命以来，制造业需求由早期强调制造的时间、质量和成本（Time，Quality，Cost，TQC），扩展到进一步对效率、应变、服务等的追求。制造相关的技术进步也走过了机械化、电气化、自动化、信息化的历程。伴随着需求的增强和技术的进步，制造业的发展经历了刚性自动线、柔性制造系统、计算机集成制造、敏捷制造等发展阶段。

进入 21 世纪，制造业迈入互联网时代，由互联网引发的新兴 IT 技术，包括物联网、信息物理系统（Cyber Physical System，CPS）、云计算和大数据等，使得制造业面临着进一步转型提升的机遇。一方面，社会发展对制造业提出了更高的要求，在追求 TQCS（TQC 和 Service）的传统需求之外，越发强调对于节能、环保和适应力等方面的新需求；另一方面，新兴信息技术和新型 IT 设施与条件飞速发展和普及，先进的信息通信技术（Information and Communication Technology，ICT）和自动化技术也进一步发展融合，这一切都对制造业产生了深刻的影响。

在这样的背景下，涌现出一批制造领域的新理念、新思想。例如，"可重构制造"借助于快速调整制造的能力和制造的功能，来提升市场的响应能力；"分布式制造"用一种分布式的方式解决各类制造问题；"网络制造"把网络技术和不同的软件硬件集成在一起，寻找新的制造解决方法；"泛在制造"以泛在感知信息为基础，来实现工业生产的精细化控制；"预测制造"解决生产过程中不确定事件，提高透明度；"云制造"是一种面向服务的网络化产品的开发模式；"绿色制造"更强调环保、节能等。

对于新一代互联网技术驱动下的制造业变革，不仅学术界有非常活跃的新观点，近年来世界各国政府也都纷纷提出了自己的应对战略。例如，德国的工业 4.0、美国的先进制造战略、日本的产业振兴战略、英国的重振制造业的战略等。我国也提出了中国制造 2025 战略，制高点就是制造业的数字化、网络化、智能化，切入点是加快信息通信技术和制造业的深度融合。可见，无论国内国外，都在以国家战略的高度积极应对制造业的新一轮发展机遇。

随着互联网与大数据等新一代信息技术在制造领域的全面渗透，复杂制造系统的生产经营管理模式及运行方式也呈现出新的发展特征。

① 互联物联　借助于信息和网络技术与环境，构建虚实结合、互联互通的融合系统，为跨地域、跨层次、跨领域的信息共享与互联协作奠定基础。

② 综合协同　从更大的系统范围和更全面的研究视角来考察复杂制造系统的运行与管理，包括：纵向上从经营、规划、执行到控制的上下贯通，横向上的全生命周期管理，以及生产、能源或者环保等不同领域的协同。

③ 智能化的方法　用智能优化的理论和方法处理复杂性，将制造问题与智能化方法相结合，增强制造系统自主分析和决策的能力。

④ 适应性效果　当来自外部需求和内部扰动的不确定因素影响到生产计划和调度方案的正常执行时，通过实时感知、科学分析和及时调整，提升对复杂制造不确定性的应对能力。

⑤ 基于数据　充分利用由大量离线和在线数据构成的工业大数据，通过数据分析和信息挖掘提炼其中蕴涵的价值，并进一步借助知识的表达、共享和更新提高制造管理的智慧化。

总之，通过自适应和协同，达到智慧制造的效果，代表着以新一代信息技术为支撑的未来制造模式的共同特点。具体在未来的制造场景中，纵向层面上，企业内部从上到下的信息高度自动化和集成化，达成从经营、规划、执行到控制各个环节的贯通；横向层面上，借助于跨生命周期管理、制造服务外包和全球供应链管理，也是一个有机贯通的协作体。

1.4.2　新型制造模式下计划调度的可重构意义

在新型制造模式下，信息通信技术和制造技术深度融合，使得制造资源和制造能力逐步远程共享，为使得制造系统能够根据加工产品的差异、加工状况的改变，进行自动、及时的调整，达到"自省"[23]，需要计划与调度控制系统具有相应的"自适应"能力，首要的是能够"可重构"，其本质是计划调度信息集成系统的可重构，从而为达成具有自感知、自适应、自决策、自执行等功能的新型制造模式奠定基础。

可重构的概念最早来源于制造系统生产资源级的物理重构，为了响应市场需求的突然变化，迅速调整在一个零件族内的生产能力和功能性，快速改变制造系统的结构以及硬件与软件组元[24]。将此概念借用到生产计划与调度领域，则可将计划调度系统的可重构定义为：为了响应生产需求变化，以重排、重复利用、更新子系统的方式，实现快速调整计划调度方案的可变计划调度系统。其基本特点如下。

① 模块化　计划调度的功能组件采用模块化设计。

② 集成性　系统及其组件易于集成和更新。

③ 可转换性　计划调度层次内部功能组件的快速替换以及层次之间系统化调整。

④ 可诊断性　迅速发现计划调度过程中的关键问题。

⑤ 定制性　调整计划调度的功能以适应生产需求的变化。

在生产计划与调度的集成研究方面有三种主要的思路：集中集成、递阶集成与协同集成。制造过程包含许多动态、离散、随机的事件，整个制造系统是一个确定和随机混杂的系统，很多时候无法建立精确的解析模型，需要借助计算机仿真对系统进行模拟分析，可重构的计划调度体系结构的核心是模块化的开放式结构，将解析模型与计算机仿真结合起来，通过模块化设计，改变计划调度的配置，适应生产需求变化，易于集成和重构，同时具有递阶控制的稳定性与协同控制的柔性，是实现协同集成的较好方式。

参考文献

［1］　Simon H. The architecture of complexity. Proceedings of the American philosophical society, 1962, 106（6）：467-482.

［2］　Deshmukh A V, Talavage J J, Barash M M. Complexity in manufacturing systems. part 1: analysis of static complexity. IIE Transactions, 1998, 30（10）：645-655.

［3］　Casti J L. Connectivity, complexity and catastrophe in large-scale system. New York: Wiley, 1979.

［4］　饶运清，Janet E. 基于信息熵的制造系统通过复杂性测度及其在调度中的应用[J]. 机械工程学报，2006，42（7）：8-13.

［5］　Kumar P R. Re-entrant lines. Queueing Systems, 1993, 12（1-2）：87-110.

［6］　Jensen M T. Robust and flexible scheduling with evolutionary computation:[D]. Aarhus: Department of Computer Science, University of Aarhus, 2001.

［7］　吴启迪，乔非，李莉，等. 半导体制造系统调度. 北京：电子工业出版社，2006.

［8］　Williams T J. The Purdue Enterprise Reference Architecture. Computers in Industry, 1994, 24（2-3）：141-158.

［9］　柴天佑，金以慧，任德祥，等. 基于三层结构的流程工业现代集成制造系统. 控制工程，2002，9（3）：1-6.

［10］　李民锋，阳春华，桂卫华. 基于CIMS三层结构环境的成本管理在钢铁工业的应用研究. 计算技术与自动化，2003，22（2）：93-96.

［11］　Wein L M. Scheduling semiconductor wafer fabrication [J]. Semiconductor Manufacturing, IEEE Transactions on, 1988, 1（3）：115-130.

［12］　C. Roger Glassey, Mauricio G. C. Resende. Closed-loop job release control

[13] 王中杰, 吴启迪. 半导体生产线控制与调度研究[J]. 计算机集成制造系统, 2002, 8(8): 607-611.

[14] Hopp W, Spearman M. Throughput of a constant work in process manufacturing line subject to failures[J]. International Journal of Production Research, 1991, 29(3):635-655.

[15] Lin Y H, Lee C E. A total standard WIP estimationmethod forwafer fabrication [J]. European Journal of Operational Research, 2001, 131(1):78-94.

[16] Goldratt E M, Cox J. The goal: Excellence in manufacturing[M]. Croton-on-Hudson, NY: North River Press, 1984.

[17] Rose O. CONLOAD—A new lot release rule for semiconductor wafer fabs[C]. Proceedings of the 31st conference on Winter simulation: Simulation a bridge to the future-Volume 1. ACM, 1999: 850-855.

[18] Ouelhadj D, Petrovic S. A survey of dynamic scheduling in manufacturing systems. Journal of Scheduling, 2009, 12: 417-431.

[19] Pereira J. The robust (minmax regret) single machine scheduling with interval processing times and total weighted completion time objective[J]. Computers & Operations Research, 2015, 66 (C): 141-152.

[20] Drwal M, Rischke R. Complexity of interval minmax regret scheduling on parallel identical machines with total completion time criterion[J]. Computer Science, 2014, 44(3): 354-358.

[21] Lu Z, Cui W, Han X. Integrated production and preventive maintenance scheduling for a single machine with failure uncertainty[J]. Computers & Industrial Engineering, 2015, 80: 236-244.

[22] 张先超, 周泓. 考虑急件到达的单机鲁棒调度方法[J]. 工业工程, 2012, 15(5): 118-124.

[23] Lee J, Bagheri B, Kao H A, et al. Industry 4.0 and manufacturing transformation[J]. Manufacturing Leadership Journal, 2015, (2): 2-9.

[24] Koren Y, Heisel U, Jovane F, et al. Reconfigurable manufacturing systems [J]. CIRPAnnals, 1999, 48(2): 527-540.

第2章
可重构的复杂制造系统生产计划与调度体系

长期以来,制造系统生产计划与调度领域的研究主要是从各个子问题加以展开,大多是以独立的实现过程解决具体问题。这不仅导致系统的封闭性,各个子问题的研究成果不能很好地配合,研究不成体系;而且已有的模型和方法较为固定、缺乏灵活性,对于解决实际制造系统所面对的高度不确定环境,在应用上也存在局限性。鉴于生产计划和调度的各子问题是并存于制造系统运行过程之中的,相互之间息息相关,有必要对复杂制造生产计划与调度展开系统化深入研究,构建能够将各个子问题协同整合的体系结构,并进而在统一框架下探索各部分内部的有效算法和各部之间的协同方法。本章从一般体系结构的概念入手,提出具有可重构能力的共性体系结构框架,并以此为基础构建面向复杂制造系统的生产计划与调度集成体系。

2.1 体系结构的一般概念

2.1.1 体系结构和体系结构框架

体系结构,又称体系(Architecture),是对系统中各部分的基本配置和连接的描述(模型),是"一组用以描述所研究系统的不同方面和不同开发阶段的、结构化的、多层次多视图的模型和方法的集合,体现了对系统的整体描述和认识,为对系统的理解、设计、开发和构建提供工具和方法论的指导"[1]。随着制造系统复杂性的不断提高,为了增强调度方法的复用性和调度问题之间的协同交互能力,以提升制造系统综合应对不确定动态环境的灵活性,关于生产计划和调度体系结构方面的研究自 2000 年以来得到关注。

例如,Pandey[2] 提出了协同生产调度、设备维护和质量控制的概念模型。Monfared[3] 提出了集成生产计划、生产调度、控制的整体方案,并基于排队论模型,集成了实时调度规则的调度方法和模糊预测控制系统,实现了生产系统调度与控制的协同。Wang[4] 针对半导体后端制造工艺提出了一种协同产能规划与调度优化的调度方案,通过产能规划模型推出产能约束作为调度优化规划模型的约束。Lalas[5] 针对纺织生产线提出了一种混合反向调度方法,首先通过产能规划模型得到有限产能值,并通过离散时间仿真系统优化有限产能约束下实时调度规则的选择。Lin[6] 针对薄膜晶体管液晶显示器生产线,根据月、日、实时三个时间粒度设计了三层生产计划调度系统。这些工作虽然从不同的角度对生产计划和调度领域的不同问题实施了有效的解决方法,但研究的导向都还是相对固化和区间性的,构不成整体性、系统化的解决方案,更谈不上复用性和可重构的能力。

对于庞杂的制造产业而言,要建立系统化、可重构的生产计划和调度整体解决方案并非易事,本书第1章曾分析过制造系统的复杂性,不同类型和特点的制造系统具有不尽相同的特征、需求及关注点,面向种类各异的复杂制造系统研究体系结构的构建方法就需要有更一般性的方法指导,我们称之为体系结构框架(Architecture Framework)。体系结构框架包含一系列工具、定义、标准以及用以实施系统组织的模型,可揭示系统组织之间的结合方式。体系结构框架往往针对特定领域制定,体系结构可在体系结构框架的基础上构建,体系结构框架相当于体系结构的元模型。

目前并没有权威性的面向复杂制造系统的体系结构框架,但有一些其他领域的相关成果可供借鉴。例如,美国国防部提出的用于军事信息系统建设的 DoDAF(Department of Defense Architecture Framwork)体系、IBM 提出的面向企业体系结构的 Zachman 体系结构框架、面向电子政务信息化建设的美国联邦企业体系结构框架 FEAF(Federal Enterprise Architecture Framework)、用于美国联邦政府的财政信息化建设的财政部企业体系结构框架 TEAF(Treasury Enterprise Architecture Framework)和 MODAF(Ministry of Defence Architectural Framework)体系结构框架,以及国际标准权威组织 The Open Group 制定的开放标准的 SOA 参考架构 TOGAF(The Open Group Architecture Framework)等。下面分别选取几个有代表性的框架加以介绍并予以借鉴。

2.1.2 常用体系结构框架

(1)Zachman 体系结构框架

Zachman 是 IBM 的首席架构师,也正是他在 1987 年第一次提出了企业体系结构理论。基于 Zachman 框架,已经延伸出许多不同行业的体系结构模型。Zachman 框架[7] 模型是一个二维模型(图 2-1),横向维度有六个描述的焦点:数据、功能、网络、人员、时间、动机;纵向维度包括六类角色:规划者、拥有者、设计者、构造者、转包商和企业。共由 36 个单元格组成,每个单元格都是角色和描述的交汇焦点。

研究对象作为一个整体,无论从哪一个角度观察都很重要。例如,对于"数据"这一焦点,从拥有者来看包括客户和产品,但是对于数据库设计来说,"数据"是保存在数据表中的字段和记录,以及通过链接等数据库操作生成的数据表,此时要讨论的就不是客户群体而是关系数据表。虽然拥有者和设计者对数据的看法不同,但它们之间是有关系的,可以根据查询客户群体的需求,从相关数据表中显示出信息,如果有的需求没有数据支持,就需要考虑架构是否完整,如果有数据但没有需求,就要考虑数据库设计是否存在问题。因此尽管角度不同,但是单元格之间是有联系的。

序号	层次	是什么(数据)	怎样做(功能)	位置(网络)	主体(人员)	何时(时间)	为什么(动机)
1	范围上下文边界(规划者)	与业务相关的事务按重要性列表	业务执行过程列表	业务操作定位列表	与业务相关的主体按重要性列表	业务典型事件列表	业务目标策略列表
2	业务模型概念(拥有者)	例如,语义或实体关系模型	例如,业务过程模型	例如,业务逻辑系统	例如,工作流模型	例如,主计划	例如,业务计划
3	逻辑系统模型(设计者)	例如,逻辑数据模型	例如,应用架构	例如,分布式系统架构	例如,人机交互接口架构	例如,过程结构	例如,业务规则模型
4	物理技术模型(构造者)	例如,物理数据模型	例如,系统设计	例如,技术架构	例如,描述架构	例如,控制架构	例如,规则设计
5	组件配置(转包商)	例如,数据定义	例如,程序	例如,网络架构	例如,安全架构	例如,时间定义	例如,规则规范
6	企业功能实例(企业)	例如,数据	例如,功能	例如,网络	例如,组织	例如,日程	例如,对策

图 2-1 Zachman 体系结构框架模型[8]

这样 36 个单元格就包括了 36 个体系结构材料,或者称之为"产品""模型",每个材料在哪一个单元格应该很确定。当所有单元格都填满了,从每个角色(Stakeholder,利益相关者)的角度观察系统的每个可能的视角,这样就能够有足够的信息描述系统。

从 Zachman 体系结构中可以得到以下启发。

① 描述一个对象系统的整体需要从多角度展开,并非某个角度最好,并非越详细越好,也并非某个角度优先级高,每个角度和焦点都是描述整体的一个必要部分。

② 在每个角度上关注数据、功能、网络、人员、时间和动机等焦点,能够提升体系结构模型的质量。

③ 每个业务需求能够追踪到技术实现。

虽然 Zachman 框架展示了分类组织方式,但并没有给出构造的过程。

(2) DoDAF 体系结构框架

DoDAF 2.0 体系结构框架[9] 是美国国防部体系结构框架。该框架明确指出:体系结构由多个有助于集成的视角组成,能够促进被集成的体系结构能力之间的交互操作,并指出"集成"是在一个或多个体系结构视角实例中使用数据,通过这些视角从不同角度理解数据。

DoDAF 2.0 通过 8 个视角（Viewpoint）（图 2-2）52 个模型（表 2-1）为体系结构的设计提供建模方法集。8 个视角分别为：全景视角（All Viewpoint）、能力视角（Capability Viewpoint）、作战视角（Operational Viewpoint）、系统视角（Systems Viewpoint）、服务视角（Services Viewpoint）、信息和数据视角（Data and Information Viewpoint）、标准视角（Standard Viewpoint）和项目视角（Project Viewpoint）。每个视角下的体系结构模型如表 2-1 所示。

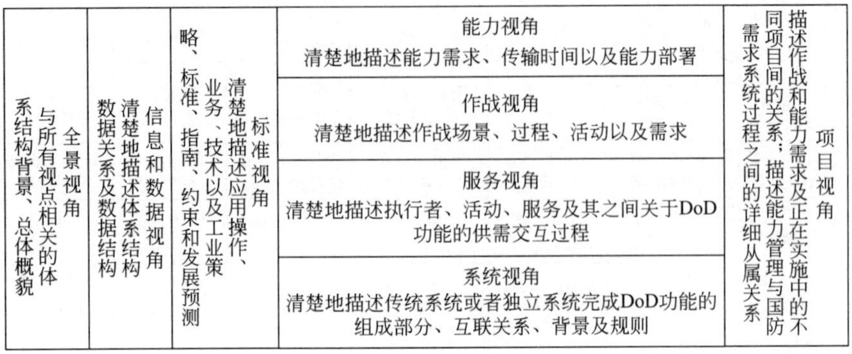

全景视角 与所有视点相关的体系结构背景、总体概貌	信息和数据视角 清楚地描述体系结构关系及数据结构	标准视角 清楚地描述应用操作、业务、技术以及工业政策、指南、约束和发展预测	略、标准、	能力视角 清楚地描述能力需求、传输时间以及能力部署	项目视角 描述作战和能力需求及正在实施中的同项目之间的关系；描述能力管理与国防需求系统过程之间的详细从属关系
				作战视角 清楚地描述作战场景、过程、活动以及需求	
				服务视角 清楚地描述执行者、活动、服务及其之间关于 DoD 功能的供需交互过程	
				系统视角 清楚地描述传统系统或者独立系统完成 DoD 功能的组成部分、互联关系、背景及规则	

图 2-2 DoDAF 2.0 体系结构框架视角 [9]

表 2-1 DoDAF 2.0 体系结构框架视角及模型 [9]

能力视角	作战视角	系统视角	服务视角
CV-1 构想模型 CV-2 能力分类模型 CV-3 能力实现时段模型 CV-4 能力依赖关系模型 CV-5 能力与机构发展映射模型 CV-6 能力与作战活动映射模型 CV-7 能力与服务映射模型	OV-1 顶层作战概念图	SV-1 系统接口描述模型	SvcV-1 服务接口描述模型
	OV-2 作战资源流描述模型	SV-2 系统资源流描述模型	SvcV-2 服务资源流描述模型
	OV-3 作战资源流矩阵	SV-3 系统-系统矩阵	SvcV-3a 服务-系统矩阵 SvcV-3b 服务-服务矩阵
	OV-4 组织关系图	SV-4 系统功能模型	SvcV-4 服务功能模型
	OV-5a 作战活动分解树 OV-5b 作战活动模型	SV-5a 系统功能与作战活动跟踪矩阵 SV-5b 系统与作战活动跟踪矩阵	SvcV-5 服务与作战活动跟踪矩阵
		SV-6 系统资源流矩阵	SvcV-6 服务资源流矩阵
		SV-7 系统度量矩阵	SvcV-7 服务度量矩阵
		SV-8 系统演变描述模型	SvcV-8 服务演变描述模型
		SV-9 系统技术和技能预测	SvcV-9 服务技术和技能预测
	OV-6a 作战规则模型 OV-6b 作战状态转换模型 OV-6c 作战事件跟踪模型	SV-10a 系统规则模型 SV-10b 系统状态转换模型 SV-10c 系统事件跟踪模型	SvcV-10a 服务规则模型 SvcV-10b 服务状态转换模型 SvcV-10c 服务事件跟踪模型

续表

全景视角	标准视角	项目视角	信息和数据视角
AV-1 综述和概要信息模型 AV-2 综合词典	StdV-1 标准概要模型 StdV-2 标准预测模型	PV-1 项目与机构关系模型 PV-2 项目实现时段模型 PV-3 项目与能力映射模型	DIV-1 概念数据模型 DIV-2 逻辑数据模型 DIV-3 物理数据模型

DoDAF 体系结构是面向国防信息系统的体系结构，其中的"作战"概念，对于国防部门是"协同工作"，借鉴到复杂制造系统生产计划与调度领域，则意味着各个计划和调度业务系统的"协同应用"。

（3）FEAF 体系结构框架

美国联邦企业体系结构框架 FEAF[10] 服务于联邦政府电子政务信息化建设，由体系结构驱动因素、愿景战略原则、现有体系结构、目标体系结构、变迁过程、政府各部门体系结构、体系结构模型、开发标准等组成（图 2-3）。

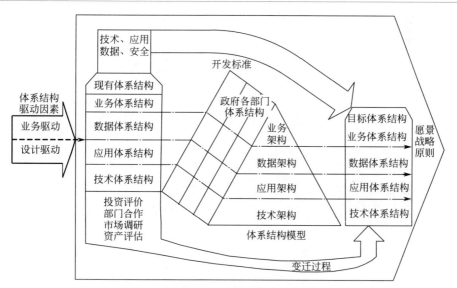

图 2-3　FEAF 体系结构框架[11]

上述介绍的体系结构框架都是为支持某一领域体系结构的构建而提出的通用性工具、标准和指导性模型。因目前还没有可借鉴的面向制造管理领域的体系结构框架，本书后续对于复杂制造系统生产计划与调度集成体系的研究，将首先参考这些工作设计面向制造系统计划与调度的体系结构框架，再基于所设计的体系结构框架给出集成体系方案。

2.1.3 体系结构框架的概念模型

体系结构框架相当于体系结构的元模型,提供了建立各种体系结构的工具、标准和方法,是整合各系统元素、功能等的一个整体平台。而体系结构可以视为面向特定对象的体系结构框架的一个实例,基于同一个体系结构框架可以派生出多个体系结构系统簇。

可以参考借鉴的体系结构框架有许多,上一小节中我们已重点介绍了几个有代表性的体系结构框架,进一步抽象它们共同的概念模型,可以用 IEEE 推荐的软件集成系统的体系结构描述标准 IEEE Std 1471—2000[12] 给出的体系结构框架概念模型来表达(图 2-4)。其中,体系结构既是体系结构框架实例化的一个综合模型,又是实际对象系统的建模方法,有许多结构要素以及视角,不同的视角反映了不同要素之间的联系与互操作。

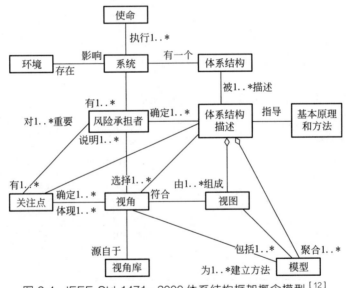

图 2-4 IEEE Std 1471—2000 体系结构框架概念模型[12]

注:图中 1..*指 1 到任意个,是 UML 关联多重度的表示,
在贴近某端标注,*表示任意个

本章以此通用体系结构框架概念模型为参考,结合制造系统生产计划与调度系统描述的实际需求,首先给出面向生产计划与调度集成化体系描述的体系结构框架设计(2.2 节);继而以支持实际生产计划与调度系统应用为导向,分别从不同的视角分析并定义复杂制造系统的生产计划与调度体系结构的不同视图模型,以达成对复杂制造系统计划与调度体系的构建。

2.2 面向生产计划与调度的体系结构框架

2.2.1 制造系统生产计划与调度的研究路线

长期以来，关于制造系统生产计划与调度的研究路线大致都是围绕以下几方面展开。

① 针对计划调度业务问题设计模型，开发新方法。
② 探索新型计划和调度策略与方法在业务问题中的新应用。
③ 以性能指标为驱动力的优化算法设计与改进。

这样的研究路线的局限性在于"重解构轻综合，刚性有余柔性不足"[13]。仅针对问题求解，受问题特殊性的局限，存在方法单一性的缺点。虽然可以通过采用混合优化方式兼顾多种性能指标的优化，但将模型、算法或规则按某种方式加以组合，仍然是一种紧耦合的方式，分析问题的视角仍较为局部和孤立，不能对生产线上的工件之间、设备之间、流程之间的联系及其变化作整体把握。另外，复杂制造系统固有的不确定性和动态性生产环境，对生产计划与调度系统的灵活应变能力提出了更高的要求。为此，有的学者从优化方法的角度，研究采用动态选择启发式规则和重调度的方法，但又难以真正兼顾全局整体优化；有的学者从优化模型的角度，尝试建立智能体模型，如基于 Agent 的动态调度模型，但是由于建模较为复杂及计算量和通信量大，尚不能很好地用于生产实际。

因此，如何提升生产计划与调度系统的系统化和灵活性，成为十分值得关注的研究方向。为了填补生产计划与调度管理领域理论研究与实际应用之间的鸿沟，不仅需要有对具体调度问题的建模与优化研究，而且还需要对生产计划与调度领域各个模块间的协同交互加以研究，特别是需要这种协同关系能够具有应对动态环境的灵活调整和建模优化方法的复用与重构能力。这些都将是本书所关注的生产计划与调度体系结构所涉及的研究方向。

复杂制造系统生产管理的主要目标是整体优化生产线的性能和效率，计划和调度协同是其整体优化的途径，这个途径的完成是通过各个生产计划与调度领域涉及的子系统、子问题之间的协同工作进行的。为了能够全面、准确地认识和描述制造计划和调度领域的各项业务、功能、信息、数据、角色主体等，需要搭建一个整体平台，并以规范的形式整合各系统的功能，开展业务功能、信息和过程的整体规划，即建立面向生产计划与调度体系结构描述和体系结构框架。然而，目前与此相关的研究成果并不多,本节将借鉴 2.1.2 小节介绍的体系结构框架,提出面向生产计划与调度系统构建的通用体系结构框架,从框架元素及其相互关系和视角及相应的视角模型两个方面分别加以描述。

2.2.2 面向生产计划与调度的体系结构框架的元素及关系

(1) 体系结构框架的基本元素描述

体系结构框架的基本构成单元是完成各业务功能系统的共性基本元素,分为17个类别,如图 2-5 所示。各基本元素的含义及关系分别描述如下。

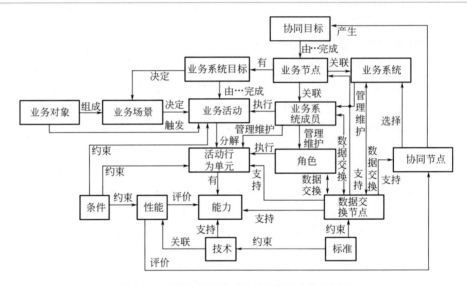

图 2-5　计划与调度体系结构模型元素及关系

协同目标:指对生产线的整体期望效果,分解为明确的目标。

业务系统目标:从协同目标转化而来的明确目标和行动,由计划/调度业务活动序列完成。

业务节点:选择业务系统成员,组织其完成业务系统目标。

业务系统:是业务系统成员的逻辑组织,负责成员的新增、删除、修改等维护活动。业务系统管理维护多个业务系统成员,每个业务系统成员完成相应功能的业务活动。

业务对象:生产线具体资源对象和资源的行为特性,业务对象主要有生产线、加工区、工件、设备。当某事件发生时,触发业务活动执行,例如,设备加工完一个工件后,触发工件调度。

业务场景：生产线资源（工件、设备）的行为特点、状态及事件，当到达一定状态阈值或者特定事件发生时，触发业务活动执行。业务场景中的业务对象可以用于帮助确定业务活动完成方法。例如，如果以投料研究为主要场景，那么瓶颈调度、批量调度等业务活动完全可以采用派工方法来配合研究。如果以批量调度为主要场景，那么投料业务活动就可以采用简单的固定数量投料方法完成。如果需要综合研究，那么可以反复调整配置相关系统的相关成员，进行不断尝试。

业务活动：完成系统目标的动作，如投料、瓶颈调度、批量调度、工件调度、设备调度、派工、在线优化等。业务活动的步骤分解为更为详细的活动行为单元，可以用过程模型描述，用以说明具体执行过程。业务活动的组织管理由相应的业务系统完成。

业务系统成员：每一种特定目标下的具体方法称为业务系统成员，是完成计划调度活动的具体执行者。例如，投料活动的完成，其执行者可以有固定日期投料方法成员、预期交货期投料方法成员、智能投料方法成员等。再如，瓶颈调度的完成方法有鼓-缓冲-绳子方法、蚁群优化方法、启发式派工等方法。选择业务系统成员后，其业务角色也就确定了。

活动行为单元：指业务活动中的具体行为实现起来有一定的步骤，每一个步骤称为活动行为单元，有明确的功能和技能要求，有完成该单元执行的角色。详细描述该行为在怎样的条件下，如何完成，采用哪些技术，产生和消耗哪些信息资源，需要哪些软件技术支持。

角色：执行活动行为单元的实体是角色。具体为算法、模型或软件组件，负责实施具体工作。例如，投料系统成员"基于产能约束的混合智能粗日投料"。该方法有如下步骤：产能需求量统计、产能资源量统计、产能约束判断、订单调整、通过神经网络建立计划模型、用免疫遗传算法得到月投料计划、用启发式策略生成日投料计划。这些步骤中有通用的，例如产能需求量统计、神经网络算法等；有专用的，例如用启发式策略生成日投料计划。通用步骤形成通用角色，专用步骤形成专用角色。每一个活动行为单元通过角色执行，角色为算法、模型、软件实体。

协同节点：选择业务系统，组织其完成协同目标，负责规划、协调业务系统流程，产生计划调度基本结构形式，业务系统节点与协同节点通过数据交换产生联系。

条件：作用的范围、要求和约束。

性能：对行为单元能力所受约束的明确表示，个体某些属性的量级。

能力：指为了实现目标，在特定条件下，活动行为单元的行为期望效果。通过一定的软件技术实现，受到一定的条件约束，有些用量化性能指标进行评价，有些用简单的完成与否进行评价。

数据交换节点：活动行为单元之间需要进行数据传递和交换，其形式和要求由数据交换节点进行组织管理。

技术：指所采用的方法、模型的具体实现载体。

标准：活动行为单元采用的技术以及单元之间的数据交换均有一定的标准规范。可以是书面文档，是技术实现、能力实现、数据交换相关的过程、程序、系统、人员等产品或行为的规范准则。

（2）体系结构框架元素之间的关系描述

17个体系结构框架元素之间存在四种核心关系：①协同关系。协同关系体现在共同完成优化目标的过程中，业务系统和数据之间的组织关系，平衡关系的节点载体为协同节点。②业务系统内部关系。业务系统内部关系体现在完成某一类计划或调度任务时，根据当前任务及其生产线状态，对其完成目标和方法的协同。③执行关系。执行关系体现在实现计划或调度功能的方法的流程管理上，很多方法的流程存在共性环节，共性环节和个性环节的不同之处体现在通用角色和专用角色两个方面，角色的载体为软件组件，通用角色组件可为多种方法共用。④作业关系。作业关系体现在流程环节的具体实现步骤上，研究的是每一个步骤的性能、能力、技术、标准之间的关系。四种关系在系统中实现，采用UML工具建模，用伪代码描述为图2-6～图2-9。

① 协同关系　指协同节点、协同目标、业务系统、数据交换之间的关系。

协同节点关联被选择的业务系统，并选择时序结构组织业务系统完成协同目标（图2-6）。

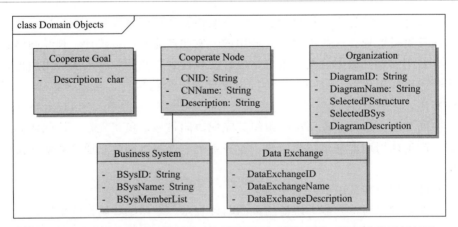

图2-6　可重构体系结构的协同节点、协同目标、业务系统、数据交换及其关系

② 业务系统内部关系　指业务系统成员、业务系统、业务节点、业务系统目标、业务对象、业务场景、业务活动之间的关系。

业务场景是环境条件，与协同目标以及协同节点选择的系统基本结构有关。例如协同目标是以投料问题为主，那么各调度业务活动可以选择派工方法这一业务系统成员完成，即计划-派工两层结构。业务对象为业务活动所要计划调度的资源集合（例如，工件集合、设备集合）。业务系统成员、业务系统、业务节点、业务系统目标、业务对象、业务场景、业务活动及其关系如图 2-7 所示。

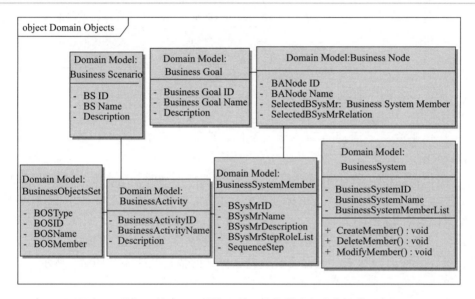

图 2-7　业务系统成员、业务系统、业务节点、业务系统目标、
业务对象、业务场景、业务活动及其关系

③ 执行关系　业务活动、活动行为单元、角色、业务系统成员之间的关系。

业务活动的完成需要一系列步骤，每个步骤称为活动行为单元。业务活动的执行者为业务系统成员，活动行为单元的执行者为角色，业务系统成员由多个角色组成（图 2-8）。这样，就可以分离出来相同功能的角色。例如，查询设备故障率功能在制定投料计划计算产能时会用到，在并行设备调度时会用到，在设备维护计划时也会用到，就可以通过软件组件的形式作为复用资产进行设计。角色实质上是业务系统成员与活动行为单元之间的接口。

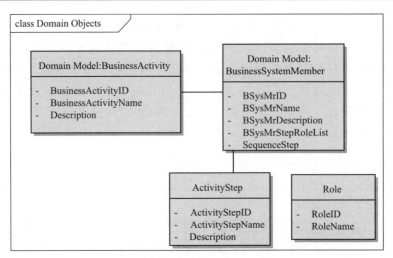

图 2-8　业务活动、活动行为单元、角色、业务系统成员及其关系

④ 作业关系　活动行为单元、条件、性能、能力、技术、数据交换节点、标准之间的关系。

活动行为单元，在一定条件约束下，完成业务活动的一个步骤，该步骤通过一定的技术实现，技术满足一定的标准规范，步骤完成即能力，完成效果用性能评价，其结果以数据文档形式存储，文档格式也满足一定的标准规范，可为下一个步骤所用，或者作为业务活动最终结果，为其他业务系统使用。活动行为单元、条件、性能、能力、技术、数据交换节点、标准的描述及关系如图 2-9 所示。

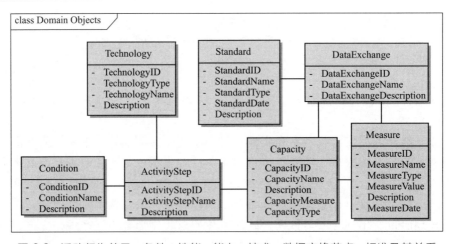

图 2-9　活动行为单元、条件、性能、能力、技术、数据交换节点、标准及其关系

体系结构模型元素及其组成关系描述是体系结构可重构的必要部分，元素之间彼此联系，相互约束，是一个统一体。

2.2.3 面向生产计划与调度的体系结构框架的视角及模型

体系结构框架面向特定领域为体系结构的概念建模与分析提供通用平台和工具，是非结构化甚至是非标准化的。基于体系结构框架构建体系结构时，重点在于建立各视角模型，并确立模型之间的关系以及保持模型的一致性，从而为业务需求的实现和信息系统资源之间的匹配搭建系统化、集成化结构。其中的两个关键要素就是视角和模型，不仅需要在体系结构的框架设计中对二者有全面、准确的定义，在体系结构视角中，剖析模型元素之间的逻辑关系；而且在基于框架的体系结构的构建时，也需要根据对象业务的特点和需求，有针对性地权衡取舍合理视角，并完成相应视角模型的设计。

体系结构框架的视角：分类体系信息，按照一定形式组织体系信息，对计划调度系统进行建模、集成和互操作，需要详细说明体系信息的组织、分类和关系，从而得到不同分类的体系结构模型。

体系结构框架的模型：也称为体系结构产品[14]，用于从不同的方面具体细化描述某一视角下的行为和组织关系，通常使用视图、模型、图表、文本等表达形式。

参考体系结构框架的一般概念模型和 2.1.2 节介绍的代表性体系结构框架系统，我们从制造系统生产计划与调度研究的特点和需求出发，给出生产计划与调度体系结构框架的三个基本视角（Viewpoint），并以此作线索为体系结构框架的 17 个基本元素（见 2.2.2 节）进行分类。三个视角分别为：业务系统视角（Business System Viewpoint）、业务过程视角（Business Process Viewpoint）、协同视角（Cooperating Viewpoint）。每个视角下，又通过配备相应的模型，提供对不同方面的不同关注点的描述能力。

(1) 业务系统视角（Business System Viewpoint）

该视角描述完成任务目标所需要的业务对象、业务场景、业务活动及行为，用以说明生产计划与调度系统的组织层次和行为关系。包括如下四类模型：任务描述模型（BSV-1）、目标活动视图（BSV-2）、业务节点模型（BSV-3）和系统维护模型（BSV-4）。这些体系结构模型与可重构体系结构模型元素之间的关系如图 2-10 所示。

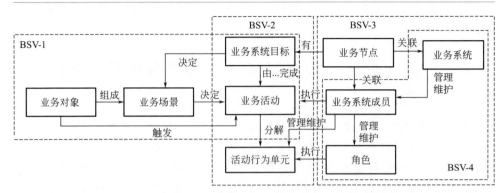

图 2-10　业务系统视角结构模型与可重构体系结构模型元素间关系

① 任务描述模型（BSV-1）

描述在业务系统目标下，业务活动的行为特性以及业务对象和业务场景。

例如，投料这一业务活动，其业务对象为"来自客户订单中的待投料工件"，业务场景为"为待投料工件制定粗日投料计划"，一旦获得待投料工件信息，即触发投料业务活动。

例如，瓶颈调度这一业务活动，其业务对象为"调度期内预期到达瓶颈区和已经在瓶颈区的工件集合，以及瓶颈区的并行设备集合"，业务目标为"均衡并行设备负载"，业务场景为"为工件安排设备"。当获得工件集合与设备集合后，即触发瓶颈设备调度业务活动。

计划和调度的共性是确定业务对象和场景后，即触发业务活动。

② 目标活动视图（BSV-2）

活动行为单元支持业务活动完成业务系统目标。

例如，当投料系统的目标为"按照交货期紧急程度"投料时，其投料业务活动为"计算生产线能力因子，以工件的平均加工周期等值作为投料优先级的依据，根据优先级投料"；当投料系统的目标为"固定在制品水平"时，其业务活动为"完成一个工件、投入一个工件"。这两种投料业务活动分别由不同的活动行为单元序列支持完成。

例如，当瓶颈调度系统的目标为"均衡瓶颈区并行设备负载"时，业务活动为"计算调度期内将要在瓶颈加工的工件集合，根据相关属性值，通过优化算法为工件集合中的工件分配设备"；当瓶颈调度系统的业务目标为"均衡生产线能力"，业务对象为"瓶颈区缓冲队列的工件"集合，业务场景为"减少瓶颈漂移"时，其业务活动为"根据工件的上一次瓶颈操作的结束时间等属性，通过启发规则计算，计算工件集合中的工件的优先级"。这两种瓶颈调度业务活动分别由不同的活动行为单元序列支持完成。

③ 业务节点模型（BSV-3）

该视图包括业务系统、业务节点、业务系统成员、角色。描述组织间的层次结构及职责，需要明确说明各组织必要的能力，角色负责具体行为的实施，对其实施效果有相应的性能评价。

业务节点的作用是针对可重构需求，对被选择的业务系统成员及其角色进行动态关联管理，在执行重构要求后，对业务系统成员和角色进行评价，触发业务系统以及业务系统成员的增、删、改、保存、评价等管理动作。业务节点体现的是重构动态执行过程。

④ 系统维护模型（BSV-4）

业务系统完成相应的计划调度任务，负责维护其成员，每个成员具体为完成业务任务的方法，随着时间推进，可以删除不再使用的成员，更新一些成员，加入一些成员。这正是业务知识经验得以保存演进的关键之处。

业务系统成员方法的具体执行者为角色，每个成员方法包含有动作序列，每个序列称为活动行为单元，由相应的角色完成。业务系统成员负责对完成动作序列的角色进行管理维护，随着时间推进，对角色功能进行增、删、改维护操作。

除上述增、删、改维护动作之外，还维护业务节点反馈的对系统成员、角色的使用及评价历史记录。

（2）业务过程视角（Business Process Viewpoint）

业务过程视角主要描述业务活动转化为活动行为单元并执行的过程，以及过程中的信息交换，详细说明业务过程是如何推进系统目标完成的，并对协同视角提出服务需求。包括如下视图和模型：业务活动模型（BPV-1）、活动行为单元时序图（BPV-2）、业务过程模型（BPV-3）、业务逻辑数据模型（BPV-4）。这些体系结构模型与体系结构模型元素之间的关系如图 2-11 所示。

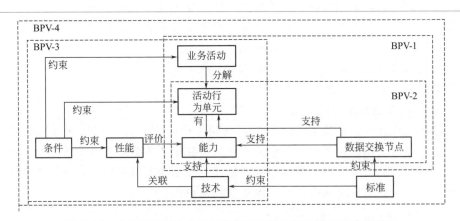

图 2-11　业务过程视角体系结构模型与体系结构模型元素间关系

① 业务活动模型（BPV-1）

业务活动模型描述业务活动与活动行为单元、活动行为单元内部之间的信息流以及具体执行情况。

② 活动行为单元时序图（BPV-2）

活动行为单元时序图用于描述活动行为单元的执行序列以及数据交换。活动行为单元时序图与业务场景中的业务对象及其事件对应，当事件发生时，触发活动行为单元时序图的执行。

③ 业务过程模型（BPV-3）

业务过程模型具有执行逻辑，描述了业务活动的实现逻辑，明确活动行为单元由角色执行的具体过程。

④ 业务逻辑数据模型（BPV-4）

业务逻辑数据模型与同视角的其他模型相关，描述业务过程中的实体和实体之间的关系的数据类型属性及关系。

（3）协同视角（Cooperating Viewpoint）

协同视角描述实现方案的执行，是可重构体系的核心部分，各种业务活动及业务流程依赖于各自的业务系统，业务系统具有的能力以及相互之间的协作构成计划调度的集成，每次协同的结构可以相同也可以不同。协同视角描述了方案由哪些业务系统组成，各系统实现的功能，系统之间进行的数据交换，协同功能对业务系统及活动行为单元的支持。协同视角体系结构模型有：系统接口视图（CV-1）、协同节点模型（CV-2）、通用角色维护模型（CV-3）、协同性能视图（CV-4）、协同时序图（CV-5）、物理数据模型（CV-6）。这些体系结构模型与可重构模型元素之间的关系如图 2-12 所示。

① 系统接口视图（CV-1）

业务节点负责根据协同目标关联重构所需要的业务系统。由于业务系统是根据生产线数据进行业务活动，业务系统之间并不发生直接数据交换。因此该视图除了描述业务节点与业务系统之间的关联，还需要描述业务系统与生产系统或者生产线仿真系统之间的数据交换，说明各系统、各成员、各角色需要的参数及输出的结果。

② 协同节点模型（CV-2）

进行人机交互，分析生产线数据，判断生产线态势，确定基本计划调度结构，选择参与重构的业务系统和业务系统成员驻留业务节点上。业务系统与业务节点之间的数据交换通过系统接口视图描述。接受业务节点反馈，维护基本计划调度结构与业务系统之间的关系，维护通用角色库。

③ 通用角色维护模型（CV-3）

角色完成活动行为单元功能，分为通用角色与专用角色。有的角色可以在多个活动行为单元之间通用。在本视图中，对通用角色进行描述，说明角色能够完成哪些行为单元的功能及其所需要的参数。专用角色的维护在 BSV-4 模型中描述。

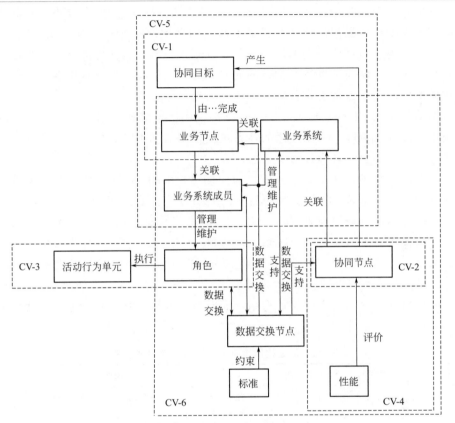

图 2-12　协同视角体系结构模型与可重构模型元素间的关系

④ 协同性能视图（CV-4）

描述生产线管理调整的效果，通过相关的性能指标来衡量每次协同的效果。

⑤ 协同时序图（CV-5）

描述相关业务系统在协同中的时序逻辑关系。

⑥ 物理数据模型（CV-6）

描述数据交换节点的功能，完成协同节点、业务节点、业务系统、业务系统成员、角色的通信需求。需要清楚地描述各实体在数据库中的存储结构和依赖关系。

2.2.4 面向生产计划与调度的体系结构框架的特点分析

面向生产计划与调度的可重构体系结构框架（Production Planning and Scheduling-oriented Architecture Framework，PPSAF）借鉴了 Zachman 框架和 DoDAF2.0 框架的思想。框架在描述了通用的框架基本元素及其关系的基础上，分别从三个视角对框架元素加以分类并设计组织结构，旨在保障该体系结构框架能够满足生产计划与调度体系构建的同时，为体系结构开发过程中保持各个体系结构模型的内在一致性奠定基础。

本节提出的 PPSAF 框架除了具备支持应用体系结构构建和面向对象（制造系统生产计划与调度）领域应用的体系结构框架的基本特点外，还在集约性和动态描述能力方面也表现出优势。

Zachman 框架侧重于系统开发生命周期过程中的 6 种不同参与者对系统 6 个方面的关注点，形成 36 个模型产品。DoDAF2.0 主要用于国防作战体系研究，侧重于体系结构的建模与表现，有 8 个视角 52 个模型。PPSAF 以生产计划与调度系统为侧重对象，通过 3 个视角 14 个模型（表 2-2）建立描述集成化计划与调度体系结构的描述框架，能够满足制造系统生产计划与调度应用的业务需求，很好地将信息技术领域与业务技术领域融合为一体。对于表 2-2 所列出的 PPSAF 各框架模型的内容和建模过程，将结合面向多重入复杂制造系统生产计划与调度实例化体系结构搭建。

表 2-2 可重构体系结构框架的体系结构模型

视角	体系结构模型	缩写	简要说明
业务系统视角	任务描述模型	BSV-1	描述在业务系统目标下，业务活动的行为特性以及业务对象和业务场景
	目标活动视图	BSV-2	活动行为单元支持业务活动完成业务系统目标
	业务节点模型	BSV-3	针对可重构需求，对被选择的业务系统成员及其角色进行动态关联管理
	系统维护模型	BSV-4	相应的计划调度任务的执行者，业务系统负责维护管理其业务系统成员，业务系统成员负责维护管理其活动行为单元以及专用角色，此外还接收业务节点反馈的对系统成员、专用角色的使用及评价历史记录
业务过程视角	业务活动模型	BPV-1	业务活动模型描述业务活动与活动行为单元、活动行为单元之间的信息流以及具体执行情况，通过业务过程模型描述
	活动行为单元时序图	BPV-2	活动行为单元时序图描述活动行为单元的执行序列以及数据交换。活动行为单元时序图与业务场景中的业务对象及其事件对应，当事件发生时，触发活动行为单元时序图的执行

续表

视角	体系结构模型	缩写	简要说明
业务过程视角	业务过程模型	BPV-3	业务过程模型具有执行逻辑,描述了业务活动的实现逻辑,明确活动行为单元由角色执行的具体过程
	业务逻辑数据模型	BPV-4	描述业务过程中实体和实体之间的关系的数据类型属性及关系
协同视角	系统接口视图	CV-1	描述业务节点与业务系统之间的关联,业务系统与生产系统或者生产线仿真系统之间的数据交换。说明各系统、各成员、各角色需要的参数及输出的结果
	协同节点模型	CV-2	进行人机交互,分析生产线数据,判断生产线态势,确定基本计划调度结构,选择参与重构的业务系统和业务系统成员驻留业务节点上。业务系统与业务节点之间的数据交换,通过系统接口视图描述。接受业务节点反馈,维护基本计划调度结构与业务系统之间的关系。维护管理通用角色
	通用角色维护模型	CV-3	描述通用角色能够完成的行为单元功能,及其所需要的参数说明,并维护通用角色与活动行为单元的对应关系
	协同性能视图	CV-4	通过相关的性能指标来衡量每次协同的效果
	协同时序图	CV-5	描述业务系统在协同中的先后时序逻辑关系
	物理数据模型	CV-6	描述数据交换节点的功能,完成协同节点、业务节点、业务系统、业务系统成员、角色的通信需求,各实体在数据库中的存储结构和依赖关系

PPSAF 框架为搭建具有可重构能力的生产计划与调度体系结构提供支持(见 2.2.1 节的分析),特别增强了对动态行为和过程的整合能力。

① 以计划调度业务流程为中心,将核心系统与协同系统明确分工并描述:核心系统主要有计划调度业务功能实现的业务系统、业务活动、活动行为单元体系;辅助系统主要有协同目标、协同节点、技术、标准等内容。

② 体系具有适应性特点,功能的实现有较大灵活性。具体体现为:首先,计划调度方法的具体实现过程由于一些通用的活动行为单元存在,可以加速开发过程;其次,计划或调度功能的实现过程,可以通过多种方法实现,便于比较和优化方案;最后,计划调度整体的体系结构可以表现为计划-优化-派工、计划-优化、计划-派工、计划-优化-重调度等多重形式,为计划调度决策提供了有力支撑。

2.3 复杂制造系统生产计划与调度体系结构的构建

在 2.2 节我们提出了一个面向生产计划与调度领域应用的 PPSAF 框架,这是一个由 3 个视角 14 个模型组成的体系结构建模工具。基于此框架的生产计划与调度体系结构的构建,就是运用框架提供的模型工具,分别从不同的视角对复杂制造系统生产计划与调度涉及的决策问题、业务过程及相互的协同关系加以建模描述。

2.3.1 业务系统视角模型建立

业务系统视角包括 4 个模型:任务描述模型、目标活动视图、业务节点模型、系统维护模型。

(1) 任务描述模型(BSV-1)

建立业务系统目标下的任务场景,说明完成此任务的业务对象和业务活动,是业务系统成员的执行基础。

例如,某投料优化任务描述。

业务场景:基于产能约束的混合智能粗日投料。

业务活动:通过模糊模拟、人工神经网络、人工免疫算法的混合智能算法得到月投料计划。基于产品的交货期紧急度和加工周期长短构造启发式策略,将月投料计划进一步细化为日投料计划。

业务活动条件:客户满意度,生产线产能限制。

业务活动目标:保持在制品水平均衡,提高准时交货率。

业务对象:指订单中待投料产品类型与数量、生产线 WIP 及设备列表。当得到待投料产品类型与数量之后,触发产能供求计算的业务活动时序图。

模型参数:输入参数包括计划周期,输出参数包括日投料计划。

任务描述相关元素的定义如表 2-3 所示。

表 2-3 任务描述相关元素定义

元素	属性	说明
业务场景	名称	场景名称标识符,唯一、不重复
	ID	场景编号,唯一、不重复
	描述	说明所完成的业务,完成方式
业务活动	名称	业务活动名称标识符,唯一、不重复
	ID	业务活动编号,唯一、不重复
	描述	简要说明该业务活动的完成方式
	条件	业务活动进行的前提条件以及所受到的约束
	目标	业务活动的完成目标说明

续表

元素	属性	说明
业务对象	名称	业务对象标识符,唯一、不重复
	类型	描述业务对象的存储方式,有数据表格或者元组变量等
	动作	描述业务对象触发事件条件以及调用的事件处理过程。事件处理过程是不同类型的体系结构产品,如过程模型、活动行为单元时序图等
模型参数	名称/类型	参数的名称以及数据类型

(2) 目标活动视图 (BSV-2)

业务活动为完成某目标而进行的一系列步骤,以图形或文本的形式描述所包含的业务活动行为单元。

例如,基于产能约束的混合智能粗日投料的目标活动视图如图 2-13 所示。

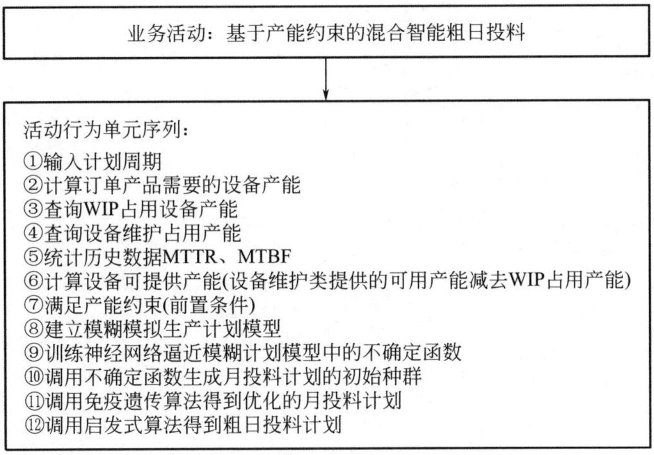

```
业务活动：基于产能约束的混合智能粗日投料
              │
              ▼
活动行为单元序列：
①输入计划周期
②计算订单产品需要的设备产能
③查询WIP占用设备产能
④查询设备维护占用产能
⑤统计历史数据MTTR、MTBF
⑥计算设备可提供产能(设备维护类提供的可用产能减去WIP占用产能)
⑦满足产能约束(前置条件)
⑧建立模糊模拟生产计划模型
⑨训练神经网络逼近模糊计划模型中的不确定函数
⑩调用不确定函数生成月投料计划的初始种群
⑪调用免疫遗传算法得到优化的月投料计划
⑫调用启发式算法得到粗日投料计划
```

图 2-13 混合智能粗日投料的目标活动视图

目标活动视图的元素有业务活动和活动行为单元(表 2-4)。

表 2-4 目标活动视图元素

元素	属性	说明
业务活动	—	业务活动名称标识符,唯一、不重复
活动行为单元	名称	活动行为单元标识符,唯一、不重复
	ID	活动行为单元编号,唯一、不重复
	功能	说明功能,并描述该行为的输入输出参数

(3) 业务节点模型 (BSV-3)

针对可重构需求，对被选择的业务系统成员及其角色进行动态关联管理。业务节点是一个连接点，该视图描述了协同节点所选业务系统的关联，对所选业务系统及其成员角色的关联，向业务系统反馈业务系统成员执行效果，向业务系统成员反馈角色执行效果，触发二者的增、删、改以及保存历史记录等管理动作。

假设某次进行瓶颈优化调度研究，其重构结构为"计划-调度优化"，图 2-14 描述了业务节点对投料计划系统、瓶颈调度优化系统、实时派工系统、设备维护计划系统、订单系统、生产系统或仿真系统的关联。

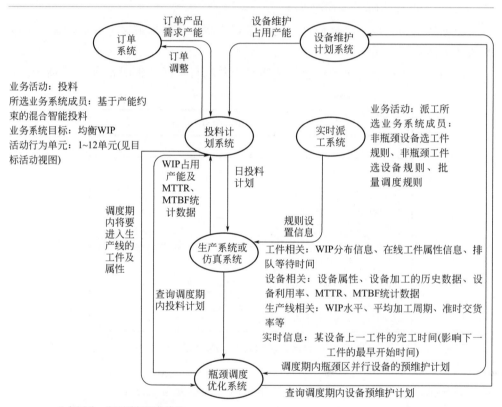

图 2-14　业务节点关联业务系统的描述（BSV-3）

可以使用体系结构建模工具，例如 System Architect（SA）的 DoDAF ABM（Activity Based Method）模块作为工具建模。相应的模型元素遵从该工具定义。至少要描述信息元素与信息传输。

信息元素相关描述项有：信息交换的名称、信息交换内容及类型、信息交换发起方名称、发起的业务活动名称、接收方名称、接收的业务活动名称。

信息传输相关描述项有：传输类型、触发传输的事件。

（4）系统维护模型（BSV-4）

该视图说明业务系统、业务系统成员、角色之间的关系，并描述业务系统对业务系统成员的管理，业务系统成员对活动行为单元和专用角色的管理，此外还接收业务节点反馈的对系统成员、角色的使用及评价历史记录。可以用树状图，或者 UML 工具来描述。

例如，投料计划业务系统与其业务系统成员的关系用 UML 工具建模，如图 2-15 所示。

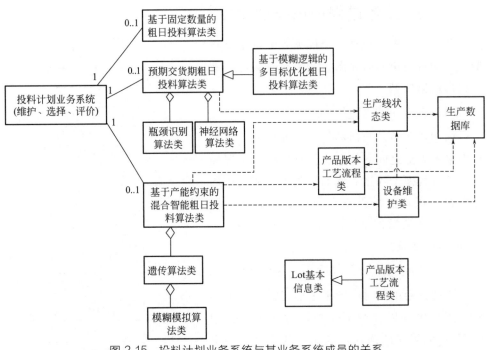

图 2-15　投料计划业务系统与其业务系统成员的关系

注：图中 0..1 表示该端可以有 0 个或 1 个。

投料计划业务系统对其业务系统成员的使用活动用 UML 工具建模，如图 2-16 所示。建模元素用建模工具元素进行定义。

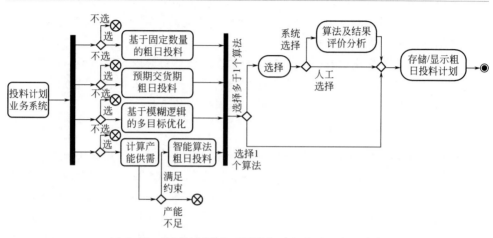

图 2-16 投料计划业务系统选择成员完成任务活动图

2.3.2 业务过程视角模型建立

业务过程视角包括 4 个模型：业务活动模型、活动行为单元时序图、业务过程模型、业务逻辑数据模型。

（1）业务活动模型（BPV-1）

描述业务活动与活动行为单元之间、活动行为单元内部之间的信息流。具体执行情况通过业务过程模型描述。例如，基于产能约束的混合智能粗日投料业务活动模型如图 2-17 所示。描述该模型的必要元素有业务活动、输入/输出信息流。

（2）活动行为单元时序图（BPV-2）

活动行为单元时序图用于描述活动行为单元的执行序列以及数据交换，时序图可以用 UML 活动顺序图描述。例如，基于产能约束的混合智能粗日投料活动，其活动行为单元时序图如图 2-18 所示，预期交货期投料的活动行为单元时序图如图 2-19 所示。需要描述活动、活动行为单元、资源链接、信息交换、业

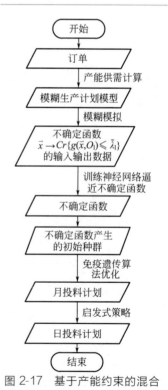

图 2-17 基于产能约束的混合智能粗日投料业务活动模型

务活动提供服务以及接受服务说明。

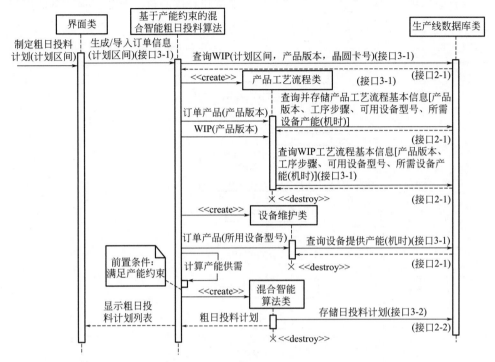

图 2-18 基于产能约束的混合智能粗日投料活动行为单元时序图

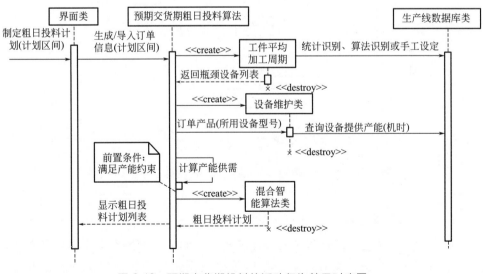

图 2-19 预期交货期投料的活动行为单元时序图

(3) 业务过程模型（BPV-3）

业务过程模型描述了业务活动的执行细节和具体的执行业务流程，可以用程序流程图说明。例如，混合智能算法流程图如图 2-20 所示[15]。

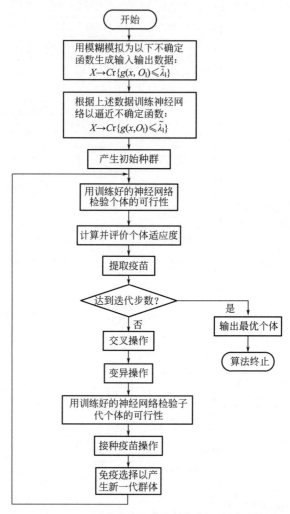

图 2-20　基于产能约束的混合智能粗日投料业务过程模型

(4) 业务逻辑数据模型（BPV-4）

该模型用于描述业务过程中的实体和实体之间关系的数据类型属性及关系，可以采用 UML 类图来描述，业务逻辑数据模型是物理数据模型的实现基础。图 2-21 给出的是与投料相关的业务逻辑数据模型。

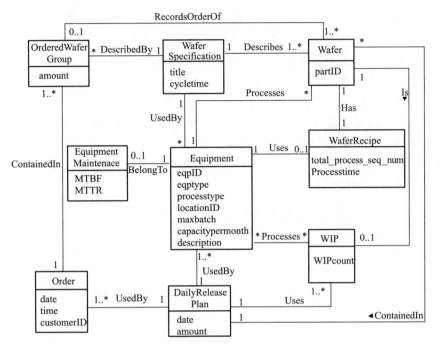

图 2-21 与投料相关的业务逻辑数据模型

注：图中 1..* 指 1 对多；0..1 指 0~1。

2.3.3 协同视角模型建立

协同视角包括 6 个模型：系统接口视图、协同节点模型、通用角色维护模型、协同性能视图、协同时序图以及物理数据模型。

（1）系统接口视图（CV-1）

描述业务节点与业务系统之间的关联，业务系统与生产系统或者生产线仿真系统之间的数据交换。说明各系统、各成员、各角色需要的参数及输出的结果。

接口视图需要描述的必要元素有：服务接口名称、服务接口 ID、需求接口名称、需求接口 ID、交换的数据元素名称、交换的数据元素类型。

系统接口按照连接的元素不同有如下类型。

① 业务系统之间的接口　例如，生产系统模型与数据库之间的接口。半导体生产系统物理资源结构模型是相同的，只要定义一种模板作为接口，将生产线系统物理资源数据存储在数据库中，生成仿真模型的时候，不同的生产线模型数据通过模板接口加载进入仿真平台。再如，投料系统与生产仿真平台之间的接口为投料计划单，包含产品、数量、入线时间信息。这类模板型接口大多以数据表

的形式存在。

② 业务系统与业务系统成员之间的接口　主要包括管理接口、调用接口，需要说明业务系统的业务系统成员列表，对业务系统成员的增、删、改、维护操作接口，调用业务系统成员的输入参数和输出结果形式。这类接口多以用户界面及事件触发调用的形式存在。

③ 业务系统成员执行活动行为单元功能的角色之间的接口　角色调用参数描述，需要说明输入输出的参数名称和参数类型，在软件代码中实现。

此外还存在数据库访问接口、软件组件接口等技术接口，此时需要按照技术标准进行接口说明。例如，Plant Simulation 平台加载运行模型，调用软件 COM 组件方法，其接口说明如表 2-5 所示。

表 2-5　仿真系统加载运行模型的接口

接口	COM 组件方法	说明
打开仿真模型	loadModel	参数为要打开的模型名称标识符
关闭仿真模型	closeModel	关闭模型
保存仿真模型	saveModel	参数为要保存的模型名称标识符
开始仿真	startSimulation	参数为仿真控制器
暂停仿真	stopSimulation	参数为仿真控制器
重置仿真	resetSimulation	参数为仿真控制器
执行仿真内部脚本语言	executeSimTalk	参数为脚本语言，执行脚本

（2）协同节点模型（CV-2）

协同节点模型维护基本计划调度结构与业务系统之间的关系，通过业务节点关联所选择的业务系统。协同节点的作用如图 2-22 所示，采用 IDEF0 建模工具建立，其主要功能模型如图 2-23 所示。

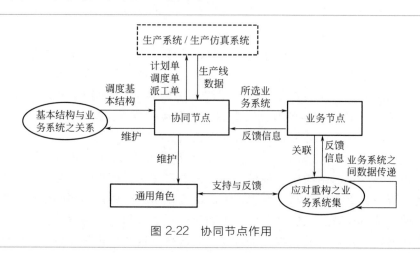

图 2-22　协同节点作用

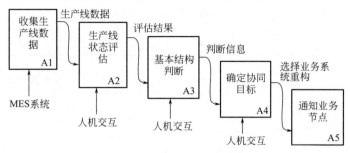

图 2-23 协同节点主要功能模型

(3) 通用角色维护模型（CV-3）

通用角色功能是能够服务于多个活动行为单元的角色，本质是一些比较通用的业务功能，简单的如查询 WIP 信息这样的查询功能，复杂的如遗传算法这样具有通用框架的功能。描述这类通用角色要确保满足角色所需要的输入条件，确保角色功能的粒度在合理程度。通用角色维护模型需要说明通用角色的功能，维护通用角色功能与活动行为单元之间的关系。通用角色功能分为以下几种。

① 数据收集功能。常见的数据收集有工件属性信息、设备属性信息、生产线性能指标数据、工艺流程数据、设备加工相关数据的查询功能，为多个活动行为单元所需要。例如 WIP 相关数据收集，可查询调度期内 WIP 分布，返回分别在缓冲区、设备、投料计划的 WIP 数目，以及每个 WIP 的等待时间、加工时间、投料时间、交货期等属性信息。

② 业务处理功能。常见的业务处理功能主要指简单派工规则的实现，有许多业务活动的行为单元，需要将一般设备（如非瓶颈设备、非批加工设备）的调度规则设置为 FIFO 等简单派工规则。

③ 性能统计与可视化功能。常见的有性能生产线统计的图表展示功能。

④ 其他具有全局服务性质的功能单元。

描述通用角色功能需要说明如下数据元素：功能说明、数据源说明、数据存储说明、输入输出参数说明、触发事件说明。描述工具可用 IDEF0 工具描述。例如，调度期 T_s 内的 WIP 分布情况查询功能描述如图 2-24 所示。

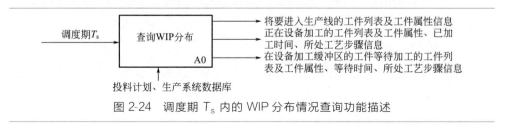

图 2-24 调度期 T_s 内的 WIP 分布情况查询功能描述

通用角色功能与活动行为单元之间的关系是多对多的关系,通过二维表表示,其部分内容如表 2-6 所示,表中"n"表示不存在对应关系。

表 2-6 通用角色功能与活动行为单元的对应关系的部分内容

通用角色 \ 活动行为单元	投料计划系统-混合智能投料成员-计算设备故障占用产能活动行为单元	投料计划系统-混合智能投料成员-计算维护占用产能活动行为单元	瓶颈调度系统-蚁群优化算法成员-计算维护占用时间活动行为单元	批量调度系统-最大批量原则组批成员-建立可组批工件集合	工件调度系统-选择缓冲区工件加工
查询调度期内设备维护计划	输入参数列表 输出参数列表	输入参数列表 输出参数列表	输入参数列表 输出参数列表	n	n
查询调度期投料计划	n	n	n	n	n
查询调度期WIP分布	n	n	n	n	n
查询设备故障统计数据	输入参数列表 输出参数列表	n	n	n	n
查询缓冲队列中的工件列表	n	n	n	输入参数列表 输出参数列表	输入参数列表 输出参数列表
FIFO派工规则	n	n	n	输入参数列表 输出参数列表	输入参数列表 输出参数列表

(4) 协同性能视图 (CV-4)

协同性能视图是在各系统协同完成一次重构过程之后,对重构协同本身的性能评价。以图表文本等形式对业务系统、业务系统成员、通用角色的可获得性、可维护性、协同初始化时间、响应时间进行评价。这些对分析和细化应用系统设计有重要参考作用。

(5) 协同时序图 (CV-5)

各业务系统在协同时的时序位置形成计划调度结构,也是各业务系统的协同时序图 (图 2-25)。

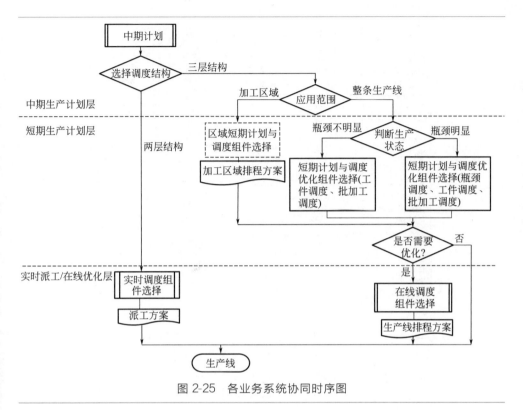

图 2-25　各业务系统协同时序图

(6) 物理数据模型 (CV-6)

物理数据模型是面向使用的数据模型，定义了系统数据的存储结构及关系。例如生产仿真系统、实时派工系统、投料计划系统及在线优化系统的物理数据模型，包括产品、加工区-设备、在线工件、投料、维护任务、派工单、性能统计、派工规则表。各数据库表字段说明以及表之间的依赖关系如图 2-26 所示。

2.3.4　体系结构模型之间的集成和重构关系

(1) 集成关系

基于 PPSAF 构建的复杂制造系统生产计划与调度体系结构，是由一系列从不同视角出发建立起来的模型集合。根据侧重的作用不同，可以分为两大类：一类模型起到建立维护支持作用；另一类模型实现动态重构。前者是后者的依托和支持，后者是前者的动态演化。这两类模型全面合理地组成了体系结构的有机整体，也动态形成了整体一致的重构执行体。各个模型之间的集成和重构关系如图 2-27 所示。

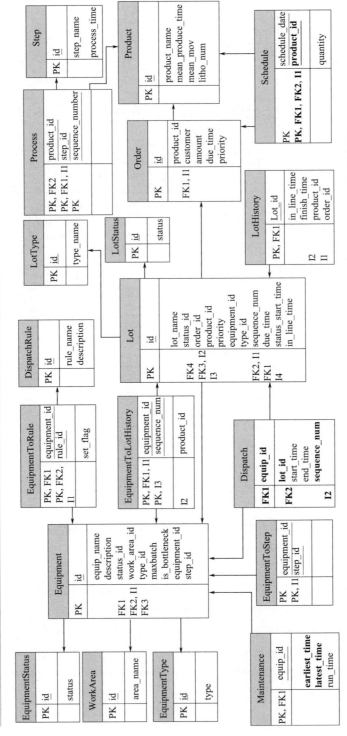

图 2-26 生产仿真系统、实时派工系统、投料计划系统及在线优化系统的物理数据模型[16]

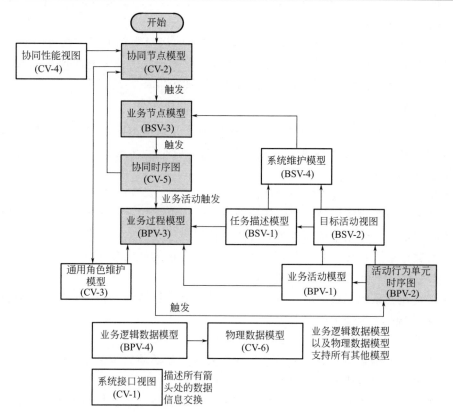

图 2-27 14 个体系结构模型之间的集成和重构关系

建立维护类模型：任务描述模型（BSV-1）为每个业务系统的不同目标下的任务场景搭建框架，任务场景的业务活动对应目标活动视图（BSV-2）的业务活动，目标活动视图中活动行为单元之间的信息数据交换内容对应业务活动模型（BPV-1）资源流，活动行为单元之间的执行顺序对应活动行为单元时序图（BPV-2）。在通用角色维护模型（CV-3）里建立活动行为单元和角色之间的多对多对应关系，支持活动行为单元任务的执行。通过系统维护模型（BSV-4），将所搭建的各场景任务及其业务活动综合起来，其接口描述通过系统接口视图（CV-1）完成。业务系统有其共用的业务逻辑数据模型（BPV-4），在数据库中的存储结构与依赖关系由物理数据模型（CV-6）建立，每个业务活动成员均使用该数据模型完成任务，这样保持了互操作的一致性与整体性。

动态重构类模型：首先协同节点模型（CV-2）根据交互分析结果确定当前重构的结构，确定参与重构的业务系统及业务系统成员，并通过业务节点模型（BSV-3）将选择的系统及成员关联起来，根据协同时序图（CV-5），通过业务过程模型（BPV-3），完成各系统协同任务，最后由协同性能视图（CV-4）对此次重构协同进行评价。

系统接口视图（CV-1）中的业务系统之间的接口数据元素对应于业务节点模型（BSV-3）描述项信息交换内容和类型，业务系统与业务系统成员之间的接口对应于系统维护模型（BSV-4）系统成员管理接口。

(2) 重构关系

体系结构的 3 个视角 14 个体系结构模型，分别从不同角度描述可重构体系结构的特定内容。14 个模型之间重构关系的形成路径（图 2-27）是可重构应用系统建立过程的元模型。

步骤①：建立系统维护模型（BSV-4）。

开发各业务系统成员，并向所属业务系统注册。建立业务系统成员的使用和评价数据格式。建立角色向业务系统成员注册表，并建立存储角色的使用记录和评价的数据格式。维护业务节点对系统成员、角色的使用及评价历史记录。

步骤②：开发目标活动视图（BSV-2）。

开发业务系统成员的活动行为单元，并建立执行活动行为单元的可用角色集合，登记在上一步骤中的注册表中。

步骤③：构建任务描述模型（BSV-1）。

建立任务场景包含的业务对象，建立触发业务活动的约束和事件。

步骤④：建立业务节点模型（BSV-3）。

建立所选择的业务系统之间的连接关系，建立业务系统与业务系统成员的连接关系，建立业务系统成员与角色的连接关系，并能够对这些关系进行管理。建立对业务系统成员和角色评价的机制，建立触发业务系统以及业务系统成员的增、删、改、保存、评价等管理动作的触发机制。

步骤⑤：建立业务活动模型（BPV-1）。

明确说明业务活动模型，描述业务活动与活动行为单元、活动行为单元之间的信息流，以及业务活动的输入输出要求。

步骤⑥：建立活动行为单元时序图（BPV-2）。

对步骤③步骤④中的触发事件建立业务活动时序图，若事件发生则会触发该时序图的执行。

步骤⑦：建立业务过程模型（BPV-3）。

详细构建活动行为单元、角色、数据之间的逻辑以及执行过程。

步骤⑧：建立业务逻辑数据模型（BPV-4）。

建立业务实体及其关系的数据描述，是物理数据模型的基础。

步骤⑨：建立协同节点模型（CV-2）。

建立协同节点的人机交互界面，建立分析生产线数据和判断生产线态势的模型。建立基本计划调度结构与业务系统之间的关系，维护通用角色库。

步骤⑩：设计通用角色维护模型（CV-3）。

建立并维护通用角色与活动行为单元之间的关系。

步骤⑪：设计系统接口视图（CV-1）。

实现业务系统驻留业务节点的功能，建立业务系统与生产系统或生产仿真系统之间的数据交换。说明业务系统、业务系统成员、角色互相之间的，以及各自内部的输入输出数据内容及要求。

步骤⑫：建立协同时序图（CV-5）。

建立相关业务系统在协同中的时序逻辑。

步骤⑬：建立协同性能视图（CV-4）。

建立性能指标来衡量每次协同的效果，反映对生产线管理的效果。

步骤⑭：开发物理数据模型（CV-6）。

建立各实体在数据库中的存储结构和依赖关系。

2.4 可重构的复杂制造系统生产计划与调度集成体系

上一节以举例的方式阐述了复杂制造系统的生产计划与调度体系结构的构建，完整的体系结构应该是由这 14 个模型构建起的一系列相互关联、彼此照应的模型组，支持对复杂制造系统生产管理领域中涉及生产计划与调度各方面、各层次的业务问题及过程的全面描述，并能够从全局和动态的角度刻画系统的关系与行为，实现生产计划与调度体系结构系统化、可重构的需求目标。支持实际生产环境下生产计划与调度业务的组织与优化。

从业务应用的角度出发，我们更加关注的是生产计划与调度集成体系的整体性业务关系和动态可重构的协同能力。本节将从这两方面入手，分别从前文构建的复杂制造系统生产计划与调度体系结构中提炼出系统化的静态业务功能关系和动态业务过程逻辑。为突出集成体系的整体表达，这里隐去了其背后蕴含的两层内容：一是关于各业务功能基于体系结构模型的规范表达，可以参考 2.3 节讨论体系结构的构建时给出的方法与过程；另一个是关于业务功能所涉及的实际计划与调度问题的解决方法和实现过程，将在本书第 2 篇分章节加以研究和讨论。

2.4.1 体系结构的业务功能关系

复杂制造系统生产计划与调度集成体系结构的各项业务功能可以划分为三个

层次，如图 2-28 所示。

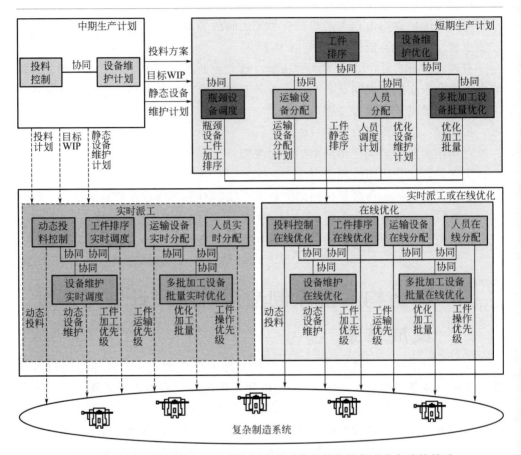

图 2-28　复杂制造系统生产计划与调度集成体系结构的各项业务功能关系

（1）中期生产计划层

中期生产计划层包括投料控制与设备维护计划，用于确定每日的投料数量以及工件的完工时间、设备的维护计划等。该层的决策结果是下层计划和调度活动（包括短期计划层中的静态调度和实时派工或在线优化层中的动态调度）的输入。

（2）短期生产计划层

短期生产计划层包括各种离线的静态调度优化问题，如全局的车间生产调度和局部的瓶颈区调度、批加工设备调度等，各业务模块分别负责完成不同类型的调度任务，相互之间存在协同关系。短期生产计划层的输出是经过优化的工序级作业任务计划。

(3) 实时派工或在线优化层

该层涉及的都是动态的调度优化问题,需要依据实时工况对决策的结果做出判断或调整。其中,实时派工可以中期或短期生产计划调度的结果为指导,通过动态地在每一个决策点上利用局部信息快速地决策派工。在线优化是针对实时工况的变化对既定的调度决策进行调整或修正的过程。

3 个业务功能层次之间的关系如表 2-7 所示。

表 2-7 计划与调度业务功能层次之间的关系

计划与调度层次	决策目标	常用优化指标
中期生产计划 (年、月、周)	确定投料的产品种类与数量以及完工时间 设备维护计划	订单最小延迟率 降低加工周期 降低加工周期方差 提高 WIP 移动步数 提高生产率 降低 WIP 水平 提高设备利用率 均衡设备负载订单
短期生产计划 (周、日、班)	按照中期计划,确定细日投料方案 优化工件在设备上加工顺序 优化设备维护计划 优化多批加工设备的加工批量 优化工件在并行设备加工中心的加工路径	
实时派工或在 线优化(决策点)	动态投料控制/投料控制在线优化 工件排序的实时调度/在线优化 多批加工设备加工批量的实时组批/在线优化	

2.4.2 体系结构的业务过程逻辑

在 2.4.1 节描述的生产计划与调度集成体系的业务功能层次只是从静态上给出了体系结构的业务功能类的关系,这些功能在应用中是根据实际需要通过动态配合发挥作用的,图 2-29 概括描述了这些业务类型在逻辑上的协同关系。

从图 2-29 中可见,每一类业务问题对外可能与多种业务问题发生协同关系,如中期生产计划层的投料计划与短期生产计划层的工件排程、瓶颈设备调度,以及实时派工/在线优化层的批加工设备实时调度都存在协同关系。有些业务问题和过程在层次定位和协作关系上是相似的,比如短期生产计划层中加工区域瓶颈设备调度和批加工设备调度之间,是相同层面的两个相似问题。其实,在同一业务问题模块内部,由于解决问题的方法不同,也有可能存在多种不同的功能模块。所有这些都表征了复杂制造系统生产计划与调度集成体系的多样性和灵活性,也正因为如此,需要在体系结构的实际运用中,根据对象生产系统的实际特点以及所处的特定状态,加以合理集成和重构,才可真正达成实用性效果。

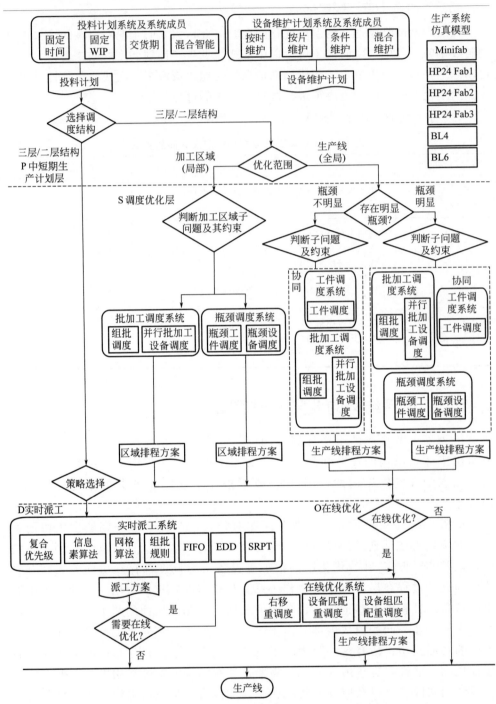

图 2-29 复杂制造系统生产计划与调度集成体系结构业务类型的逻辑协同关系

2.4.3 体系结构的特点分析

对于复杂制造系统生产计划与调度体系结构的研究，是为了支持对于复杂的生产计划与调度领域各类问题的更全面的认识和更科学的描述，并在此基础上能够适应实际系统和状态的需要加以灵活的组合运用。由于计划与调度系统功能的多样性，以及问题求解和实现方法的多样性，计划调度系统功能与实现方法之间存在多对多的关系，在实际系统运行中需要视情况而定。复杂制造系统生产计划与调度体系对于这种灵活性的支持能力源于其组件化的特点和可重构的能力。

（1）组件化

在第 1 章曾提到关于复杂制造系统生产计划与调度的研究虽然时间长、成果多，但大部分的研究工作还是面向局部问题，呈现相对独立的态势，借助于标准通用的业务描述模型有望改变这种局面。

生产计划与调度体系结构的基本思路是将常用子问题、常用策略和算法进行组件化封装，便于在不同类型的调度业务中有选择的调用。这一组件化特点也使得各企业可以根据实际需要，选择体系中适用的组件建立定制化的生产计划与调度体系结构。例如，如果企业目前处于高度不确定性环境下，同时生产的产品品种很多，订单变化很快，可以直接采取中期生产计划和实时派工或在线优化两层结构，同时按照自己需求选取相应的组件（如中期生产计划、动态投料控制、实时调度、设备维护调度在线优化等）；如果一段时期内，企业的产品品种相对固定，生产环境相对稳定，则可以采取中期生产计划、短期生产计划和实时派工或在线优化三层结构，同时选取相应的组件（如中期生产计划、投料控制、工件调度、多批加工设备调度、投料控制在线优化、工件排序在线优化等），以期获得更加优化的调度结果。

组件化并非新概念且在各行各业一直备受重视。组件化基于可重用的目的，将复杂的计划调度系统按照分离关注点的形式，拆分成多个独立的组件，实现业务解耦，以系统内部模块化的灵活有机整合应对计划调度决策需求的多样化。复杂的计划调度系统的构建是组件集成的结果，每个组件有自己独立的版本，独立编译测试和部署。将系统组件化以后，能够实现完整意义上的按决策需求进行计划调度配置管理。在软件组件层面实现计划调度方法后，对其进行开发、测试、打包、发布的控制管理较为灵活，例如一个通用组件小版本升级，对外提供的接口没有发生任何变化，其他组件完全不需要再进行开发和测试，但这需要研究人员对业务有更深层次上的理解。

（2）可重构

体系结构能够根据生产线环境状态灵活重构，比如在信息充分时，能够给出全局考虑的调度优化方案；在决策时刻信息未知时，采用实时派工（中期计划-

派工两层结构);在决策时刻可以预知部分未来信息时,可以进行有预测的在线优化(中期计划-短期计划-在线优化三层结构)。或者在高负载中心进行调度及在线优化,轻负载中心直接使用启发式规则。

基于复杂制造系统生产计划与调度体系结构,指在每一次实际的生产计划与调度方案的产生过程中,由于实现环境不同,所用到的计划调度系统功能及各系统功能实现方法不一定相同。需要分析特定环境,驱动各计划调度系统协同,通过具体方法实现功能,形成特定的计划调度方案,完成一次生产管理的决策过程。图 2-30 表示了从计划调度通用结构向具体问题个性应用的多层次多步骤的求解过程,图 2-31 表示了生产线环境驱动的计划调度体系的重构过程。

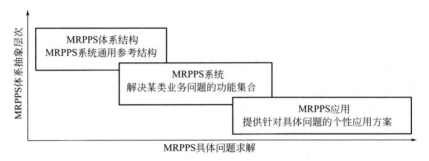

图 2-30 可重构的计划调度集成体系的抽象层次

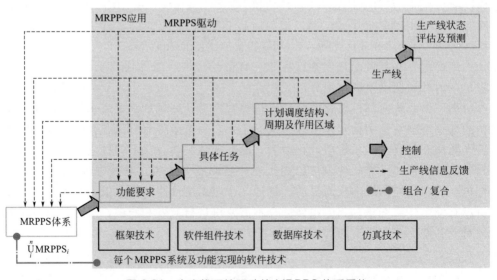

图 2-31 生产线环境驱动的 MRPPS 体系重构

图 2-31 突出了生产线状态评估及预测、生产线环境、计划调度作用效果、具体任务、对 MRPPS 体系功能要求、各环节的反馈综合信息对 MRPPS 体系重构的驱动作用。生产线状态评估及预测将重构方向、约束和目标反馈给 MRPPS 体系，MRPPS 体系将反馈信息转化为对 MRPPS 系统的具体功能要求，由相应的 MRPPS 系统合作执行具体任务，执行的表现形式为计划调度结构、周期以及作用区域。建立 MRPPS 体系是为多重入复杂制造系统生产计划与调度提供支持平台和分析环境，帮助决策者进行综合权衡寻找杠杆区域，并获得长期的整体性能优化。这个过程离不开生产线状态分析，后者既是前者的约束，也是其可重构的驱动力。另外，MRPPS 系统及其功能设计与实现，离不开软件领域相关技术，如框架技术、软件组件技术、数据库技术、仿真技术。

综上所述，MRPPS 体系是系统的系统，是描述如下过程的高层次描述体：分析多重入复杂制造生产线状态数据，确定生产线整体优化方向，重新配置功能上互相独立、数据上互相联系的 MRPPS 系统，推动生产系统向决策主体期望的状态发展，成员系统也在此过程中发生知识与功能上的扩展。

参考文献

[1] 李清，陈禹六. 企业信息化总体设计[M]. 北京：清华大学出版社，2004.

[2] Pandey D, Kulkarni M S, Vrat P. Joint consideration of production scheduling, maintenance and quality policies: a review and conceptual framework[J]. International Journal of Advanced Operations Management, 2010, 2(1): 1-24.

[3] Monfared M A S, Yang J B. Design of integrated manufacturing planning, scheduling and control systems: a new framework for automation[J]. The International Journal of Advanced Manufacturing Technology, 2007, 33(5-6): 545-559.

[4] Wang F, Chua T J, Liu W, et al. An integrated modeling framework for capacity planning and production scheduling[C]. Control and Automation, 2005. ICCA'05. International Conference on. IEEE, 2005, 2: 1137-1142.

[5] Lalas C, Mourtzis D, Papakostas N, et al. A simulation-based hybrid backwards scheduling framework for manufacturing systems[J]. International Journal of Computer Integrated Manufacturing, 2006, 19(8): 762-774.

[6] Lin J T, Chen T L, Lin Y T. A hierarchical planning and scheduling framework for TFT-LCD production chain[C]. Service Operations and Logistics, and Informatics, 2006. SOLI'06. IEEE International

[7] John A.Zachman. Architecture is Architecture is Architecture[M/OL]. Zachman International, [2019-04-25]. https://www.zachman.com/ea-articles-reference/52-architecture-is-architecture-is-architecture.

[8] 吴莹. 可重构的多重入复杂制造系统生产计划与调度集成体系结构关键问题研究[D]. 上海：同济大学，2014.

[9] DoD Architecture Framework Working Group. DoD Architecture Framework Version 2.02[M/OL]. U. S.：Department of Defense, [2019-04-25]. https://dodcio.defense.gov/Library/DoD-Architecture-Framework/.

[10] Federal enterprise architectureframework（version 1.1）[M/OL] The Chief Information Officers Council of OSA，[2014-08-01]. http://www.cio.gov/archive/fedarch1.pdf.

[11] 嵇文路，夏安邦. 联邦企业体系结构框架研究. 计算机集成制造系统，2007，13（1）：57-66.

[12] IEEE Std 1471—2000. IEEE recommended practice for architectual description of software-intensive systems, October 2000.

[13] 吴莹，乔非，李莉. 半导体生产线计划调度系统综述分析. 中国科学技术大学学报，2009，39（增）：94-97.

[14] Architecture IGroup W. C4 ISR architecture framework version 2.0[M/OL]. U. S.： C4 ISR Architecture Working Group，[2019-04-25]. https：//www.mendeley.com/catalogue/c4isr-architecture-framework/.

[15] 李兆佳. 混合智能算法在半导体生产线生产计划中的应用研究[D]. 上海：同济大学，2009.

[16] 叶恺. 组件化生产计划与调度集成方案设计与实现[D]. 上海：同济大学，2010.

第3章 面向复杂制造系统的计划与调度重构

复杂制造系统的计划与调度可重构，是指为能适应实际制造系统所面对的高度不确定性环境，对复杂制造系统计划与调度功能进行整体规划，以重组计划与调度的协同结构、重复利用子系统或更新组件的方式，快速调整制造计划与调度功能的一类可重构生产管理系统。复用现有的或可获得的算法组件，可以动态地形成计划与调度应用，产生适用的计划与调度方案，从而满足优化目标，提升计划调度的决策效率。本章从计划与调度体系重构的结构与组成入手，分析可重构系统的内容与层次，并探讨软件组件复用的语义基础，用于支持可重构系统自治域资源的透明访问，适应最终应用软件的动态环境。

3.1 面向复杂制造系统的计划与调度体系重构概述

3.1.1 可重构系统的结构及组成

可重构系统由可重构算法系统、可复用业务组件以及可重构控制引擎三个关键子系统组成，这些子系统有机结合，构成了可重构的计划与调度体系，如图3-1所示。

可重构算法系统：是完成计划调度的具有可重构性的执行系统，其前台界面、中层算法程序与仿真、后台数据库均具有与其他子系统相关联的接口，即通过控制引擎作用下的生产数据（业务数据）相关联。

可复用业务组件：每类业务组件完成一类计划调度功能，其具体表现形式为软件组件，分为复合组件和简单组件两类。

可重构控制引擎：与生产系统需求以及计划调度系统的执行直接相关，用于建立计划与调度任务之间的联系，在整个系统运行过程中处于判断调整计划调度体系的工作状态，协调计划、调度、优化、派工、重调度等系统组件之间的关系，以保证快速响应变化。基于数据与信息流工作，从而使得控制、协同和监控功能有条不紊地进行。

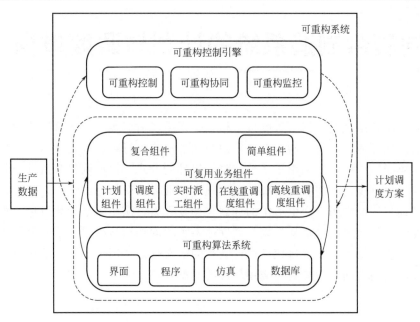

图 3-1 可重构系统的结构及组成

3.1.2 可重构的类别

按可重构的层次以及可重构的演化,将计划调度体系的可重构分为如下类别(图 3-2)。

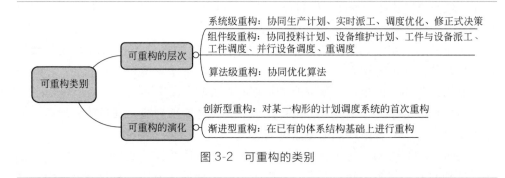

图 3-2 可重构的类别

所谓构形,是指面对生产线状态发生变化,在约束条件下,计划调度体系为应对变化,确定系统之间的协同结构。当约束条件改变时,协同关系表现出另一种协同结构,故而重构也是从一个构形应用向另一个构形应用的转移。构形是系统在确定约束条件下的时空表示，时间方面的关联性体现在计划调度体系功能之间的时序递进约束；空间关联性体现在组件与算法的复用，计划调度在时间和空间下是动态变化的，一个构形就是一个协同模式。

计划与调度体系所起到的作用是将业务逻辑转换为体系结构下的子系统之间的协同，实现空间时间关联性的统一，从而达到根据生产环境的变化调整调度策略和资源分配，使生产管理维持较高水平的目的。

计划调度体系的重构能力，取决于决策者以及问题特点，是应对制造系统处理环节变化或由环境而导致不稳定的能力，这种能力来源于调整计划和调度，能够在一定程度上消除生产过程中的干扰带来的影响，当环境变化的时候通过一定程度的修改（作业顺序），可以得到很好性能[1~3]，这种局部或全局调整必然映射为结构上的变化。可以认为可重构是一种包容、纠错、快速反应等多能力的表现，是处理不确定因素的能力[4,5]。

3.1.3 可重构系统的复用层次

复杂制造系统的计划与调度的重构是由业务体系结构牵引信息系统进行的重构。逻辑可重构能力通过三个技术复用层次实现（图3-3）。第2章体系结构框架将计划和调度模型规范化为计划调度系统、系统成员以及活动行为单元等14个互相联系的模型进行管理，在需要实现业务重构时，通过系统级、组件级以及算法级复用组装应用系统从而实现所需要的重构。三个层次的重构实现基础是"复用"，"复用"已有的成果来产生计划调度方案[6]。

每一次为解决生产线计划和调度应用问题进行一次重构，形成一次特定应用，共享一个基础架构以及一组嵌入在这个架构上的通用组件，复用的是体系结构框架和软件组件资产。

① 系统级复用　复用的是解决问题的过程，即"设计复用"。计划与调度的本质区别在于规划不同时间跨度下的资源利用。根据具体约束和需求，有"计划-调度优化""计划-派工""计划-调度优化-重调度""计划-派工-重调度"四种基本结构。系统级重构的共性通过体系结构框架描述进行表达。应用系统层是具体问题的求解。例如，以某生产线的设备等基本数据为基础，动态生成该产线的仿真模型；以ERP系统订单及产品信息为基础，以输入时间窗口和工艺路线等为约束条件，可以进行"计划-调度优化"，产生时间窗口期内订单产品的投料计划、工件调度和设备调度方案。面对不同的生产线模型，对于混合智能投料算法，只需要重新计算产能供需，就可以产生投料计划（"应用"），实现智能投料优化的复用。

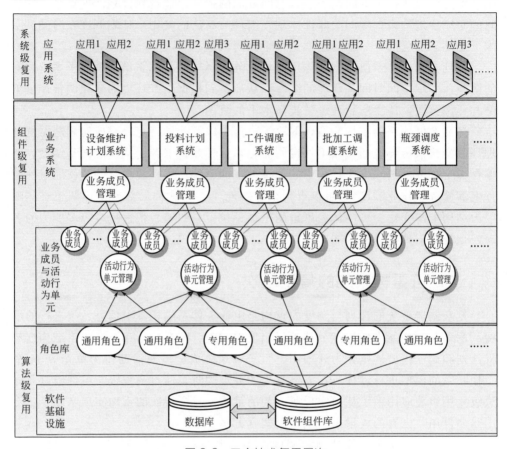

图 3-3　三个技术复用层次

② 组件级复用　复用的是计划与调度功能。在同样的假设前提下，计划调度方案的生成有多种优化方法，在软件实现上，每一种优化方法嵌入功能复用架构中，成为一个业务成员，例如投料计划中的业务成员有混合智能投料成员，还有细日投料成员，可以完成同样的投料功能，通过数据接口进行替换成员，形成功能级的复用，快速寻找合适的方案。对于基于产能约束的混合智能投料成员，其功能的实现同样有多种方式，例如目前该成员嵌入了神经网络算法和免疫算法，而这两种算法的核心实现过程可以利用现存标准算法，也可以自行通过代码实现，并且神经网络算法和免疫算法不仅可以用于投料计划，也可以用于调度优化。故而，在软件实现过程中，神经网络算法和免疫算法是智能投料成员的活动行为单元，在智能投料的时候，预留了活动行为单元管理的接口，可以调用这两种算法，如图 3-4 所示。

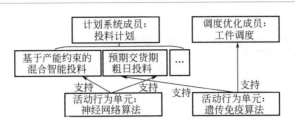

图 3-4 以智能投料为例的组件级复用示意图

③ 算法级复用　复用的是算法与数据。对于活动行为单元的程序级实现过程，同样存在多种实现方式，有些通用组件可以服务于多个行为单元，例如，在许多调度优化中，需要判别瓶颈，瓶颈判别过程则作为一个可复用的通用角色来实现。这里，角色指实现部分通用或专用的功能，服务于计划与调度，区分于一般软件组件，分为通用和专用两类，是第 2 章体系结构模型中协同节点模型（CV-2）和通用角色维护模型（CV-3）中的概念。每个业务系统成员通过"活动行为单元管理"维护与自己相关的角色，通过检索符合约束条件的组件，并将其功能、性能、应用领域、约束条件等信息转化为符合系统当下要求的组件信息，这样为业务系统成员屏蔽了软件组件的语义、结构差异问题。此外，活动行为单元管理还应当存储系统实例运行的反馈信息。

④ 软件基础设施是复用实现的基础　可以包含第三方软件组件，如 JavaBean/EJB、COM/DCOM、CORBA 是主要的软件组件模型，广泛地应用于软件实现中。

所有层次关系紧密，将计划与调度可重构体系结构模型通过软件复用技术实现为有机的执行体，从而为逻辑重构提供支持平台，如图 3-5 所示。

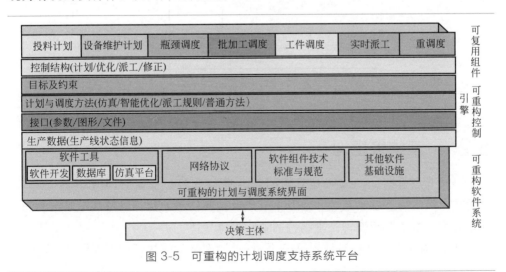

图 3-5　可重构的计划调度支持系统平台

3.2 可重构的内容与层次

在系统级重构中实现计划调度功能的重构，计划调度体系的基本功能有：投料计划、设备维护计划、工件调度、并行设备调度（路径调度）、实时派工与重调度。其中重调度是一种基于修正式决策的自适应调度，主要有离线优化与在线优化两种方式。基本功能域及其子域在生产实际中具有很大的变动性和复杂性，联合起来产生了更为复杂多变的调度问题，系统级重构是为了实现计划与调度的动态协同优化（图 3-6）。在组件级重构中，实现计划或调度功能的组件，由多个可分离、独立和模块化的不同软件构件构成，针对具体生产需求可对这些组件重新组合装配、设置调整及运行。在算法级重构中，某一计划调度功能的方法由相对独立的软件构件构成，针对同一功能形成的算法可替换，便于找到合适的优化算法。

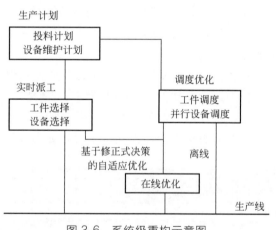

图 3-6 系统级重构示意图

3.2.1 系统级重构

协同节点模型（CV-2）是对协同任务进行分解，根据协同时序图（CV-5）中的结构确定哪些基本系统和业务系统成员参与任务的执行以及基本系统的先后时序关系。本节介绍四种基本结构的执行逻辑。

计划-调度优化结构与计划-调度优化-重调度结构的执行过程如图 3-7 所示。

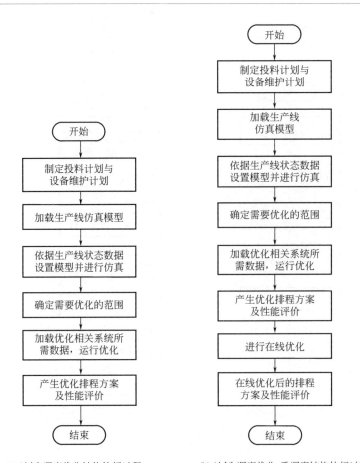

(a) 计划-调度优化结构执行过程　　(b) 计划-调度优化-重调度结构执行过程

图 3-7　计划-调度两种结构的执行过程

图 3-7 中"加载优化相关系统所需数据，运行优化"以及"进行在线优化"均为触发业务节点（BSV-3）的动作。

计划-派工与计划-派工-重调度的执行过程如图 3-8 所示。

图 3-8(a) 中两个设置派工规则的动作以及图 3-8(b) 中的"进行在线优化"均为触发业务节点（BSV-3）的动作。

协同节点（CV-2）、业务节点（BSV-3）、协同时序图（CV-5）、业务过程模型（BPV-3）和活动行为单元时序图（BPV-2）完成重构的过程如图 3-8(b) 所示。每一次重构，通过复用已有的信息资产形成满足需求的应用系统。

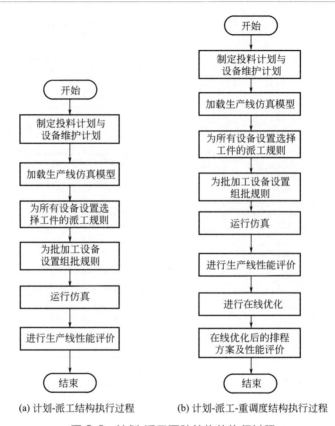

图 3-8 计划-派工两种结构的执行过程

3.2.2 组件级重构

可复用组件,在计划调度系统中,有很多业务功能相似度很高,例如生产计划层主要包括投料计划与设备维护计划,投料计划确定何时投入多少新工件到生产线,设备维护计划用于安排在计划区间内的生产线的可用设备资源;调度优化主要包括离线的优化调度决策,既可针对某些特定区域(如瓶颈加工区或批加工设备区),也可针对整条生产线进行全局优化;实时派工利用局部信息快速地实现派工行为;在线优化是针对实时工况的变化对既定的调度决策进行调整或修正的过程(表 3-1)。很多业务功能多次使用却又不完全一样,显然它是有复用价值的,但如果后续每次都要花费很多时间重建模型、重写算法,就意味着可以停止重复而开始重构了。组件级重构基于的载体是可复用的组件,往往发现一部分逻辑可以复用,即可以将其独立出来形成简单组件,简单组件多了,即可以分类放在一起，便于理解和修改，形成复合组件的雏形，这一过程会生产出很多有用的组件，持续进行上述动态渐进演化的过程，便可形成很多可复用的计划调度功能组件。

表 3-1 可重构计划调度系统及其业务功能

可重构计划调度系统	复合组件	简单组件	功能
投料计划系统	投料计划	月投料计划、粗日投料计划、细日投料计划	生产计划
设备维护计划系统	设备维护计划	预防性维护计划	生产计划
瓶颈调度系统	瓶颈区	物理瓶颈区工件调度及并行设备调度 瞬时瓶颈区工件调度及并行设备调度	工件调度 并行设备调度
批加工调度系统	批加工区	批加工设备的工件组批、批量、批次排序优化调度。分为单台批加工设备、并行批加工设备	工件调度 并行设备调度
工件调度系统	非批加工区	非批加工设备的工件调度	工件调度
实时派工系统	缓冲区 设备组	通过规则实时进行缓冲区工件调度、并行设备调度、批量调度、批次调度	工件调度 并行设备调度
重调度优化系统	在线调整方案	右移重调度	重调度
	离线调整方案	设备组匹配重调度、设备匹配重调度	重调度

3.2.3 算法级重构

对于生产计划与调度业务而言，封装组件时可以抽象出四部分：以产品为主线的配置定义部分、以生产设备为核心的物理部分、记录生产信息的过程信息部分以及描述具体算法的调度部分（图 3-9）。

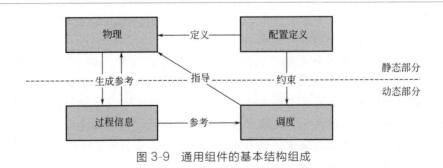

图 3-9 通用组件的基本结构组成

通用组件模型分为静态部分及动态部分，静态部分定义了生产线相对稳定的信息，包括物理（设备定义为核心）及配置定义（产品定义为核心）两部分。

动态部分定义了在实际生产过程中运用的部分，包括过程信息部分（投料计划、派工单）以及调度部分（各类调度算法）。

配置定义通过对在线工件的工艺定义来规定物理设备的生产，同时还为调度算法提供了流程信息的参考；过程信息通过派工单的形式供物理设备参考生产，设备又在实际生产中生成过程信息，同时，过程信息也可作为调度算法的输入或反馈。

组件化特点使得业务功能和业务算法/数据得以解耦，一方面减少了数据冗余，另一方面使业务功能的配置更具灵活性。最典型的表现在调度算法的实现上，传统的算法是与特定问题模型绑定在一起实现的，解耦后，由于算法的输入和输出都已标准化，这使得算法可被多种模型灵活应用。这也是算法级重构的前提条件。

3.3 可重构系统的建立过程

可重构系统为计划与调度系统之间以及系统内部关系的重新配置。最终的目标是实现自动或人机交互半自动地产生满足不同场景下业务需求的应用系统。应用系统是计划调度业务模型、生产线（仿真）环境、业务数据交换通过体系结构配置起来的统一执行体。重构应用包括 4 个层次的组织过程：选取或定制业务行为活动单元及其所需要的通用角色，将活动行为单元组织为系统成员，由业务系统成员形成业务系统，最后将各个业务系统通过接口组装成为应用系统。

可重构的步骤如图 3-10 所示。

步骤①：启动协同节点模型（CV-2）的执行，判断生产线态势，确定所需要的基本调度结构及需要的业务系统，触发业务节点模型（BSV-3）的执行，并将对业务系统的要求及目标传递给 BSV-3。

步骤②：启动业务节点模型（BSV-3）的执行，按照协同目标以及基本结构，选择相应的业务系统及成员，也就选择了相应的目标活动视图（BSV-2），如果不存在所需要的业务系统或者业务系统成员，就需要设计和定制新的业务系统或成员，并加入到体系中。选择了业务系统成员，就相应地选择了其活动行为单元。同样，如果不存在完成活动行为单元的角色，那么也要设计和定制新的角色，加入到业务系统成员的行为单元列表中。

步骤③：将所选择的业务系统组装为应用系统，并进行测试。测试通过则转入下一个步骤；测试不通过，需要回到步骤①重新分析目标和约束。

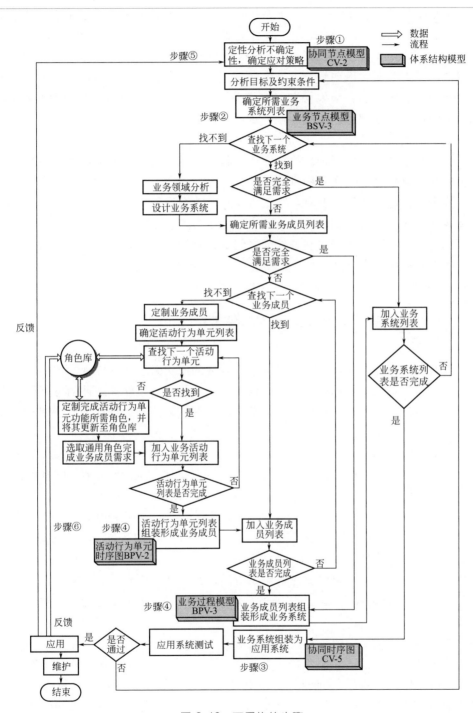

图 3-10 可重构的步骤

步骤④：运行应用系统，业务系统通过业务系统成员完成业务任务，触发业务过程模型（BPV-3）的执行，业务过程的执行触发活动行为单元时序图（BPV-2）的执行，一个活动行为单元执行完毕，将结果返回给业务系统成员，按照活动行为单元时序图触发下一个活动行为单元的执行。全部执行完毕后，将结果返回给业务节点。触发协同时序图（CV-5）的执行，协同时序图将业务系统功能的执行结果信息返回给业务节点，通过业务节点触发协同时序图中下一个业务系统的执行。

步骤⑤：协同时序图全部执行完毕，将结果返回给协同节点，由协同节点根据生产线态势推进下一次重构过程。

步骤⑥：返回执行情况时，会记录角色、业务系统成员、业务系统的完成时间及效果，便于系统维护和演进。

在上述过程中，各层次和各粒度之间的信息交换需要系统接口、逻辑数据模型、物理数据模型的支持。

3.4 复用层次的语义基础

面对不同的计划与调度业务场景形成合适的应用系统，其实现的关键有两方面：一是通过角色化解耦业务成员的软件实现功能；二是软件组件的可复用。本节讨论复用的语义基础。首先给出可重构的多重入复杂制造系统生产计划与调度（MRPPS）的形式化定义：

$$MRPPS=\{S,C,\varphi(S',X[r],T),E,O(E),\phi(O,C',Y[r],t)\}, S'\subseteq S, C'\subseteq C \quad (3-1)$$

式中，MRPPS 为体系，是高层次描述体，描述 MRPPS 系统的整体特点；S、C 为体系的实体成员；$S\{S_i|i=1,2,\cdots,N\}$ 为 MRPPS 系统全集；$C\{C_j|j=1,2,\cdots,K\}$ 为角色全集；$\varphi(S',X[r],T)$ 为体系完成某次应用呈现的结构，由完成应用的系统集合 S' 及系统之间关系 $X[r]$ 组成，随时间参数 T 动态演化；$O(E)$ 为体系综合任务及目标，通过评估对体系的需求得到；E 为制约决策的问题环境，包括决策时限以及决策对象范围；$\phi(O,C',Y[r],t)$ 为体系综合任务-功能-系统要素的映射关系，可以通过分解得到此关系；t 为角色之间的时序逻辑关系。

在上述形式化定义中，通过范畴论研究结构 φ 和分解映射关系 ϕ。

范畴论是数学框架，用于描述知识之间的联系[7]，主要用于研究对象关系及其组合，侧重于对象之间的关系而不是对象自身的描述[8]，是计算机科学界描述抽象和依赖关系的工具[9]。态射（Morphism）决定了角色之间的关系。图是范畴论的基础[10]，节点为对象，有向边为态射。通过范畴论能够建立复杂的系统层次，允许系统作为更复杂系统的组成部分。

在同一范畴里，只要软件组件间组合关系的定义不变，各个开发阶段的工作符合该定义，那么态射合成就能够描述位于不同层次的软件组件间的关系。

3.4.1 范畴论基础概念

【定义 3.4.1-1】 范畴[11]：Category。一个范畴由以下 3 个部分组成。

① 多个对象（Objects）组成的集合 O。

② 多个态射（Morphisms）（箭头）组成的集合 M，其中态射 $f: A \rightarrow B$，$A, B \in O$；称 A 是 f 的定义域（Domain），B 为 f 的值域（Codomain），记为 $\text{dom}(f) = A$，$\text{cod}(f) = B$。

③ 态射合成：$A, B, C \in O$，态射 $f: A \rightarrow B$，$g: B \rightarrow C$，$\text{cod}(f) = \text{dom}(g)$，则存在唯一复合态射 $g \circ f: A \rightarrow C$。

范畴是基于图（diagram）的，可以把一个范畴看成一个有向图，源节点和目标节点分别表示定义域和值域。

【定义 3.4.1-2】 范畴图：Diagram。范畴图包括对象集合 D_O、态射集合 D_M，对所有的态射 $a \in D_M$，$\text{cod}(a) \in D_O$，$\text{dom}(a) \in D_O$。

【定义 3.4.1-3】 交换图：Commutative Diagram。在一个含有对象与态射的图中，若从图中任一对象出发到另一对象有两条或更多的（由同向箭头连接的）路径相通，则沿着这些路径（箭头方向）的态射合成都相等，这样的图称为交换图。

【定义 3.4.1-4】 余极限：Colimit。对包含有多个对象 A_i 和态射 a_i 的图来说，该图的共限就是对象 L 及一组态射 l_i，满足：对每一组态射 $l_i: A_i \rightarrow L$，$l_j: A_j \rightarrow L$ 和 $a_x: A_i \rightarrow A_j$，$l_j \circ a_x = l_i$ 成立（图 3-11）。

余极限为角色的组合提供理论基础，交换图用于描述角色关系的正确性以及关系的特征。

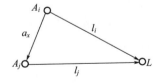

图 3-11 余极限

3.4.2 复用层次的语义基础

将应用问题的需求分解为具体任务，由业务系统成员完成并指派给角色，任务与角色之间形成"任务-分配"关系，定义为 α 关系。角色与业务系统成员之间的关系形成"部分-整体"关系，定义为 β 关系。确定所设计的业务系统成员是否满足应用需求，形成"需求-满足"关系，定义为 γ 关系。

业务系统成员的设计定义为 $R_0 \to_\gamma Z\{C_i | i \leqslant n\}$，式中，$R_0$ 为应用需求；Z 为业务系统成员；C_i 为角色。

业务系统成员 Z 是二元组（C_{set}，L）。式中，C_{set} 为角色集合；L 为角色之间关系集合（三种类型的关系：α，β，γ）。

角色标识是一个八元组 $\theta = <C_{id}, \Sigma, A, \Gamma, f_a, f_p, D, B>$。式中，$C_{id}$ 为角色标识符，唯一；$\Sigma = <S, \Omega>$ 为代数意义上的数据标识，这里是角色规范中的所有标识符；A 为角色的属性集合，属性类型由 S 中的数据类型确定；Γ 为角色的接口标识符集合；$f_a: A \to 2^S$，用于描述属性特性；$f_p: \Gamma \to 2^S$，用于描述接口特性；$D: \Gamma \to 2^A$，对于 $p \in \Gamma$，$D(p)$ 是描述接口所影响的属性集合；B 为角色行为描述集合。

角色标识给出了描述角色的词汇集合 Σ，属性特性用于描述属性的可见性、类型等信息，接口特性包括接口标识符、输入输出参数、返回值类型等。

例如，图 3-12 是瓶颈优化系统的概念模型，用蚁群算法对瓶颈区并行设备优化是一个瓶颈优化系统的业务系统成员，其核心算法蚁群优化（Ant Colony Optimization，ACO）算法寻优是一个角色，角色标识定义为：

$\theta_{ACO} = <C_{idACO}, \Sigma, A_{ACO}, \Gamma_{ACO}, f_{aACO}, f_{pACO}, D_{ACO}, B_{ACO}>$，其中，

C_{idACO} 为角色唯一标识；

Σ 为描述词汇集合；

$A_{ACO} = \{GlobalInfo, TsInfo, NodeInfo, AntInfo, BottleDeviceInfo, LineInfo\}$；

$\Gamma_{ACO} = \{prt1, prt2, prt3, prt4, prt5\}$；

f_{aACO} 用于描述属性特性，$type(GlobalInfo) = CGlobal$，$type(TsInfo) = int$，$type(NodeInfo) = CNode$，$type(AntInfo) = CAnt$，$type(BottleDeviceInfo) = CBottleDevice$，$type(LineInfo) = CLine$；

f_{pACO} 用于描述接口特性，

$type(prt1) = In$，$MessageType(prt1) = int$，

$type(prt2) = In$，$MessageType(prt2) = databaserecord$，

$type(prt3) = In$，$MessageType(prt3) = databaserecord$，

type(prt4)＝In,MessageType(prt4)＝databaserecord,
type(prt5)＝Out,MessageType(prt5)＝databaserecord。

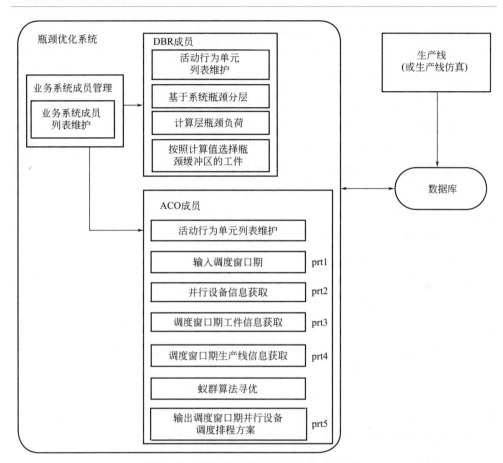

图 3-12　瓶颈优化系统主要业务系统成员

D_{ACO} 用于描述接口所影响的属性,
$D_{ACO}(prt1)=\{TsInfo\}$,
$D_{ACO}(prt2)=\{BottleDeviceInfo\}$,
$D_{ACO}(prt3)=\{NodeInfo\}$,
$D_{ACO}(prt4)=\{NodeInfo, BottleDeviceInfo, LineInfo\}$,
$D_{ACO}(prt5)=\{TsInfo, NodeInfo, BottleDeviceInfo\}$;
B_{ACO} 用于描述角色行为,
$B_{ACO}=$ Intial＋GetInfo(TsInfo, AntInfo, NodeInfo, BottleDeviceInfo, GlobalInfo, LineInfo)＋StartSearch＋WriteDatabase。

接口标识（PortSignature）是一个四元组 $PS=<G,I_S,V_S,E_S>$。

式中 $G \subseteq M \times O$，为接口中可能出现的动作集合，M 为有限方法集合，O 为有限结果集合；

$I_S：G \rightarrow 2^G$，为由一个动作引发的动作集合；

$V_S：G \rightarrow 2^G$，为一个成功动作善后引发的动作集合；

$E_S：G \rightarrow 2^G$，为一个异常动作进行处理引发的动作集合；

$\text{dom}(V_S) \cup \text{dom}(E_S) = \text{dom}(I_S)$，$\text{dom}(V_S) \cap \text{dom}(E_S) = \phi$。

业务角色规范（ComponentSpecification）是一个三元组 $CS=(\theta,\Delta,\zeta)$。式中，θ 为角色标识；Δ 为描述体 $\Delta=<I,F,B_p,\Phi>$；ζ 为 θ-解释；I 为约束角色属性初始值；F 为关联 $D(p)$ 中的属性和 $G(p)$ 中的动作；B_p 为角色实现目标的条件和约束；Φ 为角色的功能目标和非功能目标；$G(p)$ 为接口 p 的动作集。

对于角色描述体，存在一个 θ-解释：

θ-解释（θ-interpretation）[12] 是一个三元组 $\zeta=(\xi,\psi,\nu)$。

式中，ξ 为迁移系统 $(W,w_0,E,\rightarrow e)$；W 为状态非空集合；w_0 为初始状态，$w_0 \in W$；E 为事件的非空集合；$\rightarrow e \in W \times W$，为事件 e 引起的状态变迁；

ψ 为返回某个属性表达式在某个状态的取值，状态是角色各属性取值；

ν 为接口中动作发生时的事件集合。

假设角色 θ 标识是命题 q，在 ζ 的每个状态 w 都有 $(\zeta,w)=q$，称 $\zeta \models q$，对于每一个目标 $g(g \in \Phi)$，有 $\zeta \models g$。

如果功能目标没有具体的实现过程，该规范称为抽象规范。

θ-解释描述系统交互和业务过程。

图 3-12 所示为瓶颈优化系统的业务系统成员中的蚁群优化算法（ACO），其在软件领域的角色规范描述如图 3-13 所示。

角色标识态射：设 $\theta_1 = <C_{id1},\Sigma_1,A_1,\Gamma_1,f_{a1},f_{p1},D_1,B_1>$ 和 $\theta_2 = <C_{id2},\Sigma_2,A_2,\Gamma_2,f_{a2},f_{p2},D_2,B_2>$ 是两个角色标识，角色标识态射 $\delta：\theta_1 \rightarrow \theta_2$，是一个标识符映射，$\delta_\Sigma：\Sigma_1 \rightarrow \Sigma_2$，并满足下列条件：

$\delta_\Sigma(\Sigma_1) \subseteq \Sigma_2$；

对每一个 $a \in A_1$，$\text{sort}(\delta_\Sigma(a)) = \text{sort}(a)$，sort 确定属性的类型；

对每一个 $r \in \Gamma_1$ 和 $p \in P$，P 是 r 的参数集合，$\text{sort}(\delta_\Sigma(p)) = \text{sort}(p)$；

对每一个 $r \in \Gamma_1$，$\delta_\Sigma(D_1(r)) = D_2(\delta_\Sigma(r))$。

```
Component ACO
Attributes
    Private Cid:String； //组件标识符
    Private TsInfo:int； //调度窗口期
    Private NodeInfo:Cnode； /*任务节点，主要为工件基本信息：当前光刻层、共计光刻层、工件
类型、工序表、当前所处工序、位置信息(缓冲区/进入缓冲区时间、投料计划/入线时间、正
在加工/开始加工时间、交货期、工序交货期、工件最早到达时间、当前可用设备列表*/
    Private AntInfo:Cant； //蚁群算法相关、路径禁忌表，更新信息素
    Private GlobalInfo:Cglobal； /*全局信息、蚂蚁数目、迭代次数、所释放的信息素、信息素挥
发和衰减系数等*/
    Private BottleDeviceInfo； /*并行设备信息：设备标识、设备名称、平均加工时间、已经加工的
工件数目等*/
    Private lineInfo； //生产线信息，如投料计划信息
    ……
Ports
    In prt1 {
        GetInfo(int TsInfo)； //得到调度窗口期
    }
    In prt2 {
        GetInfo(CBottleDevice BottleDeviceInfo)； //得到并行设备信息
    }
    In prt3 {
        GetInfo(CNode NodeInfo)； //得到任务节点信息
    }
    In prt4 {
        GetInfo(CLine LineInfo)； //得到生产线信息
    }
    Out prt5 {
        WriteDatabase;//输出调度窗口期内的优化排程方案
    }
    ……
Behavior
    B_{ACO}=Intial+GetInfo(TsInfo,AntInfo,NodeInfo,
BottleDeviceInfo,GlobalInfo,LineInfo)+StartSearch+WriteDatabase
    Ant.PrepareAllow；
    Ant.UpdateAc；
    Ant.settabuDevice；
    Ant.InsertNode；
    ……
Axioms
    GetInfo>AntFirstNode>StartSearch>Antbehavior>WriteDatabase； //动作依赖关系
    ……
```

图 3-13　ACO 角色的规范描述

上述条件的含义是标识符映射不能改变角色中属性的类型和接口的参数类型，每个接口所影响的属性集合保持不变。

下面的命题用于描述不同角色标识之间的复合态射关系。

【命题 3.4.2-1】 设 $\theta_1 = <C_{id1}, \Sigma_1, A_1, \Gamma_1, f_{a1}, f_{p1}, D_1, B_1>$，$\theta_2 = <C_{id2}, \Sigma_2, A_2, \Gamma_2, f_{a2}, f_{p2}, D_2, B_2>$ 和 $\theta_3 = <C_{id3}, \Sigma_3, A_3, \Gamma_3, f_{a3}, f_{p3}, D_3, B_3>$ 为角色标识，如果存在态射 $\delta_1: \theta_1 \to \theta_2$ 和 $\delta_2: \theta_2 \to \theta_3$，则有态射 $\delta_1 \circ \delta_2: \theta_1 \to \theta_3$。

根据角色标识态射的定义，该命题成立。

δ-逆射[13]：设角色标识 θ 和 θ_1，存在态射 $\delta: \theta \to \theta_1$，对于 θ_1-解释 ζ_1，沿 δ 的逆射就是从 ζ_1 中获得 θ-解释 ζ，且关于 θ 的表达式 f 在其上的取值与 $\delta(f)$ 在 ζ_1 上的取值相同，记为 $\zeta_1 \uparrow \delta$。

δ-逆射的核心是从 ζ_1 的状态迁移系统中获取另外一个角色的状态迁移系统。

在上述定义和命题的基础上给出角色三类关系的定义如下。

α 关系：设两个角色规范 $CS_1 = (\theta_1, \Delta_1, \zeta_1)$ 和 $CS_2 = (\theta_2, \Delta_2, \zeta_2)$，$CS_1$ 是给定的角色规范，CS_2 是在业务系统成员设计过程中产生的角色。其中 $\Delta_1 = <I_1, F_1, B_{p1}, \Phi_1>$，$\Delta_2 = <I_2, F_2, B_{p2}, \Phi_2>$，$\Delta_1$ 包含任务（可分解）。$\alpha: CS_1 \to CS_2$ 是一个软件组件标识态射 $\delta: \theta_1 \to \theta_2$，并且满足 $\zeta_1 \models \Phi_1 \Rightarrow \zeta_2 \models \Phi_2$，$\zeta_2 \not\models \Phi_2 \Rightarrow \zeta_1 \not\models \Phi_1$。

基于业务系统成员的设计过程以功能分解为基础，将功能分解为活动行为单元集合，每一个活动行为单元完成一个子功能，将其分配给一个角色（通用角色或者专用角色）。将子功能分配给角色后，要确定角色之间的协作关系规则，任务解释用于验证角色之间的协作关系是否正确。

β 关系：给定两个角色规范 $CS_1 = (\theta_1, \Delta_1, \zeta_1)$ 和 $CS_2 = (\theta_2, \Delta_2, \zeta_2)$，$\Delta_1 = <I_1, F_1, B_{p1}, \Phi_1>$，$\Delta_2 = <I_2, F_2, B_{p2}, \Phi_2>$。$\beta: CS_1 \to CS_2$ 是一个角色标识态射 $\delta: \theta_1 \to \theta_2$，且满足：① $\zeta_2 \models \theta_2 \delta(\varphi)$，$\varphi \in \Phi_1$，当且仅当 $\zeta_1 \models \theta_1 \varphi$；② 对于 $g_2 \in \Phi_2$，g_2 是 Δ_2 的一个子功能，有 $\zeta_1 \models g_2 \Rightarrow \zeta_1 \not\models g_1$，$\zeta_1 \not\models g_1 \Rightarrow \zeta_2 \not\models g_2$。

条件① CS_1 对子功能的解释需要经过验证且与描述一致，并且在 CS_2 中能够保持该一致性。条件②说明 CS_1 作为 CS_2 的组成部分，需要完成部分子功能，且不能与任务目标产生冲突。

γ 关系：$CS_0 = (\theta_0, \Delta_0, \zeta_0)$ 设为高层角色规范，$CS = (\theta, \Delta, \zeta)$ 是 CS_0 的低层角色规范，$\Delta_0 = <I_0, F_0, B_{p0}, \Phi_0>$，$\Delta = <I, F, B_p, \Phi>$。$\gamma: CS_0 \to CS$ 是一个角色标识态射 $\delta: \theta_0 \to \theta$，对于需求 $\varphi_0 \in \Phi_0$，有 $\zeta \models \delta(\varphi_0)$，且 $\zeta_0 \uparrow \delta$。

高层角色规范是指包含带分解的任务的全局目标的角色规范。低层角色规范是包含在业务系统中的角色集合。定义中的条件要求对于高层规范的所有目标都能够满足。

在以上定义的基础上，我们能够得到业务系统成员设计模式的定义。

业务系统成员设计模式：设 $CS_0 = (\theta_0, \Delta_0, \zeta_0)$ 是应用需求的全局目标，

$CS=(\theta,\Delta,\zeta)$ 是为满足 CS_0 的角色规范，$\{CS_i=(\theta_i,\Delta_i,\zeta_i)|i\in N\}$ 是完成全局目标的角色集合。如果存在角色关系 $\{\alpha_i:CS_0\to CS_i|i\in N\}$、$\{\beta_i:CS_i\to CS|i\in N\}$ 和 $\gamma:CS_0\to CS$，那么 CS_0、$\{CS_i\}$、CS 以及组件关系组成该业务系统成员的设计模式，记为 $CS_0\to_\gamma CS\{CS_i|i\in N\}$。

从语义上看，一个业务系统成员设计模式 $CS_0\to_\gamma CS\{CS_i|i\in N\}$ 是由角色 CS_0、$\{CS_i\}$、CS 和组件关系 γ、$\{\alpha_i\}$、$\{\beta_i\}$ 组成的余极限 colimit，对于 $\gamma:CS_0\to CS$、$\beta_i:CS_i\to CS$ 和 $\alpha_i:CS_0\to CS_i$，$\beta_i\circ\alpha_i=\gamma$ 成立。

【命题 3.4.2-2】 假设角色规范 CS_1、CS_2、CS_3，存在 $\alpha_1:CS_1\to CS_2$ 和 $\alpha_2:CS_2\to CS_3$，则存在 $\alpha:CS_1\to CS_3$。假设角色规范 CS_1、CS_2、CS_3，存在 $\alpha:CS_1\to CS_2$ 和 $\beta:CS_2\to CS_3$，且 CS_1 的功能在 CS_3 中有相应的实施方法，则存在 $\gamma:CS_1\to CS_3$，否则，假设 CS_3 的功能只是 CS_1 的子功能，则存在 $\alpha:CS_1\to CS_3$。假设存在 $\alpha:CS_1\to CS_2$ 和 $\gamma:CS_2\to CS_3$，则存在 $\gamma:CS_1\to CS_3$。

根据命题 3.4.2-1 和角色关系的定义，该命题成立。

应用系统：应用系统是一个包含不同抽象层次的业务系统成员设计模式的集合 $CS_0^j\to_\gamma CS^j\{CS_i|i\in N|j\leqslant n\}$，其中 n 为设计模式的数量。

综上所述，应用系统本质是由角色规范及其关系构成的范畴，角色规范作为对象，其关系作为态射。α、β、γ 关系说明了需求目标以及完成任务需要哪些角色的协作。图 3-14 是一个应用系统（范畴）的例子。

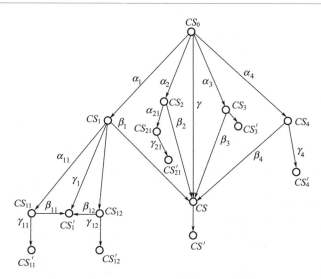

图 3-14 应用系统范畴举例

图 3-14 中，角色规范 CS_{11} 包含了角色 CS_1 的子功能目标，角色 CS'_{11} 实现了 CS_{11}，角色 CS'_1 包含了 CS_{11} 和 CS_{12}，满足 CS_1 需求。同样的，角色规范 CS 包含了 CS_1、CS_2、CS_3、CS_4，满足 CS_0 需求。

上述分析也说明了业务系统成员的复用性，假设有需求 S 与图 3-14 中的 CS_1 相同，那么可以选择 $CS_1 \to_\gamma CS'_1\{CS_{11}, CS_{12}\}$ 作为应用 S 的设计模式，通过 γ_{11} 和 γ_{12} 选择角色 CS'_{11} 和 CS'_{12}。这样的选择不是主观选择，而是科学和规范的方法。

本节讨论了支持重构过程的复用语义基础，能够通过严格的形式化规范描述业务需求，通过角色规范以及软件组件的层次关系实现业务需求，通过范畴论方法，为基于软件组件的应用系统及其需求与角色的映射关系提供了统一的语义描述框架。这样可以通过对各个组成部分的研究得到整个系统的规范描述，并保持组成部分的语义的一致性，有利于模型转换和追踪和根据业务需求进行功能定制、复用和扩展，是 MRPPS 应用系统开发工程化的基础。

参考文献

[1] Jensen M T. Robust and flexible scheduling with evolutionary computation: [D]. Århus: Department of Computer Science, University of Aarhus, 2001.

[2] GuPta Y P, Goyal S. Flexibility of manufacturing systems: Concepts and Measurement. European Journal of Operational Research, 1989, 43（1）: 119-135.

[3] Upton D. The management of manufacturing flexibility. California Management Review, 1994, 36（2）: 72-89.

[4] Beach R, Muhlemann A P, Paterson A.et al. A review of manufacturing flexibility. European Journal of Operational Research, 2000, 122（1）: 41-57.

[5] Ishii N, Muraki M. A process-variability-based online scheduling system in multiproduct batch process. Computers and Chemical Engineering, 1996, 20（2）: 217-234.

[6] Bass L, Clements P, Kazman R. Sotfware arehitecture in practice 2nd.Beijing: Tsinghua University Press, 1998: 353-368.

[7] Michael B, Charies W. Category theory for computing science. New Jersey: Prentice-Hall, 1990.

[8] Paterson K G.Schuldt J C N Efficient identity-based signatures secure in the standard model. ACISP 2006, Berlin: Sringer-Verlag, 2006: 207-222.

[9] Goguen J. A categorical manifesto. Mathematical Structures in Computer Science, 1991, 1（1）: 49-67.

[10] 陈意云. 计算机科学中的范畴论. 合肥: 中国科学技术大学出版社, 1993.

[11] Fiadeiro J. L. Categories for software

[12] Fiadeiro Jose Luiz, Maibaum Tom. Categorical semantics of parallel program design. Science of Cumputer Programming, 1997, 28: 111-138.

[13] 楚旺,钱德沛. 以体系结构为中心的构件模型的形式化语义. 软件学报,2006, 17（6）: 1287-1297.

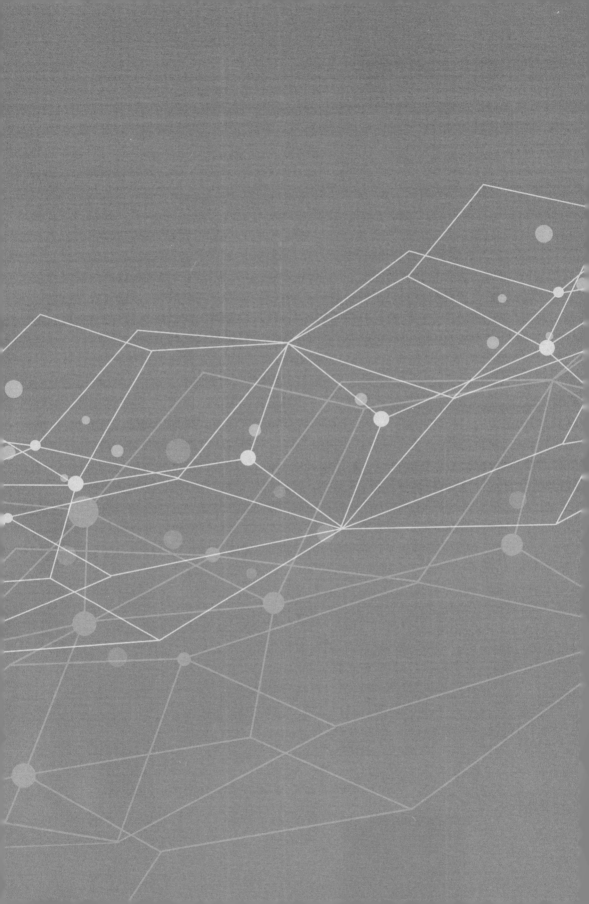

第2篇
可重构单元篇

　　本篇将以体系结构的四个核心单元环节为研究主体，分别在明确各单元的问题定位和常规方法的基础上，选择有代表性的复杂问题加以重点研究并设计新的求解方法，通过相应的体系结构模型分析和构建，为后续参与生产计划与调度体系的集成与重构做好准备。

第4章
复杂制造系统的中期生产计划

中期生产计划是企业在计划期内对生产的产品品种、质量、产量和产值等生产任务的计划以及对生产进度和车间资源的安排，在本书研究背景中，其时间跨度一般为周或日。良好的计划控制能够帮助复杂制造企业迅速响应市场环境、提高产品满足客户需求的能力、缓解资本积累、缓冲存储空间，从而提高产品合格率。

中期生产计划主要包括投料计划与设备维护计划。中期生产计划的编制方法有按订单编排生产计划、生产周期安排法和订货型计划编制法。按订单计划编排方式适用于订单与产能充分匹配的情况下，订单相对稳定和产能相对平衡的企业；生产周期方法适合小批量生产企业；订货型编制方法提出了生产优先权判断理论，并结合约束理论、线性规划理论制定资源规划和生产计划安排。然而，对于订单不稳定、交期随机性比较大的企业，以上方法则难以适用。

本章针对复杂制造系统中期生产计划难以用常规方法较好解决的挑战性，在对投料计划和维护计划两类中期生产计划的典型任务进行综述分析的基础上，分别研究运用智能优化新型算法思想的求解方案，并从系统化集成的角度分析中期生产计划层级内的系统协同和可重构模型与集成。

4.1 中期生产计划概述

4.1.1 投料计划概述

(1) 投料计划层次结构

投料计划在整个制造系统的生产过程管理中占据重要地位，主要决定何时投料、投何种料以及投料的数量。它是复杂制造系统的重要组成部分，位于制造系统调度体系的前端，影响着其他类型的调度，对提高制造系统的整体性能具有重要意义。在实际的复杂制造系统中，投料计划是分不同层次逐步明确的，不同层次的投料计划在相应上一层投料的指导下形成，如图 4-1 所示。

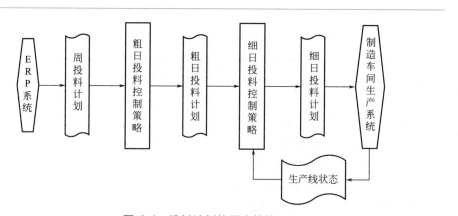

图 4-1 投料计划的层次结构

周投料计划来自于企业的 ERP 系统,根据实际客户订单和库存要求制定;粗日投料控制策略进而将周投料计划细化为粗日投料计划,即确定每日的投料品种和投料数量;细日投料控制策略则负责将粗日投料计划进一步细化为细日投料计划,即确定所投物料每日的具体投放时刻。在周投料计划层次和粗日投料计划层次中是不考虑生产线上的实际状态的,而细日投料计划层次则需要考虑生产线上的实际状态[1]。

(2) 投料计划研究阶段

关于投料计划的研究经历了三个主要阶段:第一阶段,传统的投料控制方法研究,从最初的开环投料策略到闭环投料策略,此后也经历了从静态控制到动态控制的延伸。第二阶段,将其他生产因素(如产品工艺)对投料计划的影响考虑进来,基于传统闭环投料策略,进一步探索综合优化后的投料计划方法,并在实际验证中得到了更佳的效果。第三阶段,随着投料计划和工件调度理论的日渐成熟,将投料与派工综合起来研究,形成一种新的策略以指导制造系统的运行,成为学术界新的研究方向。

① 传统的投料控制方法研究阶段

自从 Wein[2] 以及 Glassey[3] 提出并验证了投料方法的优劣对半导体生产系统的性能具有更加重要的影响以后,半导体生产系统投料方法的研究得到了学者们的关注,此时半导体生产系统投料方法主要以开环投料方法为主,开环投料方法并不考虑生产线的状态,投料方式是固定并且事先计划好的,而制定计划的依据通常是来自经验或者客户需求,投料时间点也不会随着生产线的生产状态不同而改变。此类投料控制方法主要包括统一投料法、投料单投料法、固定时间间隔投料法、随机分布泊松流投料法、指数分布投料法等。

随后,研究者们将更多的控制理论(反馈原理、约束理论等)引入投料控制,对开环投料方法进行改进并提出了一些常规的闭环投料控制方法,通过对生产线上的某一指标进行监控,视情况来对投料进行调整控制。而监控指标可以分为两类:在制品数(Work in Process,WIP)和工作负荷(Workload)。基于这两类监控指标,又衍生出了许多种改进的投料控制方法。以 WIP 作为监控指标的投料控制方法主要是固定在制品数(Constant WIP,CONWIP)投料方法。CONWIP[4] 的基本思想是尽量保持生产线上的 WIP 为预期设定值,通过反馈对系统投料速率进行控制,当 WIP 低于设定值时才对系统进行投料。Lin 和 Lee[5] 的研究表明,有效地监控 WIP 能显著改善调度效果。

然而,CONWIP 投料法只适合于已经处于稳定生产状态且产能平衡的生产线系统。WIP 并不是衡量生产线生产水平的最好参数,比如一个生产线的第一台设备有 10 个 WIP,与生产线的最后一台设备上有 10 个 WIP,虽然两者的 WIP 相同,但是两者所处的生产状态却差异明显,因此两者所采取的投料方法也应该有所不同。为了解决这个问题,研究人员提出以工作负荷作为监控指标的投料控制方法,如固定工作负荷(Constant Workload,CONLOAD)投料方法。工作负荷一般是以加工时间来计算的,与 WIP 相比,工作负荷统计和更新更为复杂,但却能更准确地体现生产系统的负载情况。在半导体生产线中,设备规模大、重入和返工现象频繁、又存在批加工和集束加工等特殊加工设备,这些都使得工作负荷的测定方式复杂多样,随时间和区域的变化也十分频繁。因此,往往将工作负荷突出的瓶颈设备作为关注重点。在实际生产中,瓶颈设备往往不止一个,而且由于大量不确定事件的发生,也经常出现"瓶颈漂移的现象"。

随着研究的深入,常规的投料控制方法陷入瓶颈,学术界开始将生产的影响因素引入投料控制的研究中,并且基于常规投料控制方法,提出了一些新的投料方法。

② 基于闭环投料的投料计划优化方法

人们越来越意识到,并没有完美的投料方法,如 CONWIP(固定在制品数投料法)会出现在制品堆积现象,CONLOAD(固定工作负荷投料法)和 SA(避免饥饿投料法)无法适应"瓶颈漂移"情况,因此,学术界开始考虑半导体生产系统复杂的生产工艺与生产流程对投料计划的影响。基于半导体晶圆分层制造的特点,引入分层控制思想;基于半导体生产系统多产品混合加工的特点,又引入分产品控制的思想,形成了新的投料控制方法。Oliver Rose[6] 提出了一种类似 CONWIP 法的负荷可动态改变的优化投料控制方法,即分层固定在制品投料(Layerwise CONWIP),它打破了传统投料方法中工作负荷水平不变的约束,在每一设备层都对其 WIP 水平进行考察,这样便可以对工件在层与层之间的分配和加工进行控制;Ruijie Sun 等[7] 解决 CONWIP 算法思想在多产品、多目标、多优先级的生产线的不适应问题时提出了 DC-WIP(Dynamic Classified

WIP）投料控制方法，该方法主要关注了两方面问题：一方面是如何决定订单的顺序，使得优先级高的工件可以较早完工；另一方面是如何决定每一种产品的适当 WIP 水平以及投料速率。

③ 投料派工综合方法阶段

经过多年深入的研究，投料控制方法的研究越来越成熟，与此同时派工规则的研究也得到了充分发展，研究者就将二者综合起来研究。Wang 等[8] 对普通派工规则进行了改进，提出复合优先级派工策略（Compound Priority Dispatching，CPD），该方法通过对系统 WIP 水平、系统初始状态、当前工艺步骤、上下游工艺步骤综合计算，在优化派工的同时也对系统投料控制进行了规划。Rezaei K 等[9] 提出了一个基于 WLC-TOC 的半导体生产线计划与调度模型，该模型是工作负荷控制（Work Load Control，WLC）与约束理论（Theory of Constraint，TOC）的集成。WLC 的优势在于其能够对于系统中各设备组的工作负荷进行平衡，可以较为有效地缓冲系统外部因素变化对生产线造成的冲击，从而尽量避免瓶颈漂移的出现。也正是在稳定的系统条件下，TOC 约束理论的调度策略才能取得更优的调度效果，基于对系统瓶颈设备工作负荷的监控，实施对投料和派工策略的调整。研究中 Rezaei K 也将该方法在仿真平台上进行了验证，结果显示产品在交货率、加工周期等方面都有所改善。

此外，半导体生产系统已经累积了大量的生产线历史数据，这些数据更加全面也能够更加精确地反映生产线的实际状况，而随着大数据技术的兴起，使得有效地利用这些数据成为可能，因此，当前半导体生产线投料控制方法的研究也有朝着如何有效利用半导体生产线全局信息和历史数据的动态投料控制方法转变的趋势。

4.1.2 维护计划概述

设备维护管理通过对生产线上加工状态的监控来指导设备的维护保养工作，维护计划是在满足一定的约束条件下，选择合适的时间点进行设备维护。良好的设备维护调度可以增加设备的产能，减少设备的宕机时间并减少由此带来的损失。

设备维护是与企业自身的发展以及社会不断的变革息息相关的，其发展也是随着企业与社会的变化而变化的。通常，制造系统的设备维护方式分为三类：事后维护、定期维护和预防性维护[10]。

（1）事后维护

早期，由于工业化的程度不高，设备损坏对企业造成的影响不是很大，并且设备结构简单，易于维护，企业大多采取这种事后维护的方式，即设备出现故障后才对其采取维护的方式，反之，当设备不出现故障则不进行维修。事后维护是一种无计划性的被动维修方式。

（2）定期维护

随着设备的多样性和复杂度的不断提高，设备发生故障的概率也逐步上升，设备故障对企业造成的影响也大大增加。在这一时期，人们认识到设备衰退过程都表现出共性的"浴盆曲线"，如图 4-2 所示，并认为设备在经过维修之后会像新设备一样。企业为了追求更高的设备利用率、更长的设备使用寿命和更低的运行成本，采用了定期检查设备、修订维护计划的方式。这种方式通过周期性地维护与保养来避免设备的故障和延缓设备的衰退，其原理如图 4-3 所示。但是，Nowlan 和 Heap 的研究表明：在制造企业中，表现为理想"浴盆曲线"衰退过程的设备只占到了有限的比例，而且设备经过维修后也往往难以达到最初状态，而是都会有一定的性能衰减。于是，引发了定期维护向预防性维护的转变。

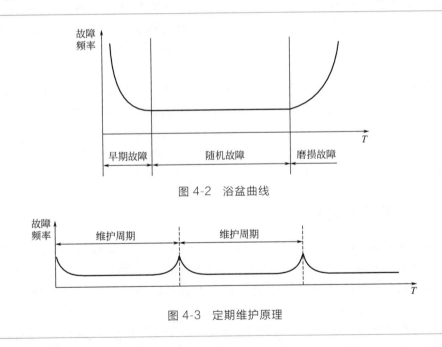

图 4-2 浴盆曲线

图 4-3 定期维护原理

（3）预防性维护

从 20 世纪 80 年代开始，推动工业变革的因素越来越多，企业由静态竞争转向为包括时间、质量、成本和服务等因素的全面竞争。设备维护不仅成为企业重点研究的业务领域，也成为保障生产过程安全、环保、节能的重要技术手段。制造企业为了追求更高的设备利用率、更高的生产可靠性、更稳定的生产环境、更长的设备寿命,认识到仅靠周期性的维护保养已经无法达到这些目标。因此,状态检测、可靠性工程、风险评估、故障模式、危害性分析、仿真流程、高性能计算以及智能系统等纷纷被引入到设备维护管理领域,以支持企业实施预防性设备维护。

预防性维护实施的设备管理,以在生产中预防故障发生为主要目的,通过对设备进行检测、对设备相关数据进行分析,防止设备故障发生或者发现设备的故障征兆,使设备保持最初的功能状态。预防性维护是一种有计划的主动维修方式,已经成为设备维护计划与管理的主流研究方向。目前,预防性维护大致可以分为三种:基于时间的预防性维护、基于片数的预防性维护、基于参数的预防性维护。

以半导体制造为例,设备维护主要有基于按时保养与按片保养两种维护策略。按时保养指设备每隔一定时间必须进行保养;按片保养指设备每加工一定数量的硅片必须进行保养。设备工程师对不同的设备采用不同的维护策略,并拟定相关的维护计划表,然后根据计划表对设备维护进行调度。

但是,由于半导体生产线的调度存在高度不确定性与高度复杂性,所有的信息不可能精确给出。例如,批加工设备的加工批量不确定,在其缓冲区内的工件数没有达到该设备的最大加工批量时,是继续等待工件的到来还是按现有的批数加工,都很难给出确定的优化方案;同样地,也很难确定设备维护的最佳时段。此外,系统的运行环境也是不确定的,如订单的随机到来、客户需求的变化等。因此,当系统运行在模糊不确定的任务特征或不可预测的环境中时,精确的负载模型就变得不再适用。在实际的生产应用中,设备维护计划,即安排维护时间点更多的是依赖于设备工程师的实践经验,无法预估准确的维护效果。而且,由于此种设备维护计划思路没有与投料计划、工件调度等很好地结合,也常常出现因维护引发的大量在制品堆积。因此,设备维护计划的优化决策始终是生产计划与调度领域的一个值得关注的重要问题。

4.2 投料计划方法研究

上一节对中期生产计划涉及的两项计划任务,即投料计划和维护计划,进行了一般概念和发展态势的分析与总结,接下来两小节探讨各自的新型研究方法。本节是解决投料计划的若干算法的研究与介绍,包括负荷均衡投料计划算法、动态负荷均衡投料计划算法以及基于产能约束的混合智能投料算法。

4.2.1 负荷均衡投料计划算法

投料计划算法主要解决三个方面的问题：何时投、投什么、投多少。因此，借助于投料算法生成的投料计划，包含以下几个基本内容：投料时间窗/投料时刻、所投料产品类型以及相应的投料数量。

(1) 负荷均衡定义

当前的生产线负荷平衡指标来源于传统的生产系统，以设备负荷的平均值及方差的形式来表征生产线负荷均衡情况，即生产线负荷平衡指数：

$$\mathrm{SI} = \sqrt{\sum_{k=1}^{m}(\mathrm{TWL}_k - \overline{\mathrm{TWL}})^2/m} \tag{4-1}$$

式中，SI 为负荷平衡系数，表征生产线负荷均衡情况；TWL_k 为设备 k 的负荷；$\overline{\mathrm{TWL}}$ 为生产线负荷平均值，即为生产线总负荷除以生产线设备总数。

$$\overline{\mathrm{TWL}} = (\sum \mathrm{TWL}_k)/m \tag{4-2}$$

式中，m 为生产线设备总数。

然而，在半导体生产系统中，不同设备的加工能力不同，对负荷的需求不同，如果以传统的总负荷的平均值以及负荷方差来衡量系统负荷是否均衡，会导致一些设备负荷过重，而另一些设备却处于饥饿状态，尤其对于瓶颈设备这种情况非常明显。因此，对于半导体生产线的负荷均衡必须是考虑到设备加工能力不均衡情况下的一种均衡，即需要首先满足各设备加工负荷需求。为解决此问题，本节引入设备约束权重理论，用权重来体现不同设备实际负荷需求的不同，提出用加权平衡指数的形式来表征系统负荷平衡情况，即：

$$\mathrm{SI} = \frac{\sqrt{\sum_{k=1}^{m}(\mathrm{TWL}_k - \omega_k \overline{\mathrm{TWL}})^2/m}}{\sum_{k=1}^{m}\mathrm{TWL}_k} \tag{4-3}$$

式中，ω_k 为设备 k 的约束权重；$\omega_k \overline{\mathrm{TWL}}$ 为一个非常重要的量，它表征设备 k 基于设备加工能力的负荷需求，即满足生产线加工能力的负荷，$\omega_k \overline{\mathrm{TWL}}$ 的大小将直接影响设备的产出率，进而影响整个生产线的产出率。由此可以将该值作为设备 k 的负荷上限，使得设备 k 的负荷始终不超过设备的需求。

当前设备约束权重 ω_k 的表征方法主要有两种。

① 考察在实际生产系统中各设备的指标值，如设备利用率、工件等待时间等。

② 考察设备性能与系统绩效之间的灵敏度关系，如设备产能、可用性、生产周期等对系统性能指标的影响。

两种方法相比较而言，第一种方法比较简单，主要是对相关指标的统计与分析；第二种方法较为复杂，需要统计分析所有设备对于系统绩效的敏感度，但它能更好地表征设备的重要性。

负荷均衡投料控制算法（WL_Balancing）通过对生产线投放负荷的控制实现生产线负荷的均衡（使每台机器的负荷水平不超过预定值）。为了均衡车间中各个资源的负荷，WL_Balancing 为每个设备前的等待负荷设置界限。这样做有助于稳定设备负荷，确保不会投放不合理的工件组合，导致设备的负荷出现非均衡性（某些设备超负荷，而另一些设备却闲置着）。

由于设备加工能力不同，为了更好地实现对设备负荷的定界，需要首先分析出各设备在计划周期内对负荷的需求，WL_Balancing 采用第一种设备约束权重表征方法，以设备利用率来计算设备的约束权重，因为在系统绩效满足的情况下，设备利用率可以看作是在计划周期内设备对负荷的需求，设备之间负荷利用率的比值，可以看作是设备间负荷需求程度的比值。因此，设备 k 的约束权重 ω_k 为：

$$\omega_k = \text{util}_k / \sum_{i=1}^{m} \text{util}_i \tag{4-4}$$

式中，util_k、util_i 分别为设备 k 与 i 的利用率；m 为生产线设备总数。

(2) 工件优先级计算

工件优先级即确定等待投料的工件的优先级，待投料池中第 i 个工件 lot 的投料优先级用 RP_i 表示，优先级越低的工件越先投。

$$\text{RP}_i = \begin{cases} \dfrac{1}{\text{TWL}_i^B}, & \text{瓶颈设备饥饿} \\ \text{CR}_i, & \text{其他} \end{cases} \tag{4-5}$$

式中，TWL_i^B 为 lot i 在一个计划周期内会被瓶颈设备加工产生的负荷。TWL_i^B 的计算公式为：

$$\text{TWL}_i^B = \text{PT}_{iu}^B \times \text{PR}_{iu}^B \tag{4-6}$$

式中，PT_{iu}^B 为 lot i 的第 u 步工序在瓶颈设备的加工时间，第 u 步为 lot i 首次到达瓶颈设备的工序；PR_{iu}^B 为 lot i 的第 u 步在计划周期内到达瓶颈设备的概率。

CR_i 为临界比，其计算公式为：

$$\text{CR}_i = \frac{d_i - T_{\text{now}}}{\text{CT}_i} \tag{4-7}$$

式中，d_i 为 lot i 的预期交货期；T_{now} 为当前时间；CT_i 为 lot i 的加工周期。

(3) 投料触发机制

投料触发机制即投料条件，包括何时投料以及投什么料两部分，其最终结果为生成投料可行集（图 4-4），即可投的工件集合以及工件的优先级排序。投料条件如下。

① 瓶颈区在计划周期内产生饥饿状态（瓶颈区负荷小于阈值 $\omega^B \overline{\text{TWL}}$），本条件主要来源于 TOC 理论，生产线的产出率、设备利用率等系统绩效受限于瓶颈设备的利用率，因此必须保证瓶颈设备不会处于饥饿状态。

② 存在紧急工件（CR<1），所有紧急工件都需要尽快投入生产线。

③ 有加工区处于饥饿状态，应该优先投入以该饥饿设备为首道工序加工设备（也称该设备为头设备）的工件，这样有利于提高设备的利用率，缩短等待时间，并且均衡系统负荷。

④ 系统总负荷（TWL_Total）小于预期总负荷（TWL_Pre），本条件表征生产线当前负荷状况尚未满足预期系统绩效，将工件投入到生产线中，以提高生产线的绩效。

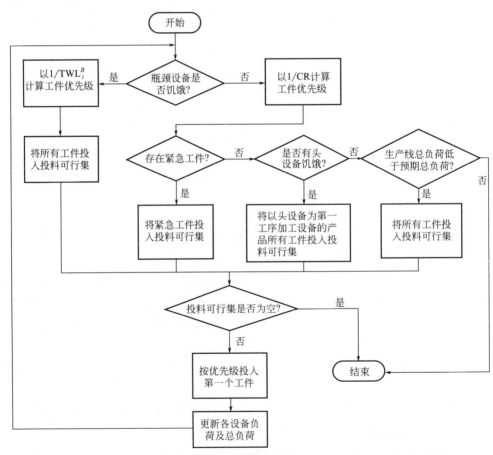

图 4-4　投料可行集生成流程

(4) 投料量确定

在投料可行集里依次按投料优先级投料,每投入一个工件检查一次当前系统状态是否满足投料条件,若满足,则继续投入下一个工件;否则,投料完成,不再投入新工件。

以上提出的负荷均衡投料算法,在对负荷度量方式加以分析的基础上提出了半导体生产系统的负荷均衡新定义,并根据所定义的负荷均衡系数,给出以优化整个生产系统负荷均衡为导向的投料控制算法,是对传统仅关注瓶颈设备的工作负荷的投料控制方法的一种改进。

4.2.2 动态负荷均衡投料计划算法

负荷均衡投料控制算法还只是针对固定投料(即投料产品种类不变,投料量不变)的情况,而实际的半导体生产线的加工产品种类繁多,投料组合和实时状态均处于动态变化之中,随着这些改变而动态获取相应最优总负荷的方法成为负荷均衡投料控制算法适应半导体生产线实际情况的必要条件。最优总负荷是投料控制参数,对系统性能的影响很大,一个优异的总负荷能够带来优异的系统性能。

动态负荷均衡投料控制算法通过设备约束权重将最优总负荷分配到各台设备上,设置设备之前等待负荷的界限,之后算法通过投入合理的产品组合,稳定在制品数量,均衡设备负荷。因此,总负荷作为设备负荷定界的基础,将极大地影响设备的利用率,进而影响整个系统的性能。

(1) 基于极限学习机的动态负荷均衡投料控制

极限学习机(Extreme Learning Machine,ELM)是近年提出来的一种新型单层前馈神经网络的学习方法,该算法不同于传统的学习算法,具有良好泛化性能,并极大限度地提高了前馈神经网络的学习速度,同时避免了基于梯度下降学习方法的许多问题,如局部极小、迭代次数过多以及学习率的确定等。鉴于ELM的良好算法性能,下面将采用ELM算法作为学习机制,实时预测负荷均衡投料控制的参数,支持动态投料算法的实现。

(2) 基于ELM的动态参数优化

基于ELM动态参数优化的建模流程可以大致分为:数据采集、数据处理、模型建立、实时预测四大步骤,如图4-5所示。

① 数据采集(获取原始样本集)

数据采集是建立优化模型的基础,数据完备性与正确性是决定模型精确性的第一要素。数据采集过程生成原始样本集,它包含生产线实时状态、生产线控制

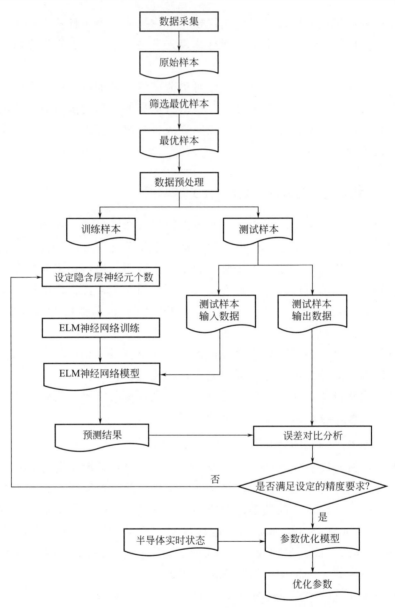

图 4-5 基于 ELM 投料控制参数优化模型构建流程

策略和控制参数以及由此得到的系统性能指标。通过对不同实时状态、不同投料情况、不同总负荷值进行仿真，提取系统绩效（性能指标），构成学习模型的输入输出变量集。其输入输出变量如下。

a. 输入变量。

• 订单情况。系统在下一计划周期内，各种产品的投料量，主要体现不同的投料混合比。

• 系统实时状态。系统中能够体现生产线状态的属性，如缓冲区队长、在制品数、移动步数等。

b. 输出变量。

• 最优总负荷。在对应实时状态下，系统能够取得最优性能的总负荷值。

• 性能指标。用于筛选最优样本，在实时预测中预测出的性能指标可以作为当前实时状态下的预期最优性能指标。

原始样本集同时包含输入输出变量，根据动态负荷均衡投料算法的需求以及模型的特征，将样本字段总结如表 4-1 所示。

表 4-1　样本字段统计

类别	字段名	数据项名称	数据类型	备注
调度控制策略参数	ReleasePolicy	投料策略	Int	投料策略编号
	DispatchRule	调度算法	Int	调度算法编号
	OPT_TWL	最优总负荷	Real	
生产状态信息	Px_release	产品 x 投料量	Int	下一调度周期投料量
	Eqp_mov	加工区总 MOV	Int	Eqp 为瓶颈加工区与次瓶颈加工区
	Eqp_queue	加工区排队队长	Int	
	Eqp_util	加工区平均利用率	Real	
	Eqp_wip	加工区 WIP 数	Int	
	1/3_lessProcessed	—	Int	WIP 中加工进度低于 1/3 的工件
	2/3_lessProcessed	—	Int	在制品中加工进度低于 2/3 但高于 1/3 的工件数
	1/3_moreProcessed	—	Int	在制品中加工进度高于 2/3 的工件数
	Px_WIP	产品 x 的 WIP	Int	—
	…	…	…	…
性能指标	Total_WIP	总在制品数	Int	

② 数据处理（筛选最优样本）

在原始样本集中，由于总负荷不同且存在不同的性能指标，所以相同的输入变量有可能对应多个不同的输出结果。但是，在该输入相同、输出不同的样本组中,存在一条系统性能指标最优的样本,即对应的总负荷为最优总负荷的一条样本。筛选最优样本就是要对原始样本集进行筛选,以获得最优样本集合来训练模型。筛选过程如下。

a. 数据归一化。

把所有数据转化为(0,1)之间的数,其目的是取消各维数据之间数量级的差异。数据归一化的方法有多种,这里采用除以最大值方法,第 j 维数据归一化可表示为:

$$x'(i,j) = x(i,j)/\max(x(*,j)) \tag{4-8}$$

b. 样本综合评价。

通过对性能指标采用加权求和的方式,来查看该样本的性能优异情况。可描述为:

$$CI_j = \sum_i \omega_i \times y(j,i) \tag{4-9}$$

式中,CI 为综合评价值(Comprehensive Index);ω_i 为第 i 维性能指标数据的权重;$y(j,i)$ 为第 j 条样本的第 i 维性能指标数据的评分。

评分的方式为:

$$y(j,i) = \begin{cases} x(j,i), & \text{该性能指标为成本型指标} \\ \dfrac{1}{x(j,i)}, & \text{该性能指标为效益型指标} \end{cases} \tag{4-10}$$

由于不同的性能指标之间相互制约、相互联系,性能指标并不都是越大越好或越小越好,因此将性能指标分为成本型指标和效益型指标,成本型指标的指标值越小越好,效益型指标的指标值越大越好。

相同输入变量的情况下,CI 越大的越优,由此筛选出最优样本。

③ 模型建立

在确定了训练模型样本集后,采用仿真试凑法选定满足模型精度要求的隐含层节点数,并基于此建立参数优化模型。

④ 实时预测

对于已建立模型,输入实时状态,获取该实时状态下,系统最优总负荷,优化算法结果。

(3) 基于数据的动态负荷均衡投料控制方法

动态负荷均衡投料算法是在 4.2.1 节的负荷均衡投料计划算法的基础上,进一步增加了基于数据的动态参数优化(前文重点讨论的内容)而形成的。负荷均衡投料控制算法控制平衡生产系统中各台机器的负荷,使系统可以有更低的在制品水平、更高的产出率和更短的平均加工周期;而基于数据的动态参数优化则根据生产线状态的变化,动态的修正负荷均衡投料控制算法的参数,以保证系统能够一直取得优化的性能。因此,完整的基于数据动态负荷均衡投料控制算法

（Dynamic Workload Balancing）的方法如图 4-6 所示。

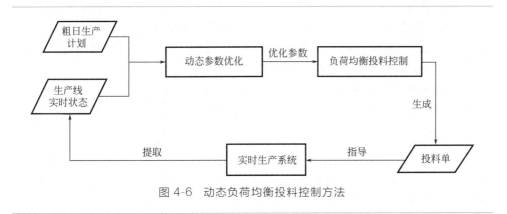

图 4-6　动态负荷均衡投料控制方法

4.2.3　基于产能约束的混合智能投料算法

前面两小节讨论的负荷均衡投料算法的主旨思想是以优化系统内生产线运行状态（以负荷均衡系数为直接反映）为导向的，在市场需求不十分具体明确的情况下，这类方式的投料控制能够在生产效率和平衡生产之间较好地取得平衡。但是，在实际需求较为明确的情况下，投料任务更需要优化的是产能约束和任务需求之间的平衡，接下来，我们讨论一种以此为导向的混合智能投料算法。

（1）算法目标

根据客户订单中的产品数量需求和交货期需求，自动、高效地制订出合理的投料计划是复杂制造企业的一个非常迫切的需求。具体体现在以下几个方面。

a. 在生产线信息（包括：在制品信息、设备状态信息等）已知的情况下，对于一批客户订单，需要确认生产线的产能资源能否满足。

b. 若产能资源无法满足订单需求，需要确认能够满足的订单量，即如何对订单进行削减或交货期调整。在完成订单调整后，再进一步制定出相应的日投料计划。

c. 若产能资源满足订单需求，则进一步制定出相应的日投料计划。

结合生产线的特点以及对生产计划方面的需求，算法目标包括以下几点。

① 对于一批具体的客户订单，确定其相应的计划区间，并根据相关产品的流程信息、工序信息及在制品信息，统计出该批订单对于生产线上各设备组产能的占用量。

② 对于客户订单所涉及的相关设备，根据相关设备保养信息、历史故障信息，统计出生产线上各设备组的平均产能资源量。

③ 在①、②的基础上，判断出在相应的计划区间内，生产线上各设备组的

产能资源能否满足该批客户订单。

④ 在产能资源无法满足订单的情况下，根据相关产品的流程信息、工序信息以及过载设备组的产能过载量，给出订单中待削减的相关产品及其数量。并对调整后的订单，根据在制品信息、流程信息、工序信息、设备信息等生产数据，利用建模与优化的手段，得到相应的日投料计划。

⑤ 在产能资源能够满足该批订单的情况下，根据在制品信息、流程信息、工序信息、设备信息等生产数据，利用建模与优化的手段，得到相应的日投料计划。

（2）算法思想

投料计划系统需要将各种相关生产数据关联起来，形成一个有机的整体（图 4-7）。一般采用分级递阶的优化策略，因此算法也相应地分成两级。在第 1 级优化中，采用结合了模糊模拟、神经网络、人工免疫算法的混合智能算法来求解模糊计划模型。而在第 2 级优化中，则是通过构造启发式规则的方式以进一步细化投料计划[11]。

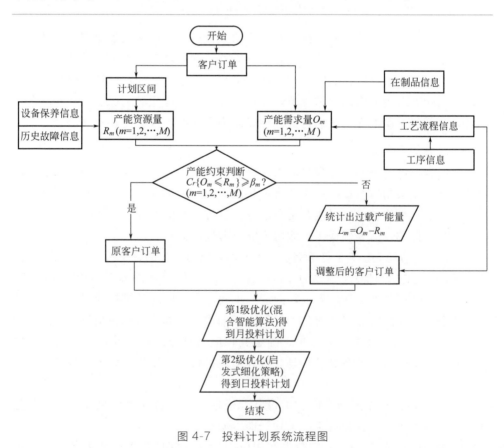

图 4-7　投料计划系统流程图

在建模阶段，以不突破产能资源限制为约束条件，以保持在制造品稳定和减小订单拖期率为目标，构建模糊生产计划模型。在求解阶段，分为两级：第1级优化采用结合了模糊模拟、神经网络、人工免疫的混合智能算法来求解计划模型，得到生产线月投料计划；再通过构造启发式规则将月投料计划进一步细化为日投料计划。

4.3 维护计划方法研究

4.3.1 设备维护策略

设备维护管理的衡量指标是机器保持正常运行的稳定性，即最小化机器的宕概率。设备故障是随机发生的，设备维护通过在机器发生故障之前对其进行相应零部件的维护保养和维修，可降低设备的意外宕概率。

设备产生故障或需要维护的原因有很多种，一般可以将设备的维护策略分为四种类型（图4-8）：基于设备使用时间的维护主要是根据设备的使用时间的长短来决定何时对设备进行维护；基于设备条件的维护是根据设备的一些状态参数来判定是否要对设备进行维护；基于设备故障的维护即当设备发生故障时对设备进行维修；基于设备改造的维护通过对设备进行改造来消除本来存在的缺陷，以减少设备故障产生的可能性。

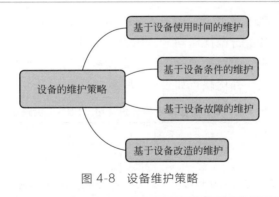

图4-8 设备维护策略

（1）基于设备使用时间的维护

基于设备使用时间的维护策略（Used Based Maintenance，UBM）是应用最为广泛的一种维护形式，根据设备的运行时长（例如，1个月、1000个小时等）对其实行维护。该策略假设设备故障是可以预测的，且故障率是随持续运行时间增加而不断上升的。其优缺点如表 4-2 所示。

表 4-2　基于设备使用时间的维护策略（UBM）优缺点

优点	缺点
• 减少了设备的故障率和因故障而导致的停工时间 • 减少了维护的时间，同时充分利用了人力资源 • 可预先制定维护计划	• 增加了维护的成本和次数 • 存在不必要的维护 • 仅适于设备故障与生产时间正相关

（2）基于设备条件的维护

基于设备条件的维护策略（Condition Based Maintenance，CBM）基于这样的假设：大部分设备故障不是突然发生的，而是有一个渐变的过程。当给定系统的参数（例如，温度、振动等）接近或是超过预先定义的值时，即需要对设备进行相应的维护，因此需要辅以相关的检测设备才能实行。相对于基于设备使用时间的维护，这种基于设备条件的维护能够减少不必要维护的发生，因而更为经济，而且随着检测等相关技术设备的广泛使用，该维护策略的普适性也更高，其优缺点如表 4-3 所示。

表 4-3　基于设备条件的维护策略（CBM）优缺点

优点	缺点
• 可以对发生的故障进行分析 • 在设备发生故障之前做出判断并处理，减少经济损失 • 降低突发故障率	• 需辅以相应的检测设备，成本高 • 需要专门的培训人员

（3）基于设备故障的维护

基于设备故障的维护策略（Failure Based Maintenance，FBM）即当设备发生故障时，才对设备进行维修活动，适用于设备的故障率比较稳定且维修成本较低的情况。对于低成本的非关键设备，或是没有其他更好维护策略的设备是比较高效的一种维护方式。其优缺点如表 4-4 所示。

表 4-4　基于设备故障的维护策略（FBM）优缺点

优点	缺点
• 成本低，不发生故障的时候不维护 • 不需制定维护计划，免去计划成本 • 通过收集非关键性设备的故障信息，可以获得具有同样零部件的关键设备的可靠性数据	• 存在安全风险，无法预测的设备故障可能会造成生产线大量的产能损失 • 某个零部件的失效可能导致其他零部件失效，较难预估设备修复的时间 • 为应对突发情况，需配备备用设备，以及维护队伍时刻待命

（4）基于设备改造的维护

基于设备改造的维护策略（Design-out Maintenance，DOM）通过改进设备的设计来简化设备的维护（甚至消除设备维护）。成本和技术因素（可靠性）是考虑的重点。对于那些不断重复发生的问题，基于设备改造的维护策略提供了一个很有效的解决方法，但该维护策略很容易被误用。基于设备改造的维护需要确认设备故障是否由于设备初始设计所造成的，通过改进设计得到了很好的解决，同时还需要监测改造结果是否产生负面效果。其优缺点如表 4-5 所示。

表 4-5　基于设备改造的维护策略（DOM）优缺点

优点	缺点
• 可以彻底解决那些不断发生的问题 • 在某些情况下，设计方面小的改动可以获得很好的效果且成本很低	• 产能损失，DOM 需要一定的时间才能完成 • 大型的设计改造项目代价很高且结果无法预计 • 解决了某一部分的问题可能会导致另一部分问题的产生

4.3.2　智能优化维护方法研究

在一般制造系统中，四种维护策略均可以满足用户需求，然而对于资产密集型的复杂制造系统，设备的可靠性是企业利润的来源和企业战略发展的根本保障，设备不仅要维护及时，还应维护得当，即在合适的时间点对设备进行维护，最小化因设备维护而带来的产能损失，因此复杂制造系统需要更智能化的维护调度方法。

典型的智能优化维护方法有基于实例推理、人工神经网络、基于模糊逻辑的设备维护方法和多智能体系统等。

每种维护方式都有其优缺点，可以通过以上智能化方法来组合不同的维护调度方式，例如使用基于实例推理的方法，根据人们在实际应用中对维护调度的经验，组合基于设备使用时间的维护（UBM）、基于加工片数的维护（WBM）、基于设备条件的维护（CBM）三种维护调度方法，确定每种维护调度方式的权重；也可以通过智能化方法确定新的维护调度方式，例如将人工神经网络与模糊逻辑相结合，形成模糊神经网络，再由模糊神经网络来确定每种维护调度方式的权重。

(1) 基于实例推理的设备维护方法

基于实例推理的方法起源于人类具有记忆、学习、理解及推理方面的研究，人的记忆是动态的，能够随着不断地学习而增加，也能根据情况变化加以调整[12]。当遇见一个新的情景时，人们总是可以联想起以前遇到过的相似情况与处理结果，只要有一个类似的实例作为参考，人们就会找到它并将其作为制定决策的参考。基于实例推理就是仿照人类看待问题和解决问题的方式来建立的一种新的推理模式。

基于实例推理的关键技术主要由实例表示、实例检索、实例修改以及实例保存等部分组成。其中，实例保存会将新的问题以及它相应的解决方案保存到实例库中，使得基于实例推理有了自我学习的能力，通过不断解决新的问题可以有效地提高系统的性能。但是该方法从本质上说，也属于某种经验规则的决策，较难获取完整的系统信息，无法保证解的最优性。

(2) 基于模糊逻辑的设备维护方法

在制定设备维护计划的过程中，除了设备自身的状态变量，还应考虑下游设备及其负载，这里我们可以用该设备的下游设备及其自身所在加工区域的总的等待加工的工件数和总加工时间来描述，这些变量构成了元素集。

模糊集描述了设备需要维护的紧急性，这里可以用语言集 {很紧急，紧急，不紧急} 来描述，根据需要还可以对该语言集进行细分，例如可分为 {非常紧急，很紧急，紧急，不紧急，不需要}。

模糊集的特征函数是隶属函数，隶属函数描述了元素集属于模糊集的程度。例如，取 $x=$ 机器加工区域内等待加工的总卡数，模糊语言变量 $V=$ 很紧急，它的隶属函数为 $u_A(x)$，则 V 在论域 $\{x_1,x_2,\cdots,x_n\}$ 上的模糊集合可表示为 $A=\frac{u_A(x_1)}{x_1}+\frac{u_A(x_2)}{x_2}+\cdots+\frac{u_A(x_n)}{x_n}$，同一元素对于不同语言变量的隶属函数不同。

不同元素根据其所对应的隶属函数计算出其与模糊集的关系集，例如，上述元素 x 与模糊集 {很紧急，紧急，不紧急} 的关系为 $\{0.5,0.3,0.2\}$。根据该元素的值，设备要很紧急维护的程度为 50%，需要紧急维护的程度为 30%，不需要维护的程度为 20%。根据最大值原理，可知设备需要维护的程度更多一些，因此选择对设备进行维护。

基于模糊逻辑的设备维护调度框架如图 4-9 所示，主要由 3 个模块组成：系统模型、监视器和模糊控制器。系统模型主要负责模拟半导体生产线制造和设备维护过程；监视器负责实时监控系统模型中每一台设备的工作状态，根据基于时间的设备维护策略，将在工作时间上满足维护条件的设备的系统参数传递给模糊控制器，其中包括该设备当前工作区域和下游工作区域的加工负荷以及该设备距离本次维护结束的时间（图 4-10）；模糊控制器主要由模糊算法和模糊决策两部

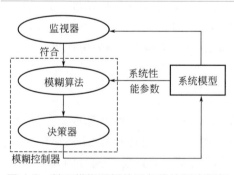

图 4-9　基于模糊逻辑的设备维护调度框架

分组成,模糊逻辑算法根据监视器给定的设备的相关信息计算该设备需要维护的紧迫度,最后决策器根据用户设定的决策阈值判定是否对当前设备进行维护。

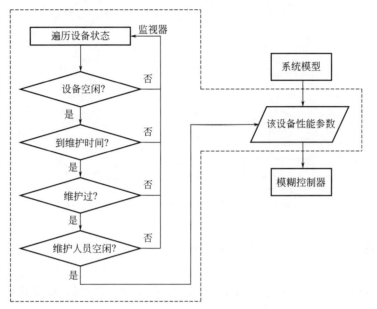

图 4-10 "监视器"模块的工作流程

4.4 协同计划方法研究

4.4.1 投料计划与维护计划的协同

(1) 协同关系

投料计划与维护计划协同的关键在于产能的协调,通过产能需求量与产能资源量的计算,调整订单产品的类型数量或者维护计划。如果需求量大于资源量,则需要削减产品类型或数量;如果需求量小于资源量,可以适当增加投料数量或者维护任务。调整的方式根据启发式规则来确定。

(2) 协同接口数据

产能需求量的计算来源于订单与产品表,产能资源量的计算来源于在制品与维护计划。其协同关系如图 4-11 所示。

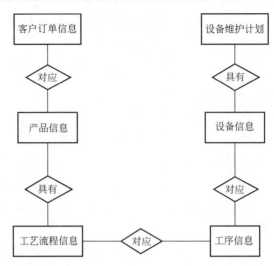

图 4-11 投料计划与维护计划的协同接口数据

协同接口数据包括状态信息与结构信息两类。

① 状态信息

a. 设备历史状态信息。包括设备名称、设备状态类型、设备状态变化的时刻、设备当前状态的持续时间等。

b. 工件历史信息。包括工件号、产品版本号、历史加工步骤、历史加工工序、工序持续时间、工序所对应设备等。

c. 在制品信息。包括工件号、产品版本号、当前加工步骤、当前加工工序、当前工序已持续的时间、当前工序所对应设备等。

d. 设备维护计划信息。包括设备号、维护日期、维护持续时间。

e. 订单信息。包括产品名、产品版本号、产品需求数量、订货厂商、客户期望交货期。

② 结构信息

a. 设备信息。包括设备号、设备所在加工区号、设备组号、设备加工方式、加工批量等。

b. 产品信息。包括产品名称、成品版本号、产品的流程号等。

c. 工艺流程信息。包括产品的流程号、加工步骤、各步骤对应的工序号。

4.4.2 维护计划与生产调度的协同

维护计划与生产调度的协同方式有三种：第一种是维护任务时间段与实际生

产调度的协同；第二种是直接将不同维护方式所生成的维护任务与设备的工件加工任务一起进入调动系统优化，动态确定维护时间段；第三种是不同维护方式与工件调度，通过计算时间窗进行协同。

(1) 维护任务时间段与实际生产调度的协同

在生成维护调度计划以及生产计划后，将维护计划穿插到设备生产计划的相对空闲的时段中。图 4-12 描述了利用离散事件仿真技术得到的某台设备在将来某段时间内的加工甘特图。

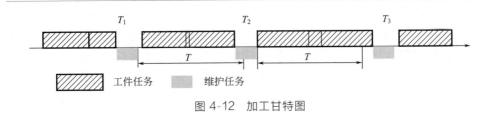

图 4-12 加工甘特图

假设该设备前后两次维护的时间间隔参数为 T，且在此基础上维护时间的选择具有一定的时间窗 Δt，即设备的维护参数为 $[T-\Delta t, T+\Delta t]$。如果在 T_1 时刻对设备进行第一次维护，此时设备空闲；完成维护后设备继续加工，当设备到达时间点 T_2，此时设备空闲，但是并没有满足预定义的时间间隔 T，考虑到设备维护时间的选择存在一定的余量，如果第二次设备维护按照预定时间进行维护，设备很可能在忙，影响到后续加工，因此，在 T_2 时刻对设备进行维护；当到达第三个维护周期时，发现此时设备正在加工工件，在满足维护时间窗的条件下，可以将第三次设备维护往后顺延一段时间，在 T_3 时刻对设备进行维护。这样，在不影响原有的生产调度的情况下，可以将设备的维护活动很好地穿插到设备的加工流程中，提高设备的利用率。

由此，通过离散事件仿真，在满足时间窗 Δt 约束的情况下，可以将设备的维护活动精准灵活地插入到设备的加工周期中，以提高设备利用率。

系统仿真方法在半导体生产线的非瓶颈加工区域比较适用，但是对于瓶颈加工区域却无能为力。例如，在晶圆生产线上，瓶颈集中在光刻和注入等加工区域，设备负荷很高，只要设备不发生故障，就几乎总是处于加工状态，由于没有空闲时间，设备维护也就无法穿插，这种情况下，可以将维护任务赋予一定的优先级，该优先级随着时间的增长而增长。这样在规定的时间内可以将维护任务插入到工件任务中。

(2) 智能化维护任务与工件调度的协同

通过不同的维护计划方法得到维护时间段后，需将其插入到实际的工件调度中，因为复杂制造系统往往在高负荷状态下运行工作，如何插入维护时间段也是研究的热点。这里,将维护任务作为设备所需完成的一种任务,将其赋予优先级 P_{pm},且该优先级随着时间不断提高。

$$P_{pm} = \begin{cases} \text{最低优先级} & T < T_{min} \\ \dfrac{\alpha}{(T_{max} - T_{pm}) - T} & T_{min} \leqslant T \leqslant T_{max} - T_{pm} \\ \text{最高优先级} & T > T_{max} - T_{pm} \end{cases} \quad (4\text{-}11)$$

式中,T 为当前时间;α 为优先级因子,用于调整 P_{pm} 与工件优先级相匹配。

例如,某台光刻设备的维护参数为 (720h, 750h, 10h),意味着该光刻机在连续生产 720h 后可以开始维护;为了避免晶圆返工率或报废率的上升,距离上次维护的时间间隔不大于 750h;本项维护任务的平均持续时间为 10h,工件优先级为 [1,2,3,4,5],5 是最紧急工件。那么,在设备运行 720h 之前,维护任务的优先级为 0。当设备运行到 720h 后,维护任务的优先级为 $\dfrac{\alpha}{(750-10)-T}$;$T = 730$ 时,维护任务优先级为 $\dfrac{\alpha}{10}$,α 值根据具体情况来调整。

(3) 不同维护方式与工件调度的协同

不同维护方式组合与工件调度的协同分为无交集时间窗维护与有交集时间窗维护两类 (图 4-13)。无交集时间窗维护指基于时间维护(即基于工件片数维护)的时间窗与基于参数性能的维护调度时间窗之间无交集,这时需要确定一个合适的时间窗来兼顾按不同维护方式生成的不同维护时间窗,并兼顾具体设备维护保养所涉及的整个生产线上的经济效益 [图 4-13(a)、(b)];有交集时间窗维护指不同维护方式得出的维护任务时间窗之间有交集的存在,这种情况主要需要考虑在交集的时间内如何安排维护调度任务,即在哪个时间点上整个生产线上的经济效益最大 [图 4-13(c)]。

① 无交集时间窗维护任务

无交集时间窗维护任务的解决方式主要看企业设备维护更偏向于基于加工时间的维护还是基于性能参数的维护。

如图 4-13 中第一种情况所示,所需求解的时间窗 $[T_{f*}, T_{l*}]$ (T_{f*} 为开始时间;T_{l*} 为结束时间),从 T_{f1} 至 T_{l2},考虑设备可能会发生故障的概率 P、发生故障引起的经济损失 C 等因素,从而求解出最佳的维护任务时间窗。之前的讨论中,已经有了求解设备的故障率-时间函数的方法,在此,假设设备在第 i 时刻发生故障的概率为 P_i,维护任务的费用为 C_r,第 i 时刻该设备的 WIP 为 W_i,设备每加工一片晶圆创造的效益为 U,因设备维护保养造成的后道设备的数量为 k,后道设备 j 空闲造成的损失为 N_j。那么该设备因及时维护产生的经济效益为：

$$E_i = W_i U - PC - \sum_{j=1}^{k} N_j \qquad (4\text{-}12)$$

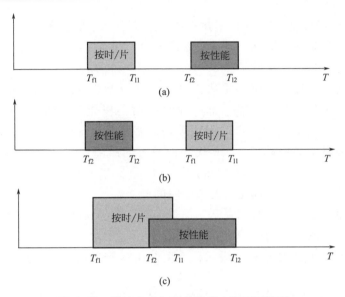

图 4-13　维护方式与工件调度中的不同情况

最后解出最佳维护时间 i，这样，不仅可以为设备进行维护保养，而且还考虑了生产线的实际情况，将损失降低到最低，实现了生产调度与维护调度的协同。

② 有交集时间窗维护任务

如图 4-13 中第三种情况，不同的维护方式生成的不同时间窗之间，有交集的存在。只需在交集 $[T_{f2}, T_{l1}]$ 之内计算出总经济效益在何时最大，即可确定最佳的维护时间 i。

4.5　中期计划的可重构集成

4.5.1　中期计划体系结构模型

本节讨论中期计划的体系结构模型表达，通过模型表达将中期计划集成到可重构体系中。第 2 章阐述的三个视角中，协同是系统级的重构，本节重点阐述与业务功能相关的业务系统视角模型和业务过程视角模型。鉴于第 2 章阐述结构模型理论时,以中期计划中的投料计划和基于产能约束的混合智能投料算法为例,这里以阐述维护计划和智能优化维护方法的体系结构集成模型为主。

(1) 业务系统视角

① 任务描述模型(BSV-1) 建立业务系统目标下的任务场景,说明完成此任务的业务对象和业务活动,是业务系统成员的执行基础。

业务场景:智能优化维护。

业务活动:通过神经网络方法,对基本维护方法得到的时间段进行样本训练,计算不同维护方法的权重。将三个维护时间段作为输入端 $P=[T_{s1},T_{e1};T_{s2},T_{e2};T_{s3},T_{e3}]$,计算三个时间段设备故障概率,输出 $T=\{100;010;001\}$,其中 100 代表设备必定故障,010 代表设备可能故障,001 代表设备不会故障。得出维护时间段即为 $[\alpha T_{s1}+\beta T_{s2}+\gamma T_{s3}, \alpha T_{e1}+\beta T_{e2}+\gamma T_{e3}]$。

业务活动目标:确定优化后的维护时间段。

业务对象:基于加工时间、基于加工片数、基于性能参数的维护调度方式所得到的维护时间段,不同维护方式的权重。

模型输入输出必要参数:输入:三个基本维护时间段。输出:优化维护时间段。

② 目标活动视图(BSV-2) 业务活动为完成某目标而进行的一系列步骤,以图形或文本的形式描述所包含的业务活动行为单元。

智能优化维护的目标活动视图如图 4-14 所示。

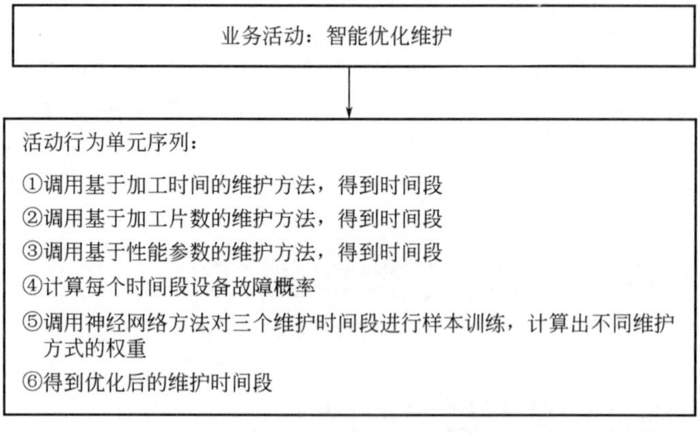

图 4-14 智能优化维护的目标活动视图

③ 业务节点模型（BSV-3） 业务节点模型主要对被选择的业务系统成员及其角色进行动态关联管理，向业务系统反馈业务系统成员执行效果，向业务系统成员反馈角色执行效果，触发两者的增、删、修改以及保存历史记录等管理动作。

进行维护计划优化研究，其重构结构为计划-调度优化，图 4-15 描述了业务节点对投料计划系统、工件调度系统、实时派工系统的关联。

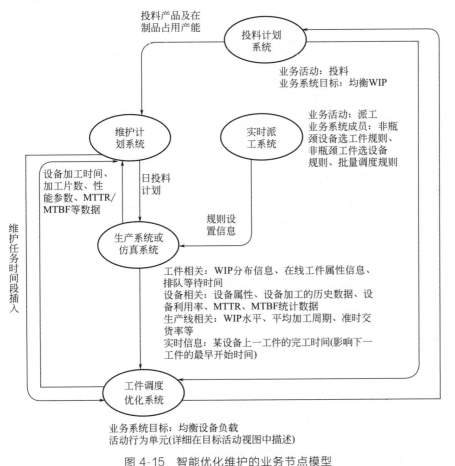

图 4-15 智能优化维护的业务节点模型

④ 系统维护模型（BSV-4） 该视图说明业务系统、业务系统成员、角色之间的关系，并描述业务系统对业务系统成员的管理，业务系统成员对活动行为单元和专用角色的管理。维护计划业务系统与其业务系统成员之间的关系如图 4-16 所示。

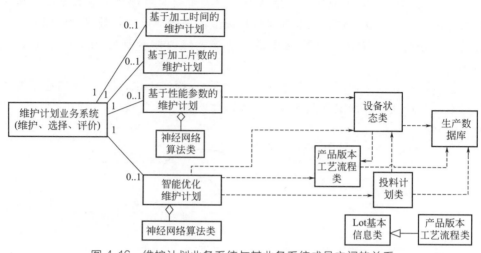

图 4-16 维护计划业务系统与其业务系统成员之间的关系

注：图中 0..1 指 0~1。

（2）业务过程视角

维护计划的业务过程视角包括四个模型：业务活动模型、活动行为单元时序图、业务过程模型、业务逻辑数据模型。

① 业务活动模型（BPV-1）

描述业务执行过程中，业务活动与活动行为单元之间、活动行为单元内部之间的信息流。以智能优化维护计划为例，可建立如图 4-17 所示的业务活动模型。

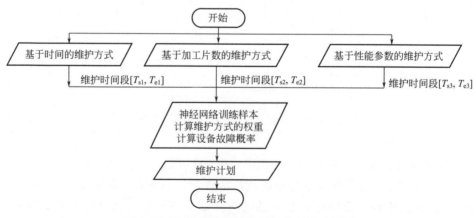

图 4-17 智能优化维护计划的业务活动模型

② 活动行为单元时序图（BPV-2）

用以描述活动行为单元的执行序列以及数据交换，如图 4-18 给出了智能优化维护计划的活动行为单元的时序。

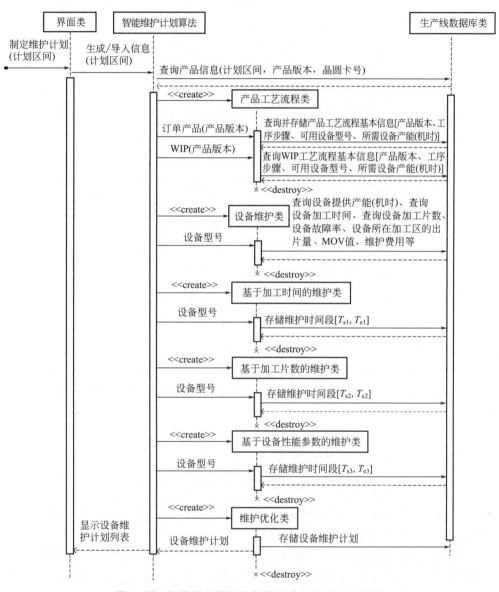

图 4-18　智能优化维护计划的活动行为单元时序图

③ 业务过程模型（BPV-3）

业务过程模型描述了业务活动的执行细节和具体的执行业务流程，如图 4-19 所示。

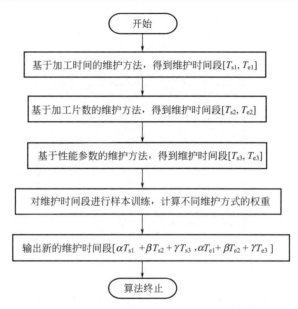

图 4-19 智能优化维护计划的业务过程模型

④ 业务逻辑数据模型（BPV-4）

业务逻辑模型描述业务过程中的实体和实体之间的数据类型属性及关系，采用 UML 类图描述，维护计划的业务逻辑数据模型与投料计划的基本逻辑数据结构基本一致，参见第 2 章。

4.5.2 中期计划集成控制

（1）中期生产计划集成控制框架

中期生产计划集成控制框架（图 4-20）的内容主要包括：投料计划、维护计划、仿真建模与调度方法。

框架分为两个部分：第一部分是维护计划框架。用不同的维护方式来得出不同的维护任务，并且将不同的维护方式进行协同，通过对企业提供的设备参数样本数据，对设备进行分析，通过智能化方法来计算设备的故障率曲线，并且考虑整个加工区的性能，综合得出适合的维护任务。第二部分是调度框架。在生成维护任务之后，合理地将维护任务安排到工件调度中，统计出带有维护任务的派工单。

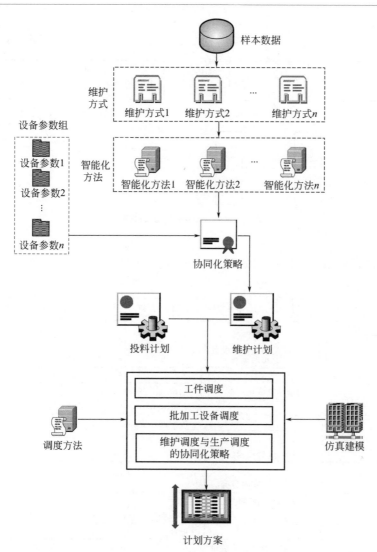

图 4-20　中期生产计划集成控制框架

(2) 中期生产计划集成控制逻辑

中期计划的控制系统分为两个部分：动态参数获取和模型仿真实现。如图 4-21 所示，动态参数获取是基于历史数据建立的预测模型输入半导体生产线实时状态数据而得到的动态参数，如最佳生产负荷、设备的维护时间等，将这些参数输入到半导体生产线模型中，进行仿真，得到投料表/维护计划表和相应的生产线性能指标。

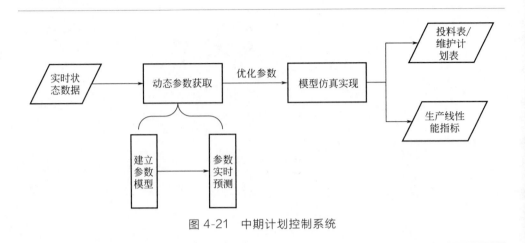

图 4-21 中期计划控制系统

中期计划控制逻辑顺序图如图 4-22 所示。

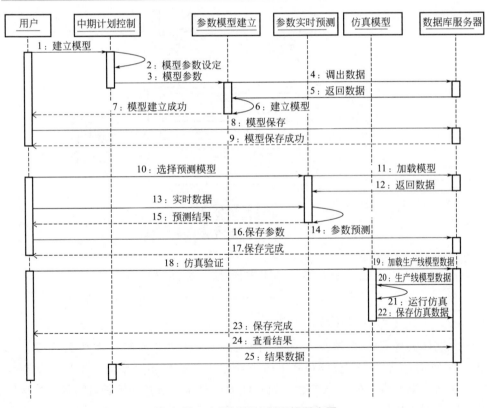

图 4-22 中期计划控制逻辑顺序图

4.5.3 中期计划通用组件及接口

第 2 章阐述的体系结构模型中的通用角色维护模型（CV-3）负责通用角色功能的维护和更新，例如神经网络算法在中期计划多个模块中都被采用，如加工时间预测、性能指标预测以及动态负荷均衡投料控制等，是一个通用组件，具体通过软件组件实现。

该组件如果基于 C♯ 语言开发将非常复杂并且花费大量的计算时间，Matlab 强大的数值计算能力可以快速而准确地得到计算结果，大大提高分析计算效率。本节采用混合编程方式实现该通用 .net 组件，利用 .m 文件生成动态链接库 dll 再由 C♯ 调用，这种 .net 组件具有良好的可移植性，目标机不需要安装 Matlab 软件，只需要安装 MCRinstaller.exe 及 dll 注册即可。采用 Matlab 与 .net 混合编程可以分为三步：编写 .m 文件实现计算功能；将 .m 文件打包发布为 dll；在 C♯ 中添加对 dll 的引用，通过创建 Web Service 实现，如表 4-6 所示。

表 4-6 基本 Web Service

接口名	功能描述
Set_model	设置神经网络模型参数
Train_model	训练模型
Test_model	测试模型
Get_Prediction	实时预测

在 Windows 通讯开发平台（Windows Communication Foundation，WCF）下创建 Web Service，首先要创建服务，实际的服务代码需要由接口派生实现。数据接口（Data Contract）用于制定双方沟通时的数据格式。服务接口（Service Contract）用于制定服务的定义。操作接口（Operation Contract）用于制定服务提供的方法。消息格式（Message Contract）用于制定在通信期间改写消息内容的规范，见表 4-7。

表 4-7 部分通用组件接口描述

契约名	契约类型	功能描述
IDR	服务接口	定义服务
GetRawData	操作接口	获取历史数据
SetModelName	操作接口	设定新模型
Set_Model	操作接口	训练新模型
Test_Model	操作接口	测试新模型
GetTestResult	操作接口	测试模型输出结果
DisplayError	操作接口	获取测试结果的平均误差

续表

契约名	契约类型	功能描述
GetPrediction	操作接口	实时预测
GetPreTwl	操作接口	获取实时预测结果中的 Pretwl 参数
GetPerformance	操作接口	获取性能指标

通信协议绑定：由于 WCF 支持了 HTTP、TCP、Named Pipe、MSMQ、Peer-to-Peer TCP 等协议，而 HTTP 又分为基本 HTTP 支持（BasicHttpBinding）以及 WS-HTTP 支持（WsHttpBinding），TCP 也支持 NetTcpBinding、NetPeerTcpBinding 等通信方式，因此，双方必须要统一通信的协议，并且在编码以及格式上也要一致。

例如，通信协议绑定如下：

```
< servicename= "DynamicRelease.Services.DR">
< endpointaddress = "" binding = " wsHttpBinding" contract = " DynamicRelease.Contracts.IDR">
< identity > < dnsvalue= "localhost"/> </identity>
</endpoint>
< endpoint address = "mex" binding = "mexHttpBinding" contract = " IMetadataExchange"/>
<host>
< baseAddresses > < addbaseAddress = " http://localhost: 8888/DynamicRelease/DR/"/> </baseAddresses>
</host>
</service>
```

完成上述工作后，就实现了对 WCF 服务的配置，可以发布该服务。此后，WEB 页面只需要引用相关服务即可实现对数据的调用以及流程的控制。

4.6 案例：考虑了生产调度的维护计划

4.6.1 案例描述

本案例将比较三种维护方式对加工区性能的影响。

方法一：表示智能优化维护方式与工件调度结合。

方法二：表示不同维护方式直接与工件调度结合的方法。

无维护：表示生产调度中没有包含维护任务，仅当发生故障时进行维护。

4.6.2 仿真模型

根据半导体生产线某一时间点的在制品状况，按照一定的调度算法进行调度仿真；根据投料计划将工件适时地投入生产线；根据设备当前状态和历史维护信息定期进行预防性维护和修复性维护。在仿真中实时记录设备的状况、lot 的 MOVE 等指标，使得在仿真结束后用户可以方便地获得所需数据。

在仿真模型（图 4-23）中，用户可以通过用户界面自行设置设备的调度规则，例如先进先出（FIFO）、批加工、最早交货期优先等，用户选择不同的规则，模拟出不同的场景，然后选择最优的情况。

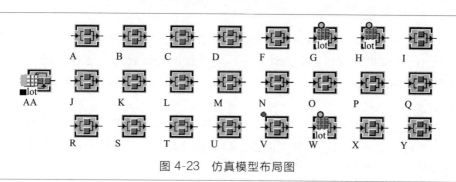

图 4-23 仿真模型布局图

4.6.3 仿真结果

采用方法一，得到的设备维护时间段为（5月7日～5月10日，6月11日～6月14日），假设5月7日前，维护任务的优先级为0，当系统到达5月7日时，维护任务的优先级即变为1，随着时间不断地增长，优先级不断增长，以满足维护任务必须在这个时间段内加工的需求。

采用方法二，基于时间的维护计划即每720h维护一次，24h内完成，安排在每月的11日，即（5月11日～5月12日，6月11日～6月12日）。

首先考虑5月的维护计划，详细如图 4-24 所示。

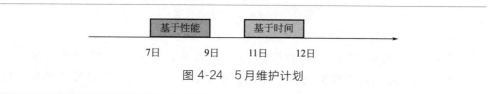

图 4-24 5月维护计划

可以发现，两种维护方式生成的维护计划并没有交集，那么，考虑7日至

12日的时间段内的整体生产线的经济效益。通过仿真可以得出结论,在9日中午12点时,经济效益最大。所以,5月的维护计划会安排在9日中午12点进行。

6月的维护计划如图4-25所示。

图4-25　6月维护计划

如图4-25所示,6月的两种维护方式得出的维护计划的交集为(6月11日、6月12日),所以在这段时间内计算整体生产线的经济效益。通过仿真得出,11日下午4点的时候,经济效益最大,所以,6月的维护计划会安排在11日下午4点。

为了比较上述两种维护方式与生产调度结合的方法以及没有使用维护调度的方法,通过仿真,记录整个加工区各个时刻的MOV、出片量,用以比较三种方法的效果,具体见图4-26、图4-27。

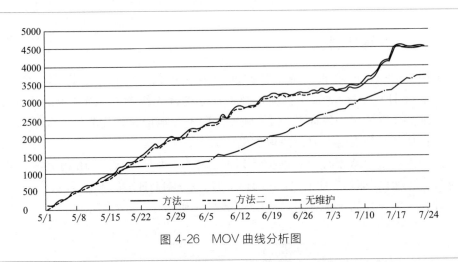

图4-26　MOV曲线分析图

如图4-26可知,方法一略优于方法二,但两者都优于无维护的方法。从图4-27中可以看出,无维护的方法在设备连续加工后于5月18日发生故障,导致出片量的停滞,影响了整个生产线的状况,给企业造成了直接的经济损失。而方法一和方法二在对设备进行维护后并没有出现设备故障的问题,并且出片量也呈稳态上升。因此,由上述分析可知,方法一与方法二相对于无维护而言,都是比较好的维护方法,可以达到避免设备发生故障,给企业带来损失的效果。

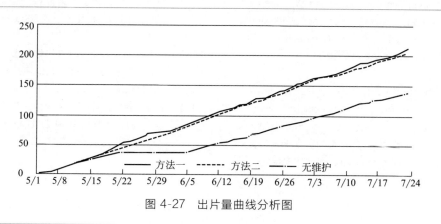

图 4-27　出片量曲线分析图

参考文献

[1]　Yeong-Dae Kiln, Sang-Oh Shim, Bum Choi, etc.Simplification methods for accelerating simulation-based real-time scheduling in a semiconductor wafer fabrication facility.IEEE Transactions on Semiconductor Manufacturing, 2003, 16(2): 290-298.

[2]　Wein L M.Scheduling semiconductor wafer fabrication [J]. Semiconductor Manufacturing, IEEE Transactions on, 1988, 1(3): 115-130.

[3]　C.Roger Glassey, Mauricio G.C.Resende.Closed-loop job release control for VLSI circuit manufacturing[J].IEEE Transactions on Semiconductor Manufacturing, 1988, 1(1): 36-46.

[4]　Spearman M L, Woodruff D L, Hopp W J.CONWIP: a pull alternative to kanban [J].The International Journal of Production Research, 1990, 28(5): 879-894.

[5]　Lin Y H, LeeC E.A total standard WIP estimationmethod forwafer fabrication [J].European Journal of Operational Research, 2001, 131(1): 78-94.

[6]　Rose O.CONWIP-like lot release for a wafer fabrication facility with dynamic load changes [J]. Proceedings of the SMOMS, 2001, 1: 41-46.

[7]　Sun R, Wang Z.DC-WIP—a new release rule of multi-orders for semiconductor manufacturing lines[C].2008 Asia Simulation Conference-7th International Conference on System Simulation and

Scientific Computing.2008: 1395-1399.

[8] Wang Z, Wu Q, Qiao F.A lot dispatching strategy integrating WIP management and wafer start control[J].Automation Science and Engineering, IEEE Transactions on, 2007, 4（4）: 579-583.

[9] Rezaei K, Eivazy H, Rezazadeh A, et al.A production planning and scheduling model for semiconductor wafer manufacturing plants[J].Proceedings of the 41st International Conference on Computers & Industrial Engineering, 2011: 751-756.

[10] 赵喜林, 许兴华.现代制造系统维修策略研究[J].新技术新工艺, 2006（1）: 49-51.

[11] 李兆佳.混合智能算法在半导体生产线生产计划中的应用研究[D].上海: 同济大学, 2009.

[12] 李莉, 乔非, 吴启迪.半导体生产线群体智能调度模型研究.中国机械工程, 2004, 15（22）: 2006-2009.

第5章
复杂制造系统的短期计划与调度

复杂制造系统的短期生产计划与调度是对生产任务以"日、小时、分钟"为单位进行的优化安排与管理,接受来自中期生产计划下达的投料计划任务,按照工艺流程要求的加工步骤细化分解,再根据实际制造系统的资源能力,安排各工序在设备上的加工顺序,即确定所有工序由某台设备在某个确定的时间段内完成。整个分解、分派、分配的过程都是在实际生产执行之前静态完成的,以追求某个或某些性能指标的优化为目标。

在复杂制造系统短期计划与调度研究中,调度优化与仿真是两类非常重要的方法,本章介绍三种典型的方法及其可重构集成,这三种方法分别为:基于约束理论(TOC)的DBR短期计划方法、基于仿真的多目标优化方法以及瓶颈区调度优化方法。其中,DBR方法是生产线全局优化方法,基于仿真的多目标优化方法可以对生产线特定时间段的优化目标进行平衡,瓶颈区调度优化方法是对加工区域的优化。

5.1 短期生产计划与调度概述

5.1.1 短期生产计划与调度概念

本章所讨论的短期生产计划是处于中期生产计划和在线实时调度之间的地位,既是对中期生产计划形成的投料计划的细化分解,又是在线实时调度调整的依据,是在生产活动开始之前的车间工序级的优化决策,也相当于通常意义的车间调度或作业调度。在后面的叙述中,不再对短期生产计划、车间调度、作业调度这些调度相关概念做特别的区分。

调度是为了实现期望目标而对共同使用的资源实行时间分配,探讨在尽可能满足约束条件(如交货期、工艺路线、资源情况)的前提下,通过分配工件生产资源、安排工件加工时间及加工的先后顺序,形成调度方案(Schedule),以获得产品制造时间或成本的最优化[1]。

图 5-1 示意了短期生产计划与调度的过程与要素。

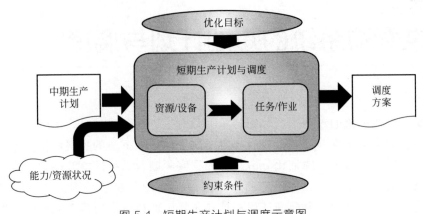

图 5-1 短期生产计划与调度示意图

① 中期生产计划是依据。对产品序列、交货期、优先级等需要完成的生产任务做了规定及下达。

② 能力/资源状况是条件。对设备生产能力和时间资源、在制品数量与分布、缓存区空间及容量等当前生产能力及可用资源状况加以描述。

③ 约束条件是限制。包括工艺约束（分别对不同类型的产品规定了明确的加工工序顺序及要求）、时间约束、资源约束等，都是在对作业任务和设备资源进行分配时所必须满足的。

④ 优化目标是导向。包括设备相关的指标（如设备利用率、设备排队队长等）、产品相关的指标（如加工周期、准时交货率等）、生产线相关的指标（如生产率、在制品数、产品移动步数等）等多种优化目标，以及它们的组合。

⑤ 调度方案是输出的结果。提供生产线上未来一段时间的加工任务的优化排序方案，也即为加工任务的所有工序指定由某台设备在某个确定的时间内完成。

5.1.2 短期生产计划与调度方法

复杂制造系统生产调度问题的研究主要集中在工件调度、设备调度、批加工调度、瓶颈调度等领域。相关文献资料非常多，难以很全面地进行介绍，本节将按照优化方法与仿真方法两大类进行简介。

（1）优化方法

1988 年，Wein[2] 发表了首篇关于半导体芯片加工生产线调度问题的研究。目前这一领域已积累了大量的方法，这些方法有建模方法，包括对生产线建模和对计划调度优化方法的建模,例如排队网络模型[3,4]、Petri 网模[5~7]等图论方法、基于知识管理的方法以及基于生产约束理论的方法[8];有基本优化求解方法,例如数学解析方法、拉格朗日松弛算法、动态规划方法、遗传算法和模拟退火等智能搜索方法、粒子群算法等智能优化方法;有静态和动态的调度方法;有基于 Agent 的分布式调度方法[9,10];此外还有大量的组合/复合方法。Reha Uzsoy 等[11,12]、曹政才等[8,13]对半导体生产线建模方法与调度策略研究进展进行了较为全面的综述。表 5-1 中给出了对相关文献的分类总结。

表 5-1 文献中所研究的业务问题及其方法

业务问题	目标、内容、方法等说明	文献
批加工调度	①求解炉管区并行机批量、批次调度问题,用文化算法模型借鉴粗粒度并行遗传算法,提出基于文化进化的双层粒子群算法	马慧民等[14]
	②决策树与神经网络方法相结合求解一定约束下的批加工设备调度问题	Mönch 等[15]
	③以最小加工延迟为目标,为并行批加工设备调度建立混合整数非线性规划模型	Venkataramana 等[16]
	④综述 1986 年至 2004 年间关于半导体制造中批加工设备调度研究特点,并将文献分为研究问题条件和研究解决方法两类进行总结,指出批加工设备批量调度问题的研究方向	Mathirajan 等[17]
	⑤结合启发式规则、动态规划算法和遗传算法研究批加工调度优化问题	Chou 等[18]
	⑥利用仿真研究降低加工批量以及加工设备中,允许小批量加工对生产周期的影响	Schmidt 和 Rose[19]
瓶颈设备调度优化	①均衡设备负载,二维矩阵瓶颈设备调度模型 ②半导体封装生产线的瓶颈设备调度,蚁群优化算法 ③光刻瓶颈区并行设备调度,蚁群优化算法	Shr 等[20] Song 等[21] 吴莹等[22,23]
瓶颈实时调度	目标为降低生产周期、降低 WIP 水平以及保证交货期,基于 Holon 机制	李晓红等[24]
集束(Cluster)型设备调度	①有晶圆停留时间约束,用 Petri 网建模该问题,提出闭环调度算法获得优化的周期性调度方案 ②以提高产出为目标,建立多集束型设备调度算法	吴乃琪等[25] Yi 等[26]
运输系统调度	最大化设备利用率,运用约束理论(TOC)	Koo 等[27]
建模	①用 Petri 网对生产线计划调度问题建模,探讨复杂调度问题的描述实现及求解方法 ②用离散事件仿真系统对生产线事件进行建模	文献[28~30] 文献[31,32]

续表

业务问题	目标、内容、方法等说明	文献
集成框架	①自主研发软件 OPSched,目标管理-近实时调度-实时派工的集成框架	Intel 公司[33]
	②针对突发事件支持实时决策,装载工件、初始化设置或是发送目标到低层的动作称为决策。根据事件发生频率分层次,每一层的决策适用于该层的约束条件,并同时满足更高层次的决策目标。由系统数据库、时间常量以及由生产工艺流程决定的调度程序结构组成。系统分解为模块,每个模块对应于系统的一个有限部分,处理有限时间范围内发生的事件。决策产生依赖于相应的模块,并且具有层次结构,降低了计算量,实现实时调度	Bai 等[34]
	③基于工作流技术的分层调度模型,采用面向过程的思想,分别描述计划过程和调度过程,针对一般企业	林慧苹,范玉顺等[35]

(2) 仿真方法

系统仿真技术是一种建模方法,将系统的相关要素按照实际运行的逻辑展现出来,反映系统行为,本质上是一种试验方法。仿真建模伴随着启发式派工的进步亦有很大发展。Boesel 等[36] 曾指出,没有启发式派工的应用就可能没有仿真优化的发展,启发式派工推动了仿真软件的商业化和实用化。在 20 世纪 90 年代初,建立一个半导体生产线仿真模型非常困难[37],而今却比较容易,也有标准的 Benchmark 模型可以参考,比如 Intel 公司的 MiniFab 模型[38]、HP 公司的研究型 FAB:TRC 模型 (Hewlett-Packard Technology Research Center Silicon Fab)[39]。

仿真模型通常是描述性的,在研究中经常作为一个黑盒被其他优化方法调用,通常以"优化算法的设计-仿真模型的构建"形式出现在文献中。例如,Schmidt 和 Rose[40] 使用仿真分析半导体制造中降低加工批量及在批加工设备中允许小批量加工对降低半导体制造加工周期的影响。Tavakkoli-Moghaddam 和 Daneshmand-Mehr[41] 使用仿真模型获得具有最小完工时间的调度方案。Sivakumar[42] 使用离散事件仿真模型获得半导体制造后端工艺的动态多目标优化调度方案。Ying 和 Lin[43] 提出了一种基于空闲时间与未完工率乘积的启发式规则来提高准时交货率,并通过仿真获得调度方案。吕文彦等[44] 提出了可以实现缓冲区与传统规则双重选择的缓冲区-时间规则,将遗传算法与仿真相结合,对该规则组合进行优化。刘民等[45] 使用遗传算法搜索组合调度规则,与仿真系统配合,获得排程方案。

学术界对于仿真建模的态度非常矛盾:一方面为评价方案性能需要大量线下仿真的应用,另一方面基于仿真的性能评估又常常因为建立模型时间长、反复执行及其试验本质而不被认可[46],并且仿真方法是基于试验的,很难从特定的试验中提炼出一般的规律,也难以用传统的数学类的优化算法去衡量。

仿真方法在实用中的必要性在于,动态仿真模型可以在不破坏现有操作的情况下提供可证实的结果，例如，多产品的组合对生产效率的影响；多重入情况下工件排序的选择；生产瓶颈和生产设备利用率分析；工件投料速度对生产效率的影响；生产需求变化、设备故障等的波动对生产效率的影响；生产资源配置的合理性分析。总之，对于半导体生产线的生产计划与调度，仿真方法对于优化初始计划和关键工序的调度十分重要。

经过几十年来的研究积累，关于短期生产计划与调度领域的成果极为丰富，虽然有大量理论研究的成果离实用还有距离，但也不乏能够成功应用的算法和解决方案。当进一步考虑复杂制造系统的调度难度时，还是存在着值得探索的新的研究思路和研究空间。下面，我们结合近几年的科研实践，介绍几种新的调度方法研究成果。

5.2 基于约束理论的 DBR 短期生产计划方法

DBR 是约束理论（TOC）用于生产管理的经典应用，其工作方式类似于行军拉练过程。在一支队伍的行进过程中，有的士兵走得快，有的士兵走得慢。为了防止践踏和踩伤，使整个队伍有序行进，军队需要统一的号令（或者由走得最慢的人喊口号），称之为鼓（Drum），整个队伍行进的速度与鼓声相符，或者与最慢的人的速度相符；为防止有人走得过快或过慢，造成队伍脱节，走在队首和队尾的人与走得最慢的人分别牵着绳子的两端，整支队伍就会在一条线上，不会因某名士兵步伐不一致而脱离，此为绳子（Rope）的作用；在队伍行进中，总会遇到一些急停或者遇到危险等突发性事件，士兵与士兵间应设置一段距离作为缓冲（Buffer），避免急停或冒进产生碰撞和混乱。鼓、绳子、缓冲的设置在队伍行军过程中扮演着非常重要的角色，这种机制在生产管理中起着相同的作用。

借助这种鼓、绳子、缓冲的机制形成的基于 DBR（Drum-Buffer-Rope）的调度方法，是一种突出主要矛盾、重点解决瓶颈设备的调度优化，并以瓶颈设备的节奏带动整个生产线控制的思想与方法。DBR 方法的三要素[47]分别是：鼓，即识别瓶颈、发现关键问题；缓冲器，即借助缓冲管理最大化利用瓶颈资源；绳子，即利用瓶颈资源的节奏控制非瓶颈资源的调度。通过大量案例的分析总结表明，在生产调度和控制中运用 DBR 方法，能够取得缩短生产周期、提高准时交货率、优化生产性能等较好效果[48]。

5.2.1 面向多重入制造系统实施的 DBR 分析

具有多重入特征的半导体制造是在硅原料上形成多个具有特定电路性能的半

导体电路层，每一层的加工又基本是由氧化、沉积、离子注入、光刻、刻蚀等一系列化学及物理加工完成的。每一电路层的加工具有相似性，需要在一系列相同的设备上、以相似的过程进行加工，因此多重入是这类半导体制造的一个显著特征。重入现象的存在使得工件在加工过程中的不同阶段可能重复访问同一个设备（组），同时也使得每个设备（组）需加工的工序集合和工件数量均大大增加。

重入特性给 DBR 理论的直接应用带来困难，有必要结合多重入制造过程的特点研究 DBR 方法的改进措施。

(1) DBR 理论应用于多重入复杂制造的难点分析

将 DBR 方法直接用于重入特征明显的复杂半导体生产环境中，面临着以下几方面挑战：①瓶颈识别困难。系统构成单元——加工区可以由一台设备或一组设备构成，其加工方式也有单个加工、批量加工和多批加工多种可能，导致瓶颈识别较为困难。②以瓶颈节奏调节非瓶颈节奏的机制难以运用。多重入制造环境中存在多次重入现象，瓶颈缓冲区的工件可能来自多个上游设备，不仅难以预测瓶颈缓冲区的未来到达工件，也很难通过设置时间缓冲来避免瓶颈饥饿，重入流的存在使得通过控制投料和瓶颈设备上的加工节奏来调节非瓶颈设备的机制变得难以运用。

(2) 关于瓶颈的基本概念

在瓶颈识别的研究中有以下问题需要考虑。

① 瓶颈的计算

用以计算瓶颈的指标有多种，可以通过分析等待加工的队列、取队列长度最大或等待时间最长的加工设备（组），这种计算方法简单但不适用于队列空间受限的制造系统；也可以通过测量加工设备（组）的利用率，取利用率最高的加工设备（组），这种方法受稳态系统的局限，不适用于确定瞬时制造瓶颈；还可以通过计算加工设备（组）的累积负荷或相对负荷，取负荷水平高的加工设备（组）。

② 瓶颈的选择

无论用哪种瓶颈计算方法，理论上系统中的每个加工设备都能得到一个计算值，经排序后是取单瓶颈还是多瓶颈？如果取多瓶颈又取多少个？这就是瓶颈选择的问题。

③ 瓶颈的漂移

由于瓶颈设备的确定是根据瓶颈计算值排序后选择的结果，随着生产推进过程中各种不确定事件（如设备停机、急件加工任务等）的发生，可能会造成加工设备的计算值及计算值排序的变化，从而造成瓶颈设备的确定随时间而发生改变的现象，这种现象就是实际生产中所谓的瓶颈漂移。

基于以上讨论，这里首先给出几个概念解释。

① 瓶颈设备：制造系统中加工负荷最大的加工设备。可以有两种计算方式。
累积负荷最大：

$$\max D_m = \max\left\{\sum_{n=1}^{N}\omega_{nm}Q_n\right\}, m=1,2,\cdots,M; n=1,2,\cdots,N \quad (5-1)$$

相对负荷最大：

$$\max b_m = \max\left\{\frac{D_m}{C_m}\right\} = \max\left\{\frac{1}{C_m}\sum_{n=1}^{N}\omega_{nm}Q_n\right\} \quad (5-2)$$

式中，D_m 为计划期内资源 m 的累积负荷；ω_{nm} 为产品 n 关于资源 m 的消耗系数（即生产单位产品 n 对资源 m 的能力消耗）；Q_n 为产品 n 的需求数量；C_m 为计划期内资源 m 最大生产能力；b_m 为资源 m 的负荷率（相对负荷）；M 为生产系统中的资源总数；N 为产品种类。

② 瓶颈饥饿：瓶颈加工设备由于没有工件加工而发生停机的现象。

③ 缓冲区：存放加工设备等待加工工件的地方，这里假定缓冲区的容量为无限。

（3）分层瓶颈分析

多重入制造系统中存在着大量的并行设备和批加工设备，在计算瓶颈时，一方面必须以加工区为单位，对归属相同加工区的加工设备能力加以汇总，统一考虑；另一方面还需对批加工设备的加工时间进行可比换算，即用批加工设备的加工时间除以加工批量，得到设备的等价加工时间。根据以上分析，首先给出多重入制造系统的系统瓶颈的概念。

① 系统瓶颈

即多重入制造系统中累积负荷最大的加工设备。参考式（5-1），可得其计算公式为：

$$L_B = \max\{L_h\} = \max\left\{\sum_{i=1}^{x}q_i\sum_{j=1}^{y}\theta_{ijh}\times\left(\frac{t_{ijh}}{\mu_{ijh}}\right)\right\}, h=1,2,\cdots,H \quad (5-3)$$

式中，L_B 为瓶颈加工设备 B 的累积负荷；L_h 为加工设备 h 的累积负荷；x 为产品类型总数；q_i 为 i 类型产品的工件个数；y 为 i 类型产品的加工步数；θ_{ijh} 为设备相关系数，如果 i 类产品的第 j 步加工可以在加工设备 h 上进行则为 1，否则为 0；t_{ijh} 为 i 类产品第 j 步工序在加工设备 h 上进行加工所需要的加工时间；μ_{ijh} 为加工区内并行设备的批加工能力；H 为多重入生产系统中的加工设备总数。

重入现象的存在使得多重入生产系统的产品加工需要反复多次经过瓶颈资源，图 5-2 所示为将某产品 A 的加工流程展开后截取的部分片段[49]，图中的数字表示流程经过的加工设备编号。

```
…→8→13→14→18→23→15→⑯→23→18→22→1→1→13→14→23
→15→⑯→24→23→22→17→1→2→8→9→21→22→1→4→22→22
→1→2→13→14→23→15→⑯→24→24→23→22→17→24→1→2→7
→1→3→22→2→15→23→22→22→22→17→13→14→18→23→15
→⑯→20→23→1→17→1→1→3→13→14→⑯
```

图 5-2 产品 A 的部分加工流程

如果根据式(5-3)计算得到的瓶颈加工设备编号为 16，图 5-3 说明了在产品 A 的加工过程中，至少有 5 个处于不同加工阶段的加工任务要争夺 16 号加工设备的使用。若把相邻两次瓶颈操作间的一系列操作看作一层（Layer），则整条生产流程就可被划分为一系列层次。对图 5-2 所示的流程片断就可以被划分为四个层次，如图 5-3 所示。

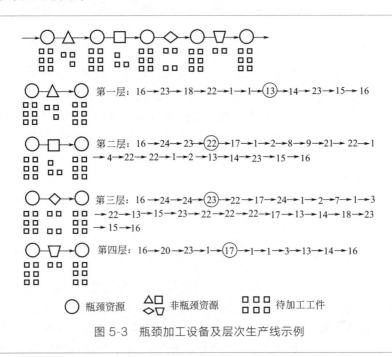

第一层：16→23→18→22→1→1→⑬→14→23→15→16

第二层：16→24→23→㉒→17→1→2→8→9→21→22→1
→4→22→22→1→2→13→14→23→15→16

第三层：16→24→24→㉓→22→17→24→1→2→7→1→3
→22→13→15→23→22→22→17→14→18→23
→15→16

第四层：16→20→23→1→⑰→1→1→3→13→14→16

○ 瓶颈资源　　△▽ 非瓶颈资源　　▦▦ 待加工工件

图 5-3　瓶颈加工设备及层次生产线示例

如果把相邻两次瓶颈加工之间的流程看作是一个层生产线，则这段子生产线也应具有自己的生产节奏，即存在自己的瓶颈，据此引入一个新的层瓶颈概念。

② 层瓶颈

即相邻两次系统瓶颈操作之间（或一段层生产线中）累积负荷最大的加工设备。参照式(5-3)给出层瓶颈的计算公式为：

$$L_k^l = \max\{L_r\} = \max\left\{\sum_{i=1}^{x} q_i \sum_{j=\mathrm{SB}_l+1}^{\mathrm{SB}_{l+1}-1} \theta_{ijr} \times \frac{t_{ijr}}{\mu_{ijr}}\right\} \quad (5\text{-}4)$$

$$r = \mathrm{SB}_l + 1, \cdots, \mathrm{SB}_{l+1} - 1$$

式中，L_k^l 为第 l 层瓶颈加工设备 k 的累积负荷，$l=0,1,2,\cdots,L_r$ 为加工设备 r 的累积负荷；x 为产品类型总数；q_i 为 i 类型产品的工件个数；SB_l 为 i 类产品的流程中第 l 个出现的系统瓶颈的工序序号；θ_{ijr} 为设备相关系数，如果 i 类产品的第 j 步加工可以在加工设备 r 上进行则为 1，否则为 0；t_{ijr} 为 i 类产品的第 j 步工序在加工设备 r 上进行加工所需要的加工时间；μ_{ijr} 为加工设备，可分配给 i 类产品第 j 步工序的批加工能力。

根据式(5-4)，可以找出以系统瓶颈操作为分界点的各层层瓶颈。对图 5-3 所示的 4 个层生产线进行分析，可以找到各层的层瓶颈分别为第 13、22、23、17 号加工设备。至此，针对多重入制造系统的流程特点，提出了两种瓶颈概念：基于全局负荷计算的系统瓶颈 B、基于相邻系统瓶颈间的层生产线负荷计算的层瓶颈 k。这就是面向多重入制造系统特点的分层瓶颈构成。无论是 B 还是 k，既然是瓶颈也就是说资源竞争的强度要比其他加工设备高，下面需要解决资源分派的优化问题。

5.2.2 基于 DBR 的分层调度算法

在多重入制造系统分层瓶颈分析和定义的基础上，借鉴 DBR 理论，即在辨识系统约束的基础上，重点管理和消除系统约束，并调动其他相关因素予以支持，据此设计了基于 DBR 的分层调度 (Different Layers Scheduling, DLS) 算法。

DLS 算法的基本思想是，以加工设备为单元，优先解决制造系统中紧迫度较高的瓶颈加工设备的调度问题，并以此为先导带动其他加工设备的生产调度决策。在解决瓶颈加工设备的调度问题时，首先基于系统瓶颈的识别，把整个生产线划分成若干条层生产线。由于层生产线上的重入特征不明显，若把各层起始处的系统瓶颈看成是其投料点，则在层生产线上就满足了 DBR 方法运用的条件。接着，借鉴 DBR 调度思想，需要计算出层瓶颈的加工节奏，再按照层瓶颈的节奏选择瓶颈缓冲区中的工件进行加工，以减少同层工件在生产线上的堆积，达到平衡生产线的目的。

根据 DLS 思想，首先根据产品的加工工序以系统瓶颈设备为节点将整个加工流程分成若干层；然后计算出每层的层瓶颈及层瓶颈负荷；接着设置一个变量记录每层的最近一次的投料时间。执行调度的过程是，当某一工件进入瓶颈缓冲区时，先判断属于哪一层，再将该工件的投料时间（即进入该瓶颈区的时间）和与它同层的工件的最近投料时间之差作为瓶颈资源选择工件的标准，时间差值越小的优先级越高,表示越能减少同层工件在非瓶颈设备上的堆积。DLS算法流程如图5-4所示。

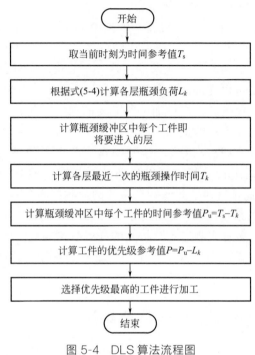

图5-4 DLS算法流程图

图5-4中每个工件的时间参考值P_u是指当前调度时刻与最近一次往该层投料时间的差值,换算成统一时间单位后,与该层层瓶颈负荷再次求差,其值为正则说明该层饥饿,为负则说明该层阻塞。对所有的层进行计算后,差值最大的优先加工。

DLS算法在综合考虑瓶颈设备和非瓶颈设备的基础上,根据非瓶颈设备的阻塞饥饿情况决策瓶颈设备的工件调度。该方法能够平衡整个生产线,减少工件在非瓶颈设备处的拥堵,缩短平均加工周期是一种比较有效的瓶颈调度算法。

5.3 基于SBO的多目标调度优化方法

复杂制造系统是在不确定环境下的大规模复杂生产过程,很难用一般的数学规划或智能优化方法来求解。从20世纪90年代开始,随着各种商业化的仿真软件的发展,仿真与优化技术的发展,基于仿真的优化(Simulation Based Optimization，SBO）方法也在几代研究人员不懈努力之下得到了很大的发展，不仅已经在一些工程领域成功应用，而且也可以借用来对复杂制造系统的调度优化问题进行近似求解。

以优化目标的个数分类，可以将优化问题分为单目标优化和多目标优化。由于实际制造系统的复杂性，单目标优化难以充分满足其优化要求。解决多目标优化的一种思路是将多个目标通过处理转化为单个目标，用单目标优化算法求解，常用的转化方法有加权求和、等式约束、最大最小等。这类方法的主要特点是求解效率高，但在将多目标转化为单目标时一般会设置权重，而这其中受决策者主观性影响明显，而且往往依赖于问题的复杂性和所决断问题的领域知识。

基于仿真的优化方法有利于消除人为主观性的影响，而且其基于仿真的特点一次能平衡多个目标值。下面，我们面向复杂制造系统调度，提出一种基于SBO 的多目标优化方法。

5.3.1 面向复杂制造调度的 SBO 方法设计

基于仿真的优化是一种交叉综合了计算机技术、软件开发技术、系统仿真技术、优化算法等多个学科的研究方法。基于仿真的优化方法的基本原理是用仿真系统来模拟实际系统，用仿真的结果去评价实际系统，再用上层的优化模块对其进行优化，仿真得到的响应值反馈到优化算法中，作为优化算法确定新一轮搜索方向的依据，并将搜索结果重新输入仿真模型中直到循环结束[50]。

基于 SBO 的复杂制造调度优化框架主要包括两部分：仿真建模层及优化控制层（图 5-5）。仿真建模层包含建模数据模块和离散事件建模/仿真模块。建模数据模块的主要内容是将企业级数据库通过抽取转化后形成本地数据，为仿真建模提供相应的建模数据；而离散事件建模模块的主要内容是基于不同的仿真软件，采用离散事件建模方法对实际制造生产线进行仿真建模。

优化控制层主要包括性能指标选取模块、优化模块和统计模块。性能指标选取模块是通过一系列的性能指标数据分析，确立多目标优化的目标集；优化模块主要是优化算法设计，并通过其与仿真建模层的结合实现基于仿真的优化；统计模块用于统计仿真得到的各种性能指标值和对应的调度方案。

（1）仿真建模层

有效的建模工具和建模方法是实现基于 SBO 的调度优化的关键，鉴于离散事件仿真模型侧重于对系统逻辑关系进行描述，主要通过模拟实际生产环境进行建模，我们给出如图 5-6 所示的离散事件仿真模型的建立流程，并选取离散事件触发机制作为仿真运行驱动。

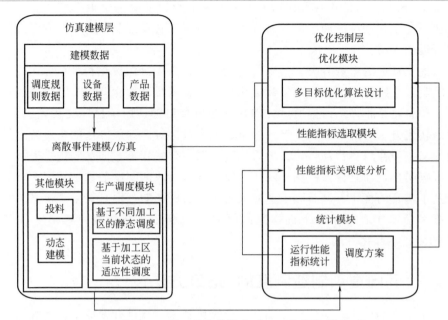

图 5-5 基于仿真的优化（SBO）框架图

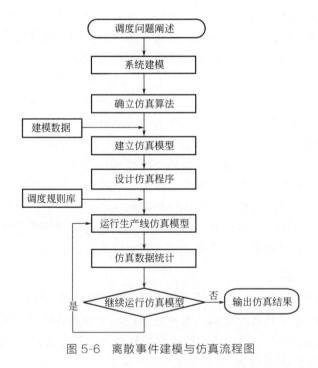

图 5-6 离散事件建模与仿真流程图

首先基于制造系统中的静态和动态数据进行生产线建模。其中，静态数据包括工艺流程信息、加工设备信息、产品信息、客户优先级信息、工件调度规则信息等，数据量大且较为稳定，因此不需要每次仿真前都重复进行数据处理，只要在更新时才重新加载，例如引进新的工艺或者设备。动态数据是在生产调度过程中实时变化的数据信息，如在制品信息、设备维护信息、设备状态信息以及其他一些需要实时更新的数据，实时仿真要求动态数据都是实时抽取的，以保证仿真结果的精确性，使调度结果符合实际生产情况。

在调度优化的执行过程中，所建立起来的仿真模型不断被运行，并产生相应的仿真数据，以提供决策依据之用。每一次仿真都是在当前实时状态条件下，通过运用不同的调度算法得到不同的运行结果，并加以比较分析，以决定仿真优化的走向，同时记录和输出仿真结果。

（2）优化控制层

对于多目标优化问题的求解，通过简单加权将多目标转化成单目标的做法具有很大的局限性。通常，如果将多个优化目标不分主次地同时考虑，则目标之间往往存在互相制约，很难使得所有子目标同时达到最优值。较好的做法是协调各个子目标形成可能最优解的集合，集合中的各个元素称为Pareto最优解或非劣最优解。如果对所有目标而言，解S1的目标值均优于解S2，则称S1支配S2，而同时，若S1的解没有被其他任何解所支配，则S1称为非支配解。Pareto最优解集合就是由非支配解构成的解集，在Pareto最优解中无优劣之分，最终用户可以根据自己的偏好选择最合适的解。这种通过寻找一系列Pareto非支配解集求解多目标优化问题的方法，虽然没有主观性的干扰，但优化目标数不能过多，一般不宜超过5个。

本节介绍的基于SBO的调度方法就是采用这样的思路，其优化控制层的框架如图5-7所示，由优化目标选取和优化算法寻优两个部分构成。首先，利用灰色关联度法对多个调度优化目标（表现为生产相关的各项性能指标）进行关联度分析，从中选出关联度较小的性能指标构成优化目标集。然后，再采用基于进化算法的多目标优化，以仿真建模层建立的模型作为仿真运算的支持工具，实现基于SBO的复杂制造生产调度的优化求解。两个部分的具体方法设计将在后续两小节中详细阐述。

其中，基于SBO的优化实现主要体现在仿真模型与优化算法的交互上。即将生产线的仿真模型的输出作为之后优化算法的评价和判定输入，如此循环直到满足终止条件，最终输出优化结果。

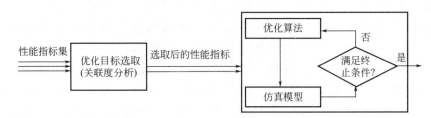

图 5-7　SBO 方法的优化控制层框图

5.3.2　基于灰色关联度分析的优化目标选取

本节针对基于 SBO 的多目标优化方法的优化目标选取的问题，通过基于性能指标的关联度分析，排除相关度高的目标，以达到缩减目标集合的同时又不会削减优化效果的目的。

本节的主要任务是在对各类性能指标作相关性分析的基础上，最终选出可以作为优化目标的性能指标集。灰色关联度分析法一般不需要典型的分布规律，对样本数量也没有过多的大小要求。这种方法主要是通过因素之间的相似或相异的程度来度量因素之间的关系，可以提炼影响系统的主要特征，其结果与定性分析的结果一致，具有广泛的实用性。

常用的关联度量化模型有：绝对关联度、邓氏关联度、斜率关联度、广义灰色关联度等。这里重点说明绝对关联度计算步骤如下。

步骤①：确定需要进行相关度分析的样本数列。

参考数列：
$$x_0 = \{x_0(k), k=1,2,\cdots,m\} \tag{5-5}$$

比较数列：
$$x_i = \{x_i(k), k=1,2,\cdots,m, i=1,2,\cdots,n\} \tag{5-6}$$

步骤②：均值化数据处理。

参考数列：
$$y_0 = \frac{x_0(k)}{\overline{x_0}}, k=1,2,\cdots,m \tag{5-7}$$

比较数列：
$$y_i = \frac{x_i(k)}{\overline{x_i}}, k=1,2,\cdots,m, i=1,2,\cdots,n \tag{5-8}$$

步骤③：求绝对关联度系数 ε_i。

$$\varepsilon_i(k) = \frac{1}{1+|\Delta_{y_0(k)} - \Delta_{y_i(k)}|} \tag{5-9}$$

其中 $\Delta_{y_0(k)} = y_0(k+1) - y_0(k)$，$\Delta_{y_i(k)} = y_i(k+1) - y_i(k)$，$k=1,2,\cdots,m-1$。

步骤④：求关联度 r_i。

$$r_i = \frac{1}{n} \sum_{k=1}^{m-1} \varepsilon_i(k) \tag{5-10}$$

如果计算得到的关联度 r_i 值越大,则说明样本之间的相关度越高。

将上述关联度计算方法运用到复杂制造系统的生产性能指标分析中,可以通过对多组仿真运行得到的性能指标样本数据的分析,获得各性能指标间的相关度大小。

考虑到性能指标又有短期与长期之分,因此可先将二类指标分别进行关联度分析,然后再将短期性能指标转换为长期性能指标进行分析。具体流程图如图 5-8 所示。

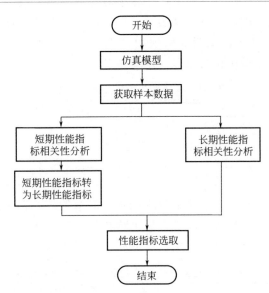

图 5-8　性能指标相关性分析流程图

例如,在不同的调度规则下,将获取到的 60 条样本做关联度分析,首先,对 4 个短期性能指标(移动步数、平均等待队长、在制品数和设备利用率)的绝对关联度值进行计算分析,分别以某个指标(如移动步数)作为参考数列,其他指标作为比较数列,运用式(5-7)~式(5-10)计算绝对关联度值,得到表 5-2(对应第一行)所列计算结果,依此类推。从表中可见,移动步数与设备利用率的关联度较大,平均等待队长与在制品数关联度也较大,均大于 85%。因此,在进行优化时,移动步数与设备利用率可以相互取代,只考虑其中之一,同理,平均等待队长和在制品数也可以相互取代。

表 5-2　短期性能指标关联度计算结果表　　　　　　　　　　单位:%

项目	移动步数	平均等待队长	在制品数	设备利用率
移动步数	100	62.94	65.87	96.29
平均等待队长	62.94	100	85.74	62.68

续表

项目	移动步数	平均等待队长	在制品数	设备利用率
在制品数	65.87	85.74	100	66.02
设备利用率	96.29	63.68	66.02	100

再分析 4 个长期性能指标（生产率、交货率、平均加工周期和平均加工周期的方差）的相关度，分别以某个指标（如生产率）作为参考数列，其他指标作为比较数列，运用式(5-7)~式(5-10)计算绝对关联度值，得到表 5-3（对应第一行）所列计算结果，依此类推。从表中可见，在长期性能指标中，生产率与交货率的关联度达 95% 以上，说明这两项的性能指标有同时增大或者减小的趋势，因此这两项性能指标在优化时也可以两者选其一。

表 5-3 长期性能指标关联度结果表　　　　　　　　　　　单位:%

项目	生产率	交货率	平均加工周期	平均加工周期的方差
生产率	100	96.98	73.17	67.94
交货率	96.98	100	73.82	69.08
平均加工周期	73.17	73.82	100	76.10
平均加工周期的方差	67.94	69.08	76.10	100

最后，还需要将以上分别选取的性能指标汇总整合。先将精简后的短期性能指标（设备利用率和平均等待队长）做平均化处理后，转化为长期性能指标；再按照长期性能指标的分析方法做关联度分析，得到的结果如表 5-4 所示。

表 5-4 短期和长期性能指标关联度结果表　　　　　　　　单位:%

项目	生产率	平均加工周期	平均加工周期的方差	设备利用率	平均等待队长
生产率	100	73.17	67.94	89.33	79.18
平均加工周期	73.17	100	76.10	77	76.87
平均加工周期的方差	67.94	76.10	100	71.92	75
设备利用率	89.33	76.79	71.92	100	79.46
平均等待队长	79.18	76.87	75.00	79.46	100.00

从表 5-4 中可见，生产率与转为长期性能指标的设备利用率关联度也很大，大于 85%，说明这两项的性能指标可以择其一。此例中，最终确立的多目标优化集合由 4 种性能指标构成：生产率、平均加工周期、平均加工周期的方差、平均等待队长。

5.3.3　基于 NSGA-Ⅱ 算法的 SBO 多目标调度优化方法

(1) 改进的非支配排序遗传算法（NSGA-Ⅱ）

改进的非支配排序遗传算法（NSGA-Ⅱ）因为具有出色的寻优能力而被广

泛认可和应用。本节首先介绍 NSGA-Ⅱ的通用设计，继而再讨论该方法运用于 SBO 的详细设计方案。

由 Srinivas 和 Deb 于 1993 年提出的非支配排序遗传算法（NSGA）的基本思路是，对所有个体按照不同的层次进行分级排序。由于 NSGA 的分级排序计算复杂性较高，且共享小生境中需要决策者制定特殊的共享参数，主观性较大。因此，Deb 在 2002 年又对 NSGA 算法加以改进，提出了 NSGA-Ⅱ算法，该算法通过快速非支配排序的方式来实现多目标优化，增加了精英保留策略和使用计算出来的拥挤距离值作为密度估计的值，从而克服了 NSGA 算法中的小生境的参数选取困难等缺点。

一般 NSGA-Ⅱ算法的运行流程如图 5-9 所示。

作为目前最流行的多目标进化算法之一，NSGA-Ⅱ算法具有三个重要特点。

① 提出了快速非支配排序算法

快速非支配排序的含义是，对于一个规模为 N 的种群 P 进行分层排序。对于种群中的每个个体 i，如果种群中被其支配解的数量为 n_i，而被 i 所支配的个体的子集为 S_i，则将 P 按照如下要求分为若干个子集 Z_i。对于所有 $n_i=0$ 的个体，将其保存在当前集合 Z_l 中，然后遍历 Z_l 中的每个个体所支配的个体集合 S_i，执行 $n_i=n_i-1$，一旦 n_i 为 0，则将 i 保存在集合 H 中，一直重复执行上述操作，直到种群分层。

② 拥挤度和拥挤度比较算子

拥挤度计算：拥挤度的引进是为了保持个体的多样性，防止个体在局部堆积。拥挤度的计算使得算法可自动调整小生境，得到均匀分布的解集。拥挤度的计算公式如下。

$$d_l = \sum_{i=1}^{N} \frac{f_i(x) - F}{f_i^{\max} - f_i^{\min}} \quad (5-11)$$

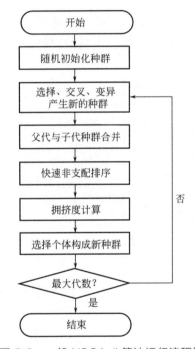

图 5-9　一般 NSGA-Ⅱ算法运行流程图

式中，d_l 为每个解的虚拟拥挤度；$f_i(x)$ 为第 i 个目标的目标值；F 为第 i 个目标的平均值；$f_i^{\max}$ 和 $f_i^{\min}$ 分别为第 i 个目标的最大和最小目标值。

拥挤度比较算子：拥挤度比较算子是指经过快速非支配排序和拥挤度计算之后，每个种群中的个体 i 都会有非支配排序决定的非支配序 i_{rank} 和拥挤度 i_d 这两个属性。而拥挤度比较算子即为：个体 i 与另一个个体 j 进行比较，只要下面任意一个条件成立,则个体 i 获胜。

a. 个体 i 处于更高的非支配层级,即 $i_{rank} < j_{rank}$。

b. 当个体 i 和个体 j 处于相同的层级时,个体 i 有更大的拥挤距离,即 $i_{rank} = j_{rank}$ 且 $i_d > j_d$。

以上第一个条件是为了确保被选中的个体属于较为优秀的非劣等级。第二个条件是为了可以根据它们的拥挤距离选择出在同一等级下而不分胜负的两个个体中位于较不拥挤的一个,胜出的个体进入下一个操作。

③ 引进精英策略

在传统的进化算法中,当父代通过选择交叉变异而产生新的子代时,有可能会丢失父代的优秀个体,而 NSGA-Ⅱ 采用了精英策略来保留父代的优秀个体,具体执行过程为:将父代 P 中的种群和子代 Q 中的种群全部个体合成为一个统一的 $2N$ 种群,然后对统一的种群进行非支配排序,根据分层结果选取前 N 个个体,如果某一层的个体数大于剩余空间,则将拥挤度较大的个体选取出来,选出的优秀个体形成新的父代种群,具体过程如图 5-10 所示。

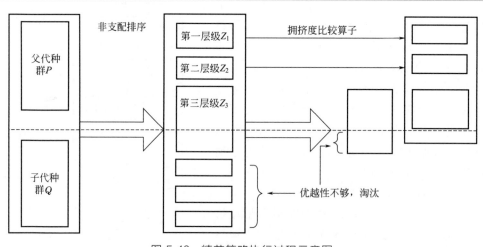

图 5-10 精英策略执行过程示意图

(2) 基于 NSGA-Ⅱ 和 SBO 的多目标寻优方法

基于 NSGA-Ⅱ 算法的基本思想,进一步与 SBO 方法相结合,就形成了基于 NSGA-Ⅱ 算法并结合 SBO 方法的多目标寻优方法,算法流程如图 5-11 所示。主要是在 NSGA-Ⅱ 算法框架下增加了两方面改进。

一方面,在初始种群的生成方面不是采用普通的随机初始化种群,而是分别对每一个目标函数用遗传算法求解,然后由每一个目标函数的最优解和随机解组成的种群作为初始化种群,理论上来说,每一个目标函数的最优解必然为多目标函数的非支配集,因此这一种方法可以加快算法的收敛速度。

另一方面,在当前种群的目标值计算时,将基于仿真的优化思想方法引入,通过运行 SBO 仿真模型完成 NSGA-Ⅱ算法每一次迭代中的目标函数值的计算,然后再根据这些目标函数值作为快速非支配排序的依据。

在图 5-11 所示的流程图中,由于将 SBO 优化方法的引入,使得算法性能得以提高。在种群规模 sizepop、交叉概率 P_c、变异概率 P_m 和最大进化代数 Max-Gen 等算法参数明确后,则可以对输入的调度策略集进行多目标优化,并输出优化后的调度序列,即一组在多目标集下的 Pareto 非劣最优解。

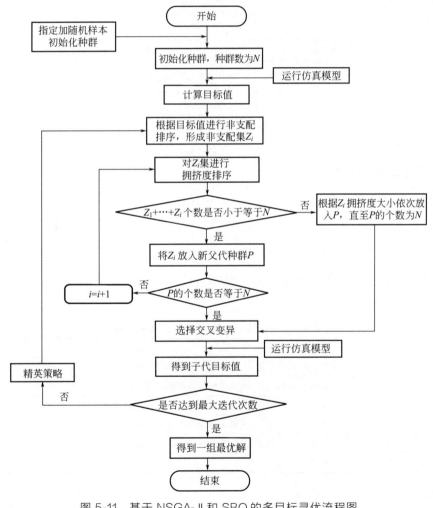

图 5-11 基于 NSGA-Ⅱ和 SBO 的多目标寻优流程图

5.3.4 基于层次分析法的最优解选取

NSGA-Ⅱ算法虽然得到了一系列最优解，但还需要从中选择一个作为最终的决策结果。这里采用层次分析法来帮助决策者选择最符合自己偏好的最优解。仍以某半导体制造调度的多目标优化为例说明这一过程。

① 构建层次结构模型

层次结构模型如图 5-12 所示。

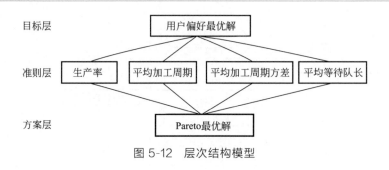

图 5-12 层次结构模型

② 设立偏好矩阵

用户偏好矩阵为：

$$A = \begin{bmatrix} a_{11} & \cdots & a_{1n} \\ \vdots & \vdots & \vdots \\ a_{n1} & \cdots & a_{nn} \end{bmatrix} \quad (5-12)$$

式中，a_{ij} 为第 i 个和第 j 个目标之间的偏好信息，标度值及含义如表 5-5 所示，其中 $a_{ij}=1/a_{ji}$。

表 5-5 偏好矩阵元素的标度值及含义表

标度	含义
1	表示两个目标相比，决策者认为两者同等重要
3	表示两个目标相比，决策者认为前者比后者稍微重要
5	表示两个目标相比，决策者认为前者比后者较强重要
7	表示两个目标相比，决策者认为前者比后者强烈重要
9	表示两个目标相比，决策者认为前者比后者极端重要
2,4,6,8	两相邻判断的中间值

③ 一致性检验

对于每一个成对比较阵，计算最大特征根及对应特征向量，利用一致性指标、随机一致性指标和一致性比率做一致性检验。若检验通过，特征向量（归一化后）即为权向量。若不通过，需重新构造成对比较阵。然后再基于偏好矩阵评估最优解。

④ 最优解选取

这里假设决策者的偏好矩阵为：

$$A = \begin{bmatrix} 1 & 1 & 4 & 2 \\ 1 & 1 & 4 & 2 \\ \frac{1}{4} & \frac{1}{4} & 1 & \frac{1}{2} \\ \frac{1}{2} & \frac{1}{2} & 2 & 1 \end{bmatrix} \quad (5\text{-}13)$$

同时对 Pareto 最优解也有一个默认的偏好矩阵，即根据每个目标值大小排列，依次偏好加 1，则最终得到的评估如表 5-6 所示。

表 5-6　最优解评估表

项目	B1(生产率)	B2(平均加工周期)	B3(平均加工周期方差)	B4(平均等待队长)	综合值
	0.3636	0.3636	0.0909	0.1818	
A1	0.0903	0.2914	0.2395	0.2495	0.205916
A2	0.0788	0.2804	0.0817	0.2300	0.179846
A3	0.1196	0.2583	0.0579	0.3550	0.207207
A4	0.3441	0.1126	0.3026	0.1204	0.215451
A5	0.3672	0.0574	0.3182	0.0450	0.19149

其中 B1～B4 分别代表生产率、平均加工周期、平均加工周期方差、平均等待队长四项性能指标，A1～A5 代表得到的 Pareto 最优解。由表 5-6 中的综合值可知，最符合此决策者偏好的解是 A4，在本例中，A4 对应的是一种组合规则的调度方案，具体为：加工区 1 采用 Random，加工区 2 采用 Slack，加工区 3 采用 CR。

为验证寻优得到的最优调度方案的效果，分别将运用该最优组合调度方案的仿真结果与分别运用 FIFO、CR、EDD 这些单一调度规则的仿真结果相比较，得到的性能指标汇总在表 5-7 中，可以看出，决策者选取出的调度方案在各个性能指标上面都有较大改善，优化效果明显。

表 5-7　性能指标对比表

项目	生产率	平均加工周期	平均加工周期方差	平均等待队长
SBO 最优调度方案	16.23429	54.2	18.8	5.196
FIFO	13.8	142.3	65.2	15.768
CR	15.42857	103.6	44.7	11.124
EDD	15.39429	108.7	97.7	5.94

5.4 瓶颈区并行设备调度方法

5.4.1 瓶颈区调度优化方法简介

复杂制造系统的生产过程是一个动态过程，加工的同时，各种工件不断进入系统，完成加工的工件也不断离开，部分即将到达的工件信息如果被合理地掌握，也就有着更大的调度自由度。通常，生产线上交货期紧迫的加工任务为拖期来源，同时生产线上也存在一些交货期不紧迫的加工任务，可以在满足生产约束条件下，将交货期紧迫工件的工序合理提前。

以此为原理，本节提出一种瓶颈区调度优化方法，旨在降低生产线总体拖期水平。该方法与 EDD（Earliest Due Date）启发式规则的不同之处在于，EDD 规则仅仅从已经到达的工件中依据交货期进行选择，是一个局部选择方法，而瓶颈区调度优化方法是未来一段时间的全局统筹安排方法，以工件的平均拖期为优化目标，兼顾等待时长、设备负载等多种因素。

5.4.2 瓶颈区调度优化方法设计

（1）设计思路

首先，建立调度期内的加工任务数的上限。在实际生产中，瓶颈区平均每天每片晶圆的光刻次数（Daymask）是一个常用性能指标，Daymask 为在制品数与光刻区的日移动步数之比。以此为依据，通过生产线历史数据的统计，可以得到未来一段时间内光刻任务数的上限。

其次，根据 Daymask 松弛交货期宽裕的工件在未来一段时间的光刻步数，在满足工艺约束、时间约束的前提下加快交货期紧迫的工件的光刻工序步骤（简称紧急步数）。

最后，对瓶颈区存在多台并行设备的情况，未来每步光刻可以安排在任一台设备上，但每种安排都会对后面的排序产生完全不同的影响。因此，采用析取图描述所有可能，通过优化算法进行选择，每选择一个节点根据约束条件缩减搜索空间，从而大幅减轻计算负荷，最终得到优化的瓶颈区调度方案。

（2）瓶颈区调度的基础信息

本节讨论的瓶颈区设备调度方法利用三部分信息产生短期生产计划调度优化方案。

① 生产线先验信息 包括投料计划、工件投料时间、工件权重、工件交货期、每个在制品在生产线上的当前位置、工序信息、缓冲区工件的已等待时间、正在加工工件的开始加工时间等，还包括与设备相关的信息，如设备维护计划、顺序相关的整定时间、设备载荷信息、设备利用率、故障率等历史统计数据等，以及生产线相关信息，如在制品水平、平均加工周期、准时交货率、投料计划等。

② 可预知信息 如根据投料计划可以得到的未来投料工件信息。再如根据当前生产线上工件分布、工艺流程信息及相关历史数据，可以对一段时间内工件的工序、生产线节奏做出合理的预测。

③ 实时信息 指生产系统中动态变化的信息，如设备的负载信息、工件某一工序在某台设备上的最早开始时间随该设备所选上一工件的完工时间不同而不同等。

(3) 问题描述及符号约定

调度的对象为瓶颈突出的生产线。调度的任务是，确定调度期内，每天每台瓶颈设备上工件的加工顺序及开工时间。调度的目标是使调度期内瓶颈加工区工件的平均拖期值较小。为便于方法介绍，先做如下约定。

① 不同工件的工序之间没有顺序约束，某一工序一旦开始加工不可以中断。

② 每台设备在同一时刻只能加工一道工序。每道工序所需时间已知，若该工序可由互替设备加工，则取平均值。

③ 生产线动态变化，在加工工件的同时，不断有完工的工件以及新投料的工件。

④ 非瓶颈设备的加工能力大于瓶颈设备的加工能力。基于此，松弛非瓶颈设备的能力约束，即工序在非瓶颈设备上的等待时间为 0，非瓶颈设备采用 FIFO 规则调度工件。

⑤ 瓶颈加工区的多台并行互替设备共用一个缓冲区。

⑥ "光刻层"的描述性定义：假设某一产品，根据工艺流程完成生产需要 N 次光刻，从投料至第一次光刻开始前，编为第 0 层光刻；将每次光刻工序开始至下一次光刻工序开始之间的工序视为一光刻层，依序编号；最后一次光刻至最后一道工序完成，编为第 N 层光刻（图 5-13）。

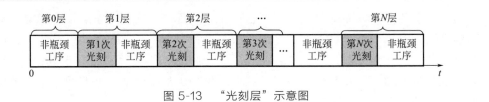

图 5-13 "光刻层"示意图

涉及的符号及含义如下。

t：决策时刻，处于生产系统运转中的某一时刻，非零初始状态。

T_s：设定的预测调度期，单位为天。

NewR：根据投料计划，调度期 T_s 还将投入的新工件数。

WIP：生产线上在制品数。

n：T_s 天内经过瓶颈加工区的工件数目。存在关系 $n \leqslant$ NewR $+$ WIP。

N_i：工件 i 的工艺流程所包含的光刻工序数。调度期内，工件 i 第 j 次光刻工序表示为 h_{ij}，$i=1,2,\cdots,n$，$j=0,1,2,\cdots,H_i$，$0 \leqslant H_i \leqslant N_i$，$H_i$ 为 T_s 天内将要进行的光刻次数。

Task$_{T_s}$：在调度期 T_s 天，需要光刻加工区完成的加工任务集。包含两类任务：新投料工件在 T_s 天内光刻任务，以及线上所有在制品工件在 T_s 天内的光刻任务。Task$_{T_s} = \{h_{11}, h_{12}, \cdots, h_{1H_1}, h_{21}, h_{22}, \cdots, h_{2H_2}, h_{i1}, h_{i2}, \cdots, h_{iH_i}, h_{n1}, h_{n2}, \cdots, h_{nH_n}\}$。

$A_{h_{ij}}, w_{h_{ij}}, D_{h_{ij}}, C_{h_{ij}}$：集合 Task$_{T_s}$ 中的每个任务到达光刻区的时间记为 $A_{h_{ij}}$，权重记为 $w_{h_{ij}}$，光刻工序交货期记为 $D_{h_{ij}}$，光刻工序完成时间记为 $C_{h_{ij}}$。

$A_{h_{i1}}, w_{h_i}, D_{h_i}, C_{h_i}$：工件 i 在预测调度期 T_s 内首次光刻开始的时间记为 $A_{h_{i1}}$；工件 i 的权重记为 w_{h_j}：$w_{h_j} = w_{h_{ij}}$；工件 i 在调度期内末次光刻的工序交货期记为 D_{h_j}：$D_{h_j} = \max(D_{h_{ij}})$，末次光刻完成时间分记为 C_{h_j}：$C_{h_j} = \max(C_{h_{ij}})$。

PT_i, pt_{ij}：工件 i 完成加工共需要经过 P 道工序，总的净加工时间为 PT_i，从第 1 步到 h_{ij} 光刻的净加工时间为 pt_{ij}。工件 i 的交货期为 D_i，h_{ij} 的工序交货期计算如下：$D_{h_{ij}} = D_i \times (pt_{ij}/PT_i)$。

Td_{h_i}：工件 i 在调度期 T_s 内的拖期时间，用末次光刻工序交货期拖期时间表示，记为：$Td_{h_i} = \max\{(C_{h_i} - D_{h_i}), 0\}$。

故瓶颈区调度问题可以表达为：$m \mid A_{h_{ij}} \mid \min\left[\left(\sum_{i=1}^{n} w_{h_i} \times Td_{h_i}\right)/n\right]$。

5.4.3 调度期内瓶颈区工序集预测方法

调度算法着重关注的是 $t+T_s$ 窗口内生产线上所有工件的光刻任务在并行瓶颈设备上的安排，而不仅仅是瓶颈区的工件（图 5-14）。任务集合的来源有如下四个部分：每个新投料工件的光刻步数；决策时刻 t 在瓶颈缓冲区排队工件的光刻步及后续光刻步数；t 时刻在瓶颈设备上加工工件的后续光刻步数；t 时刻在其他设备上加工及在其他设备缓冲区中等候加工的工件的光刻步数。本小节给出各部分的预测计算方法。

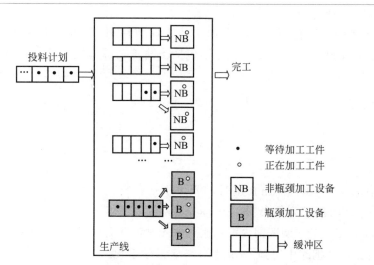

图 5-14 决策时刻 t 生产线工件分布

① 根据投料计划,在调度期 T_s 天新投料 NewR 个工件,工件 i 重入光刻设备次数 H_i 为:

$$H_i = \min\left\{\left[\frac{T_s}{(D_i-R_i)/N_i} \times co_{rh}\right], N_i\right\} \tag{5-14}$$

式中,R_i 为工件 i 的计划投料时间;co_{rh} 为任务集调整系数,则光刻任务集为 $Task_{T_s\_NewR} = \{h_{ij} \mid i = lotID, j = 1, 2, \cdots, H_i\}$,工件 i 第一次到达光刻设备的时间为:$A_{h_{i1}} = R_i + pt_{i0} \times co_{rt}$,式中,$R_i$ 为该工件投料时刻,pt_{i0} 为第 0 层光刻的净加工时长,均可从数据库中得到,co_{rt} 为微调系数,依生产线载荷而定。

② 决策时刻在瓶颈缓冲区的工件数目为 WIP_{bb},工件 i 在调度期 T_s 天重入光刻设备次数 H_i 为:

$$H_i = \begin{cases} \min\left\{\left[\frac{T_s}{(D_i-A_{h_i}) \times co_{bb}/(N_i-N_{ti}+1)}\right], N_i-N_{ti}+1\right\}, & \text{如果}(D_i-A_{hi})>0 \\ N_i-N_{ti}+1, & \text{如果}(D_i-A_{hi})\leq 0 \end{cases}$$

(5-15)

式中,N_{ti} 为工件 i 所等待加工的光刻步,即将要进入第 N_{ti} 层光刻;co_{bb} 为任务集调整系数,则在 T_s 天内,光刻任务集为:$Task_{T_s\_WIP_{bb}} = \{h_{ij} \mid i = lotID, j = N_{ti}, N_{ti}+1, \cdots, N_i-N_{ti}+1\}$,工件 i 第一次到达光刻设备的时间为:$A_{h_{i1}} = t_{inbf} + wait_{inbf} \times co_{bbt}$,$t_{inbf}$ 为工件到达当前瓶颈缓冲区时刻,可以从数据库中得到,$wait_{inbf}$ 为预期等待平均时长,可根据历史统计数据得到,co_{bbt} 为微调

系数，依生产线载荷而定。

③ 决策时刻正在瓶颈设备上加工的工件数目为 WIP_b，工件 i 在调度期 T_s 天还将重入光刻设备次数 H_i 为（不包括当前正在进行的光刻工序）：

$$H_i = \begin{cases} \min\left\{\left[\dfrac{T_s}{(D_i - A_{h_i}) \times co_b / (N_i - N_{ti})}\right], N_i - N_{ti}\right\}, & \text{如果 } N_i = N_{ti} \\ & \text{如果 } (D_i - A_{h_i}) > 0 \\ N_i - N_{ti}, & \text{如果 } (D_i - A_{h_i}) \leq 0 \end{cases}$$

(5-16)

式中，N_{ti} 为工件 i 正在进行的光刻工序，将其作为该工件调度期第一次光刻，在 T_s 天内，光刻任务集为 $\text{Task}_{T_s\_WIP_b} = \{h_{ij} | i = \text{lotID}, j = N_{ti}, N_{ti}+1, \cdots, N_{ti}+H_i\}$，工件 i 在调度期内第一次到达光刻设备时间 $A_{h_{i1}}$ 为当前光刻工序开始时间，可以从数据库中得到；co_b 为任务集调整系数。

④ 决策时刻正在非瓶颈设备或非瓶颈设备缓冲区的工件数目为 WIP_{nb}，工件 i 在调度期 T_s 天重入光刻设备次数 H_i 为：

$$H_i = \begin{cases} \left\{\left[\dfrac{T_s}{(D_i - A_{h_{i(j-1)}}) \times co_{nb} / (N_i - N_{ti}+2)}\right], N_i - N_{ti}+1\right\}, & \text{如果 } (D_i - A_{h_i}) > 0 \\ N_i - N_{ti}+1, & \text{如果 } (D_i - A_{h_i}) \leq 0 \end{cases}$$

(5-17)

式中，$A_{h_{i(j-1)}}$ 为上一次光刻开始时间；N_{ti} 为将要进入的光刻层；co_{nb} 为任务集调整系数，则在 T_s 天内，光刻任务集为：$\text{Task}_{T_s\_WIP_{nb}} = \{h_{ij} | i = \text{lotID}, j = N_{ti}, N_{ti}+1, \cdots, N_{ti}+H_i-1\}$，工件 i 在调度期内第一次到达光刻设备时间 $A_{h_{i1}} = t + \text{pt}(now, N_{ti}) \times co_t$，其中 $\text{pt}(now, N_{ti})$ 表示当前工序至第一次光刻工序之间的净加工时长，co_t 为微调系数。

至此，可以得到调度期 T_s 内经过光刻区的加工任务集 $\text{Task}_{T_s} = \text{Task}_{T_s\_NewR} \cup \text{Task}_{T_s\_WIP_{bb}} \cup \text{Task}_{T_s\_WIP_b} \cup \text{Task}_{T_s\_WIP_{nb}}$。

5.4.4 瓶颈区调度任务的优化

在对调度期内需要在瓶颈加工区中完成的工序任务集进行预测的基础上，我们利用析取图分析工序加工顺序及时间安排的各种可能性，并采用蚁群算法得到调度期 T_s 中各台瓶颈设备的优化调度方案，使得调度期内瓶颈加工区工件的平均拖期较小。

(1) 析取图定义及建立过程

析取图（Disjunctive Graph）模型是调度问题的一类常用描述形式，Balas

等人较早将其运用于 Job-shop 调度问题[51]。这里将结合多重入特点,将其用于瓶颈区并行机调度问题描述。

定义 析取图模型 $G=(Q,A,E)$,Q 为工序集 Task_{T_s} 与瓶颈设备集 M 的笛卡儿积,即 $Q=\text{Task}_{T_s}\times M\cup O\cup X$,$O$ 为每台设备虚设起始节点,$O=\{O_1,O_2,\cdots,O_m\}$,X 为虚设终止节点,$X=\{X_1,X_2,\cdots,X_m\}$。

① A 是有向连接弧集,连接同一工件的相邻光刻工序;从虚设起始节点 O 指向第一步可选工序;从可能的最后一步工序集指向终止节点 X。

② 弧 $(h_{ij_1},h_{ij_2})\in A$ 的长度等于工件 i 的 j_1 次光刻的加工时间与第 j_2 次光刻前的非瓶颈设备加工时间和(即工件 i 的第 j_1 层光刻时间)。

③ E 是双向析取弧集,连接光刻中心相邻两道不同工件的加工工序,弧 $(h_{i_1j_1},h_{i_2j_2})\in E,i_1\neq i_2$ 的长度为 $h_{i_1j_1}$ 的完工时间 $t_{h_{i_1j_1}}$ 与紧接其后加工任务 $h_{i_2j_2}$ 的最早到达时间 $A_{h_{i_2j_2}}$ 之差,即:

$$\text{Len}(h_{i_1j_1},h_{i_2j_2})=\begin{cases}0, & t_{h_{i_1j_1}}\geq A_{h_{i_2j_2}}\\ A_{h_{i_2j_2}}-t_{h_{i_1j_1}}, & t_{h_{i_1j_1}}<A_{h_{i_2j_2}}\end{cases} \quad (5-18)$$

图 5-15 用一个简单例子描述上述析取图建立过程。假设生产线上有工件 1 号和工件 2 号,按照 5.4.3 节计算方法,可得到在调度期 T_s 中,1 号工件将会进行 2 次光刻,2 号工件将会进行 3 次光刻,则任务集为 $\text{Task}_{T_s}=\{h_{11},h_{12},h_{21},h_{22},h_{23}\}$。瓶颈区有 3 台互替设备可用 $M=\{k_1,k_2,k_3\}$,则 $\text{Task}_{T_s}\times M$ 有元素 15 个:$\text{Task}_{T_s}\times M=\{(h_{11},k_1),(h_{11},k_2),(h_{11},k_3),(h_{12},k_1),(h_{12},k_2),(h_{12},k_3),(h_{21},k_1),(h_{21},k_2),(h_{21},k_3),(h_{22},k_1)\}$,笛卡儿积包含了光刻任务分配至并行设备的每一种可能。

按上述定义可得到 2 个工件、5 步光刻工序、3 台设备的调度问题的析取图表示(图 5-15)。

借助于调度问题的析取图描述,可以较为清晰地表达调度任务调整可能引发的结果及需要更新的相关动作。以图 5-15 为例,选择 (h_{11},k_2) 作为初始节点,也就意味着需要作如下删除和更新动作。

① 删除 h_{11} 在图中同一行的其他节点,表示已安排 h_{11} 在 k_2 上加工,同时删掉与之相连的双向弧。

② 将原先指向被删节点的有向连接弧重新指向到被删节点的后续节点;h_{11} 节点相连的双向析取弧方向确定为从自身出发,指向其他节点。

③ 更新节点的该次光刻工序的开始时间,并据此更新其后续光刻步最早到达时间。

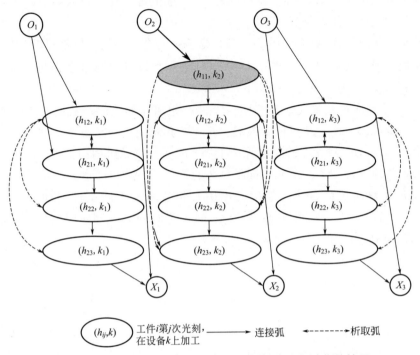

图 5-15 选择节点（h_{11}，k_2）后进行删除和更新动作的结果

a. 理想的最早到达时间为当前光刻工序开始时间与该光刻层净加工时间之和。

b. 最早到达时间作为后续蚁群搜索算法利用的启发信息之一。

c. 该时间直接受顺序影响，同时使得按照式(5-18)计算析取弧的长度不同，该长度也是蚁群搜索算法的启发信息之一。

选择节点(h_{11}，k_2)后进行删除和更新动作的结果如图 5-15 所示。

重复以上过程，直至所有工序均分配到设备上。所选择的析取弧集合为 S_E，有向弧集合为 S_A，则可以得到最终的有向图 $G_S = (Q, S_A \cup S_E)$，每台设备的有向子图为 $G_{S_k} = (Q_k, S_{A_k} \cup S_{E_k})$，其中 $Q_k \in Q$，$S_{A_k} \in S_A$，$S_{E_k} \in S_E$。

通过上述析取图建立过程，能够建立调度问题的模型，对其求解过程即是对每台设备的有向图 G_{S_k} 求使其关键路径的长度为最小值的解。

(2) 基于蚁群算法的优化实现

蚁群优化算法（ACO）的主要优点在于在解的构造过程中能方便地利用基于问题的启发式信息，因而在求解组合优化问题有突出的适用特征。具体求解本节析取图表述的关键路径问题时，需重点解决以下三个问题。

① 算法参数初始化、信息素初始化以及初始节点选择。

从虚设节点至其他节点的有向连接弧上的信息素初始值为：

$$\tau'_0 = \begin{cases} 10000, & h_{ij} \text{ 为正在瓶颈设备上加工} \\ 0, & h_{ij} \text{ 为非调度区间第一次光刻任务} \\ \dfrac{100(t-A_{ij})}{\max\limits_{i,j}(t-A_{ij})} + \dfrac{10(D_i-A_{ij})/(N_i-N_{ti}+1)}{\max\limits_{i,j}((D_i-A_{ij})/(N_i-N_{ti}+1))}, & h_{ij} \text{ 为调度区间第一次光刻任务} \end{cases} \quad (5\text{-}19)$$

其他双向析取弧上的信息素初始为一很小值：$\tau_0 = 1/K(1000 \times \text{TWT}_{\text{ER}})$，式中，$K$ 为蚂蚁数目；TWT_{ER} 为生产线总拖期的历史数据统计值。$l = \tau'_0 + \max(\text{rand}(0,1) \times \tau'_0)$，蚂蚁为 m 台设备分别选择 l 值最大的节点作为起始节点。

② 面临多条路径时的节点选择。

蚂蚁根据可选路径上的信息素浓度以及启发信息计算每一个可选路径的选择概率，计算如下：

$$l = \begin{cases} \mathop{\text{argmax}}\limits_{c \in L^k_{\text{Task}}} \left\{ \dfrac{\tau^\alpha_{c_0 c} \eta^\beta_{c_0 c}}{\sum_c \tau^\alpha_{c_0 c} \eta^\beta_{c_0 c}} \right\}, & \text{如果 } q \leqslant q_0 \\ \max\limits_c \left(\text{rand}(0,1) \times \dfrac{\tau^\alpha_{c_0 c} \eta^\beta_{c_0 c}}{\sum_c \tau^\alpha_{c_0 c} \eta^\beta_{c_0 c}} \right), & \text{其他} \end{cases} \quad (5\text{-}20)$$

式中，$\eta_{c_0 c}$ 为启发式信息，与下一节点的加工时间、最早到达时间、设备负载相关；c_0 为设备上正在加工工序；c 为所选择的下一道工序。

$$\eta_{c_0 c} = \left(1 - \dfrac{(P_c + \max((A_c - C_{c_0}), 0))}{(\max\limits_c(P_c) + \max((\max\limits_c(A_c) - C_{c_0}), 0))} \right) + \Delta W_c \quad (5\text{-}21)$$

$$\Delta W_c = \begin{cases} \dfrac{W_c}{\max\limits_m(W_m)}, & \text{如果 } W_c \leqslant \max\limits_m(W_m) \\ \dfrac{W_c}{\max\limits_m(W_m)} - 1, & \text{如果 } W_c > \max\limits_m(W_m) \end{cases} \quad (5\text{-}22)$$

式中，P_c 为下道工序的加工时长；ΔW_c 为选择该道工序设备增加的载荷；$\max\limits_m(W_m)$ 为当前设备最大载荷。

选择节点时，将各个节点的选择概率做累计概率统计，然后系统产生 0~1 范围内的随机数 q_0，该随机数若落在某个累计概率区间 $[q,1]$，该累计概率所对应的工序节点就作为下一个被选节点。这种方法不是只有概率最大的那个工序节点才有机会被选中，但选择概率值越大的工序节点被选中的概率也就越大。这样将确定性选择与随机性选择相结合，以减少算法陷入局部解的概率。

为提高算法寻找最优路径的概率，当一次迭代结束之后，对比当前迭代中各蚂蚁搜索到的目标值，对全局信息素进行一次更新。更新方式如下：$\tau_{xy}(t+1) = (1-\rho)\tau_{xy}(t) + \rho\Delta\tau_{xy}^{bs}$，$\forall(x,y) \in T^{bs}$，$\Delta\tau_{xy}^{bs} = 1/\min((\sum_{i=1}^{n} w_{h_i} \times Td_{h_i})/n)$，$0 < \rho < 1$。式中，$\rho$ 为挥发系数，为一较小常数，如 0.1；T^{bs} 为当前迭代中最优方案。

③ 选择时需要满足两个约束条件。

a. 有向连接弧规定了同一工件的相邻光刻工序之间的顺序约束，后继节点不能先于前驱节点被选择。

b. 式(5-18) 的隐含约束条件：设备加工完前道工序选择后续节点时，可选节点集合首先限制为上一工序完成时能够到达瓶颈区的节点集，若集合为空，则选择能够最早到达瓶颈区的节点。

在不断更新生产线相关的先验信息、可预知信息和实时信息的条件下，通过反复运用基于析取图的分析，以及基于蚁群算法的优化，可以对多重入复杂制造中一类挑战性较大的瓶颈区并行设备调度问题，找到一种新的解决方法，从而在瓶颈设备加工区内实现全局意义的工件平均拖期时间优化。该方法也可以作为短期生产计划与调度层内的业务成员之一，被集成到复杂制造系统可重构体系结构之中。

5.5 短期计划与调度的可重构集成

本节讨论短期计划与调度的体系结构模型表达，结合前面几节所研究讨论的基于约束理论（TOC）的 DBR 短期计划方法、基于仿真的多目标优化方法以及瓶颈区并行设备调度方法，重点阐述与业务功能相关的业务系统视角模型和业务过程视角模型。

5.5.1 短期计划与调度体系结构的业务系统视角模型

（1）任务描述模型（BSV-1）

建立业务系统目标下的任务场景，说明完成此任务的业务对象和业务活动，是业务系统成员的执行基础。以下分别介绍基于约束理论（TOC）的 DBR 短期计划方法、基于仿真的多目标优化方法以及瓶颈区并行设备调度方法的任务描述模型。

① 业务场景名称：基于约束理论（TOC）的 DBR 算法（短期计划方法）。

业务场景 ID：系统生成，唯一。

业务活动：识别系统瓶颈，以其为分界点，根据业务流程，将整个生产线划分成若干层，在层生产线计算层瓶颈加工节奏，再根据层瓶颈节奏选择系统瓶颈缓冲区中的工件进行加工，以减少同层工件在生产线上的堆积，平衡整个生产线，缩短平均加工周期。

业务活动目标：得到生产线上系统瓶颈加工设备的工件调度方案。

业务对象：设备资源基本信息，产品基本信息，工艺菜单基本信息，系统瓶颈缓冲区工件将要进入的层及该层投料时间。

模型输入输出必要参数：输入参数为工艺菜单、设备能力、产品信息。输出参数为系统瓶颈的工件调度方案。

② 业务场景名称：基于仿真的多目标优化方法。

业务场景 ID：系统生成，唯一。

业务活动：将常用性能指标进行关联度分析，利用灰色关联度法选取其中的几项关联度较小的性能指标作为优化目标，基于仿真的优化算法 NSGA-Ⅱ，对每一个目标函数用遗传算法求解，然后由每一个目标函数的最优解和随机解组成的种群作为初始化种群，进行 NSGA-Ⅱ 运算，运行仿真模型，得到子代目标值，作为之后优化算法的输入，如此循环直到满足终止条件。

业务活动目标：得到多目标优化的各加工区调度方案。

业务对象：生产线中长期及短期的性能指标数据，各加工区可用调度规则。

模型输入输出必要参数：输入参数包括生产线仿真模型、运行中长期及短期的性能指标数据、各加工区可用调度规则。输出参数为各加工区可用调度规则。

③ 业务场景名称：瓶颈区并行设备调度优化方法。

业务场景 ID：系统生成，唯一。

业务活动：对具有并行设备的瓶颈区未来一段调度时间段的任务集进行预测，采用蚁群优化方法，考虑工件拖期以及设备负荷，对工件选择以及设备路径选择进行调度优化。

业务活动目标：得到瓶颈区并行设备调度优化方案。

业务对象：瓶颈区未来调度时间段的任务集、瓶颈设备列表、生产线 WIP；当得到任务集后，触发蚁群寻优算法。

模型输入输出必要参数：输入参数为时间段内经过瓶颈区的 WIP；输出参数为并行设备的加工任务列表。

(2) 目标活动视图（BSV-2）

业务活动为完成某目标而进行的一系列步骤，以图形或文本的形式描述所包含的业务活动行为单元。

① 基于鼓-缓冲-绳子（DBR）的 DLS 算法（全局优化算法）的目标活动视图，如图 5-16 所示。

```
┌─────────────────────────────────────────────┐
│   业务活动：基于DBR的DLS算法（全局优化算法） │
└─────────────────────────────────────────────┘
                      │
┌─────────────────────────────────────────────┐
│ 活动行为单元序列：                          │
│ ① 根据累积负荷识别系统瓶颈                  │
│ 需要产品类型总数，各类型工件个数，产品的加工步数，设备 │
│ 相关系数，各类型产品在加工中心的工序时间，多重入生产系 │
│ 统中的加工中心总数                          │
│ ② 计算层瓶颈                                │
│ 计算求得相邻两次系统瓶颈操作之间(或一段层生产线中)累积 │
│ 负荷最大的加工中心。需要产品类型总数，各类产品的工件个 │
│ 数，各类产品的流程中每次出现的系统瓶颈的工序序号，设备 │
│ 与工件相关系数，各类产品的每一次在层设备上重入加工所需 │
│ 要的加工时间                                │
│ ③ 计算系统瓶颈缓冲区工件优先级              │
│ 新工件进入系统瓶颈缓冲区的时间，系统瓶颈缓冲区中待加工 │
│ 的工件个数，工件所属的加工层数；第$k$层的工件中，最近一 │
│ 次瓶颈投料时间，第$k$层工序的层瓶颈负荷，计算优先级   │
└─────────────────────────────────────────────┘
```

图 5-16 基于 DBR 的 DLS 算法的目标活动视图（BSV-2）

② 基于仿真的多目标优化方法的目标活动视图，如图 5-17 所示。

```
┌─────────────────────────────────────────────┐
│     业务活动：基于仿真的多目标优化方法       │
└─────────────────────────────────────────────┘
                      │
┌─────────────────────────────────────────────┐
│ 活动行为单元序列：                          │
│ ①生产线性能指标数据采集，通过仿真模型       │
│ 与设备有关的性能指标，即设备利用率和排队队长，与产品 │
│ 有关的性能指标，即在制品值和移动步数，长期性能指标， │
│ 即生产率、准时交货率和加工周期               │
│ ②性能指标关联度分析                         │
│ 短期性能指标之间关联度分析，长期性能指标关联度分析， │
│ 短期与长期性能指标之间关联度分析             │
│ ③选取其中的几项关联度较小的性能指标作为优化目标。 │
│ 对每一个目标函数用遗传算法求解               │
│ ④由每一个目标函数的最优解和随机解组成的种群作为初 │
│ 始化种群                                    │
│ ⑤进行NSGA-II运算，运行仿真模型，得到子代目标值 │
│ ⑥输出最优解集合                             │
│ ⑦用层次分析法来选择符合决策者偏好的一组     │
└─────────────────────────────────────────────┘
```

图 5-17 基于仿真的多目标优化方法的目标活动视图（BSV-2）

③ 瓶颈区调度优化的目标活动视图，如图 5-18 所示。

```
业务活动：考虑了投料计划的基于蚁群优化算法的瓶颈区并行设备
调度与工件调度协同优化（加工区域算法）

活动行为单元序列：
①采集先验信息
WIP分布信息、工件基本信息、生产线历史统计数据、设备历史统
计数据、投料计划信息
②部分可知信息
计划期内瓶颈区新投料工件和WIP的光刻任务
③实时信息
动态到达工件的状态、完工时间、设备基本信息等
④计算计划期内调度任务集
⑤动态建立析取图
⑥蚁群算法求解
⑦输出瓶颈区调度优化方案
```

图 5-18　瓶颈区调度优化的目标活动视图（BSV-2）

（3）业务节点模型（BSV-3）

该视图描述了协同节点所选业务系统的关联，对所选业务系统及其成员和角色的关联。短期计划与调度优化的实施，需要接收上层投料和设备计划系统的投料计划与设备维护计划，据此对生产线上工件及设备进行调度，同时需要分析生产线状态数据，决定是以全局瓶颈优化为主，还是以全局多目标调度优化为主。因此短期计划与调度的业务节点模型可以统一描述为图 5-19。

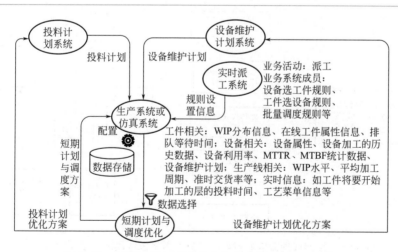

图 5-19　短期计划与调度的业务节点模型（BSV-3）

在业务节点模型中，信息元素相关描述项有：信息交换的名称、信息交换内容及类型、信息交换发起方名称、发起的业务活动名称、接收方名称、接收的业务活动名称。信息传输相关描述项有：传输类型、触发传输的事件。不同的短期计划与调度优化方法，在图 5-19 所示业务节点模型中的区别是各算法信息元素相关描述项与信息传输相关描述项不同，信息交换中的关键数据需求中，对于所有短期计划与调度方法，静态基本数据需求基本一致，包括工艺流程信息、加工设备信息、工件信息、客户优先级信息、工件调度规则信息、生产线在制品水平和平均加工周期等信息。动态数据需求分别描述如表 5-8 所示。

表 5-8　短期计划与调度方法动态数据需求

业务活动名称	信息交换关键数据动态需求
基于 DBR 的 DLS 算法	在制品信息、设备维护信息、设备状态信息、加工设备累积负荷、设备最大产能、在制品品种与数量、工件数目、分层信息、每层投料时间
基于仿真的多目标优化方法	移动步数、平均等待队长、在制品数、设备利用率、生产率、交货率、平均加工周期及方差等
瓶颈区调度优化方法	工件投料时间、在制品及其当前工序、设备组缓冲区工件等待时间、正在加工工件的开始加工时间、设备维护信息

（4）系统维护模型（BSV-4）

该视图说明业务系统、业务系统成员、角色之间的关系。短期计划调度业务系统与其业务系统成员的关系如图 5-20 所示。

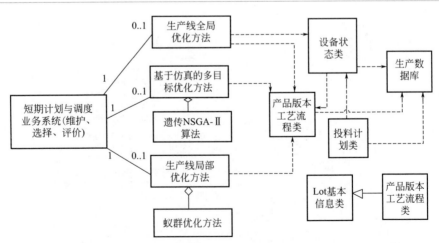

图 5-20　短期计划调度业务系统与其业务系统成员的关系（BSV-4）

注：图中 0..1 表示该端可以有 0 个或 1 个。

5.5.2 短期计划与调度体系结构的业务过程视角模型

本节介绍短期计划与调度的业务过程视角下的集成体系结构模型：业务活动模型、活动行为单元时序图、业务过程模型、业务逻辑数据模型。

（1）业务活动模型（BPV-1）

该模型用于描述业务活动与活动行为单元之间的信息流。

① 基于 DBR 的 DLS 算法（全局优化算法）的业务活动模型如图 5-21 所示。

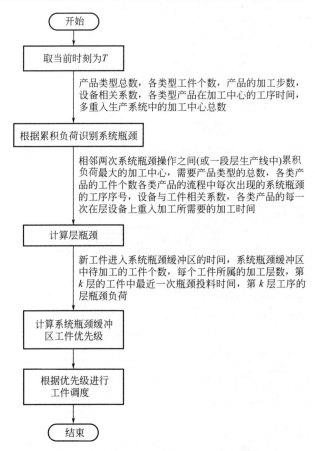

图 5-21 基于 DBR 的 DLS 算法的业务活动模型 (BPV-1)

② 基于 NSGA-Ⅱ和 SBO 的多目标优化方法的业务活动模型，如图 5-22 所示。

③ 基于蚁群算法的瓶颈区调度优化的业务活动模型，如图 5-23 所示。

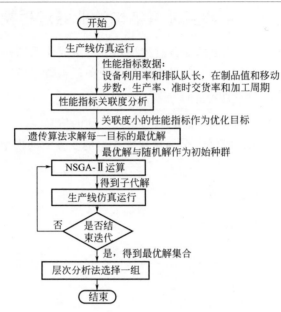

图 5-22 基于 NSGA-Ⅱ和 SBO 的多目标优化方法的业务活动模型（BPV-1）

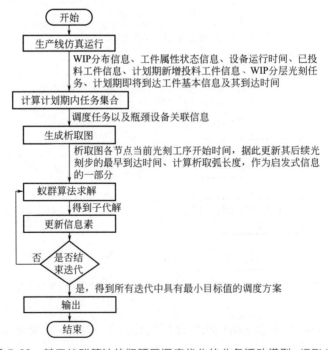

图 5-23 基于蚁群算法的瓶颈区调度优化的业务活动模型（BPV-1）

(2) 活动行为单元时序图（BPV-2）

① 基于 DBR 的 DLS 算法（全局优化算法）的活动行为单元时序图，如图 5-24 所示。

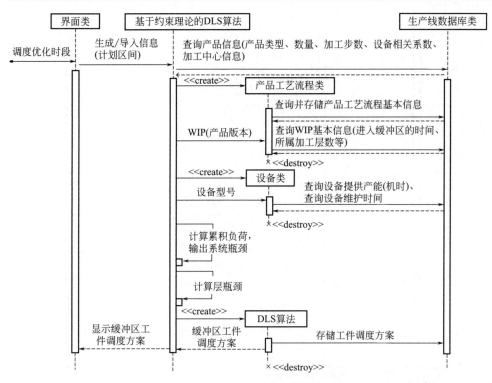

图 5-24 基于 DBR 的 DLS 算法的活动行为单元时序图 (BPV-2)

② 基于 NSGA-Ⅱ和 SBO 的多目标优化方法的活动行为单元时序图，如图 5-25 所示。

③ 基于蚁群算法的瓶颈区调度优化的活动行为单元时序图，如图 5-26 所示。

(3) 业务过程模型（BPV-3）

在第 2 章体系结构模型构建中定义业务过程模型，用于描述计划调度活动的执行流程，用程序流程图描述，本章介绍的三种典型方法的程序流程图在相应的算法部分均有介绍。

(4) 业务逻辑数据模型（BPV-4）

业务逻辑数据模型用于描述业务过程中的实体和实体之间关系的数据类型属性及关系，可以采用 UML 类图来描述，这里由于篇幅关系，仅给出瓶颈区调度优化的业务逻辑数据模型，如图 5-27 所示。

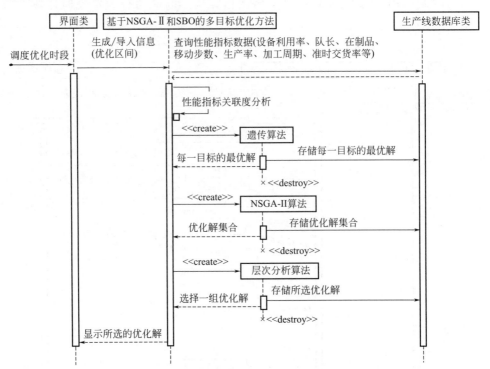

图 5-25　基于 NSGA-Ⅱ和 SBO 的多目标优化方法的活动行为单元时序图（BPV-2）

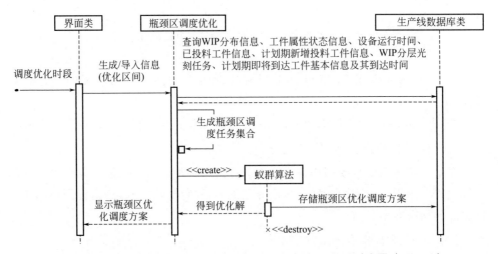

图 5-26　基于蚁群算法的瓶颈区调度优化的活动行为单元时序图（BPV-2）

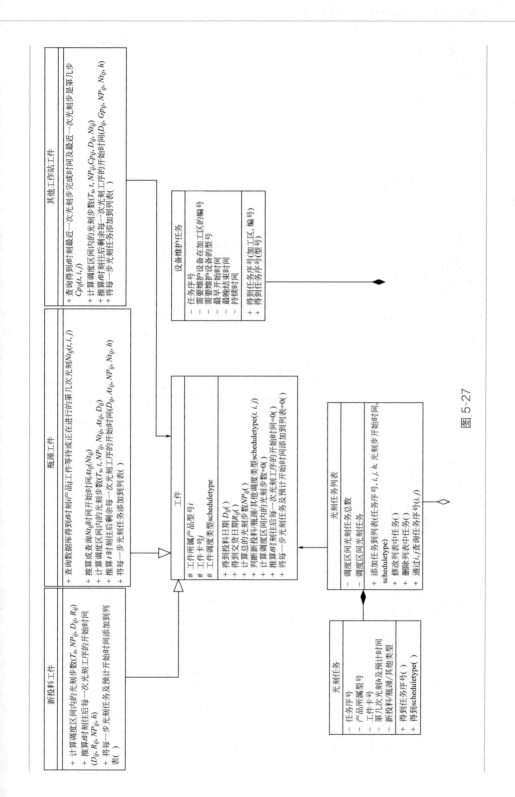

图 5-27

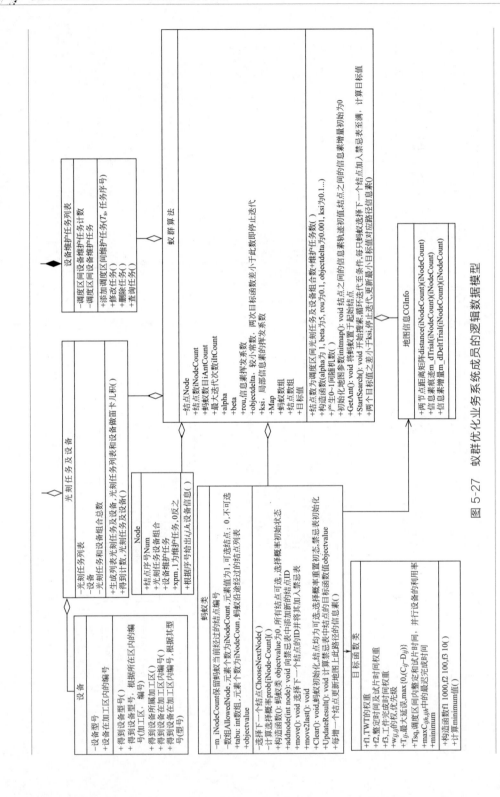

图 5-27 蚁群优化业务系统成员的逻辑数据模型

5.6 案例：SBO 多目标调度优化方法

5.6.1 基于 BenchMark6 模型的 SBO 仿真优化

BenchMark6 模型包含 104 个设备群，228 台设备。模型中有 9 种产品，分别对应的工序数如表 5-9 所示。由表 5-9 可知，每种产品对应的工序数众多，同时产品在个别工序下的加工时间较长，最长达 18h，同时该模型考虑了装货和卸货的时间，更符合实际情况。

表 5-9　BenchMark6 模型中产品工序数

产品名称	工序数
38090964_B5C	331
07009066_B6HF	355
38090908_C4PH	234
08002618_C5F	322
38090718_C5P	247
38090962_C5PA	266
07004059_C6N3	287
08002596_C6N2	252
38092046_OX2	247

本案例中，BenchMark6 开始仿真日期为 2015/1/1，仿真 60 天，投料每个产品 2lot/天，采用固定间隔投料，9 种产品依次对应的交货期为 2015/2/22，2015/2/16，2015/2/10，2015/2/18，2015/2/16，2015/2/18，2015/2/18，2015/2/18，2015/2/10，NSGA-Ⅱ中种群规模 sizepop、交叉概率 P_c、变异概率 P_m 和最大进化迭代次数 MaxGen 设置如表 5-10 所示。

表 5-10　适应性调度 NSGA-Ⅱ参数设置表

种群数	10
最大迭代次数	30
交叉概率	0.4
变异概率	0.7

经过 SBO 优化后得到 Pareto 最优解如表 5-11 所示。

表 5-11 Pareto 最优解

Pareto解序号	生产率	平均加工周期	平均加工周期方差	平均等待队长
1	3.067	303.962	34.597	13.567
2	3.1	324.555	34.799	13.1
3	4.5	434.803	50.03	12.6
4	4.9	464.803	115.03	12.4
5	5.1	521.466	213.019	11.083
6	5.25	564.697	243.021	10.8
7	5.4	717.97	213.705	10.617
8	5.4	717.97	213.705	10.617
9	5.483	687.853	181.75	10.633

决策者可以在表 5-11 得到的 Pareto 最优解中根据自身的实际需求进行选择，为了更好地对比结果，将不考虑仿真优化，即所有的加工区采用单一的调度规则仿真得到的性能指标与 Pareto 最优解进行比较，得到的结果如图 5-28～图 5-31 所示，其中单一调度规则的横轴在上方，Pareto 最优的横轴在下方。

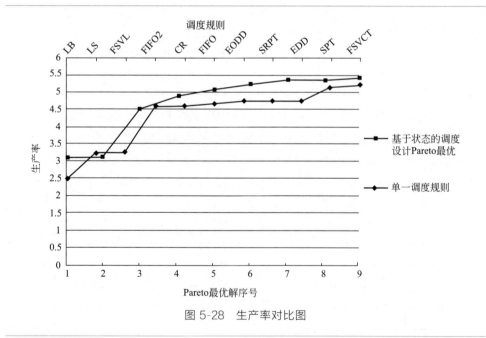

图 5-28　生产率对比图

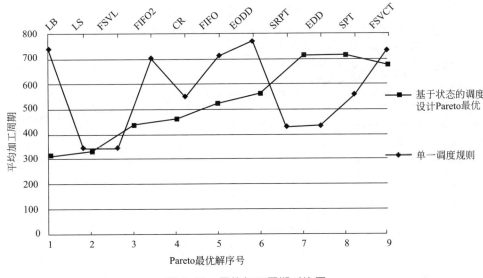

图 5-29 平均加工周期对比图

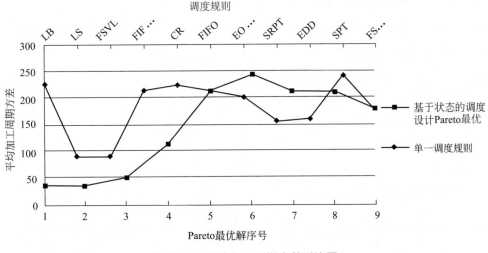

图 5-30 平均加工周期方差对比图

由图 5-28 和图 5-31 可以明显看出,与单一的调度规则相比,通过 SBO 适应性调度方法提高了生产率,缩短了工件的平均等待队长,而同时,从图 5-29 和图 5-30 可以看出,该方法不是以牺牲平均加工周期为代价提高的生产率,平均加工周期和平均加工周期方差都没有显著增大,反而较为平稳,相比较单一调度规则而言，整体性上有所改善。

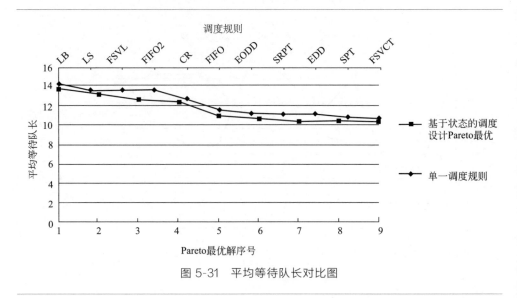

图 5-31　平均等待队长对比图

5.6.2　最优解选取

这里采用第 5.3.4 节提到的层次分析法对 Pareto 最优解进行选取，这里假设决策者的偏好矩阵如下。

$$A = \begin{bmatrix} 1 & 1 & 4 & 2 \\ 1 & 1 & 4 & 2 \\ \frac{1}{4} & \frac{1}{4} & 1 & \frac{1}{2} \\ \frac{1}{2} & \frac{1}{2} & 2 & 1 \end{bmatrix} \quad (5-23)$$

则得到的评估如表 5-12 所示。

表 5-12　评估表

项目	B1	B2	B3	B4	综合值
	0.3636	0.3636	0.0909	0.1818	
A1	0.0196	0.3128	0.3126	0.0193	0.152785
A2	0.0266	0.2224	0.2219	0.0261	0.115452
A3	0.0378	0.1552	0.1544	0.0371	0.090955

续表

项目	B1	B2	B3	B4	综合值
	0.3636	0.3636	0.0909	0.1818	
A4	0.0551	0.1069	0.1059	0.054	0.078347
A5	0.0811	0.073	0.048	0.0791	0.074774
A6	0.12	0.0496	0.0221	0.1158	0.084728
A7	0.1648	0.0231	0.0316	0.2497	0.116588
A8	0.2022	0.0231	0.0316	0.2497	0.130187
A9	0.2928	0.0337	0.0718	0.1693	0.156021

其中 B1~B4 分别代表生产率、平均加工周期、平均加工周期方差、平均等待队长四项性能指标，A1~A5 代表得到的 Pareto 最优解。

由表 5-12 可知，最符合此决策者偏好的解是 A9，得到的调度方案和对应的性能指标如表 5-13 所示。

表 5-13 最优调度方案表

FIFO2	FSVCT	CR	FSVL	0.3	4.3

这里将性能指标与简单的 FIFO、EDD、FSVCT 相比，由表 5-14 可以看出，决策者选取出的调度方案除了在平均加工周期上面会比 EDD 稍微差一点以外，在其他的性能指标上都有很大的改善。

表 5-14 结果对比表

项目	生产率	平均加工周期	平均加工周期方差	平均等待队长
SBO 最优调度方案	5.483	687.853	181.75	10.633
FIFO	4.6833	716.9907	213.0953	11.5666
EDD	4.8	434.6932	162.2834	11.2666
FSVCT	5.2666	747.248	180.5941	10.933

本案例展示了基于 SBO 的半导体生产线短期计划与调度过程与效果。利用 Plant Simulation 仿真软件的可扩展性和多目标遗传算法内在的并行性，将 5.3 节讨论的基于 SBO 的多目标调度优化方法在一个大型生产线 BenchMark6 中进行了实验验证，将调度结果与运用单一调度规则所得的结果进行对比，验证了该方法的有效性和合理性。

参考文献

[1] K. Baker. Introduction to sequencing and scheduling. New York: Wiley, 1974.

[2] L. M. Wein. Scheduling semiconductor wafer fabrication. IEEE Transactions on Semiconductor Manufacturing, 1988, 1（3）: 115-130.

[3] M. K. Govil, M. C. Fu. Queueing theory in manufacturing: a survey. Journal of Manufacturing Systems, 1999, 18（3）: 214-240.

[4] M. Venkataramana, N. R. S. Raghavan. Scheduling parallel batch processors with incompatible job families to minimise weighted completion time. International Journal of Industrial and Systems Engineering, 2006, 19（3）: 235-245.

[5] Y. F. Lee, Z. B. Jiang, H. R. Liu. Multiple-objective scheduling and real-time dispatching for the semiconductor manufacturing system. Computers and Operations Research, 2009, 36（3）: 866-884.

[6] 吴铁军. 一类离散事件动态系统: 状态空间模型、分析与应用. [D]. 杭州: 浙江大学, 1988.

[7] 何佳. 基于 Petri 网模型的生产调度系统的建模、仿真与投料策略控制的研究. [D]. 上海: 上海交通大学, 控制理论与控制工程, 2006.

[8] 丁小进. 基于 DBR 的半导体制造生产调度研究. [D]. 上海: 同济大学, 电子信息工程学院, 2008.

[9] 杨帆, 萧德云. 基于 Agnet 的流程工业制造执行系统结构研究. 计算机集成制造系统, 2003, 9（2）: 107-111.

[10] Hadavi, K., Hsu W., Chen T. et al. An architecture for real-time distributed scheduling. AI Magazine, 1992, 13（3）: 47-57.

[11] Uzsoy, R., C. Y. Lee, and L. A. Martin-Vega. A review of production planning and scheduling models in semiconductor industry. Part Ⅰ: System characteristics, performance evaluation and production planning. IIE Transactions, 1992, Vol. 24（4）:47-60.

[12] Uzsoy. R., C. Y. Lee, and L. A. Martin-Vega. A review of production planning and scheduling models in semiconductor industry. Part Ⅱ: Shop floor control. IIE Transactions, 1994, Vol. 26（5）: 44-54.

[13] 曹政才, 吴启迪, 乔非, 王遵彤. 基于遗传算法的半导体生产线调度研究进展. 同济大学学报: 自然科学版, 2008, 36（1）: 97-102.

[14] 马慧民, 叶春明. 半导体炉管区批调度问题的粒子群优化算法研究. 计算机集成制造系统, 2007, 13（6）: 1121-1126.

[15] L. Mönch, J. Zimmermann, P. Otto. Machine learning techniques for scheduling jobs with incompatible families and unequal ready times on parallel batch machines. Engineering Applications of Artificial Intelligence, 2009, 4（1）: 76-93.

[16] M. Venkataramana, N. R. S. Raghavan. Scheduling parallel batch processors with incompatible job families to minimise

[17] Mathirajan M., A. I. Sivakumar. A literature review, classification and simple meta-analysis on scheduling of batch processors in semiconductor. The International Journal of Advanced Manufacturing Technology, 2006, 29（9-10）: 990-1001.

[18] CHOU Fuh-Der, WANG Hui-Mei. Scheduling for a single semiconductor batch-processing machine to minimize total weighted tardiness. Journal of the Chinese Institute of Industrial Engineers, 2008, 25（2）:136-147.

[19] Schmidt K.; Rose O. Simulation analysis of semiconductor manufacturing with small lot size and batch tool replacements. Simulation Conference, 2008: 2118-2126.

[20] M. D. Shr, A. L. Liu, P. P. Chen. Load balancing among photolithography machines in the semiconductor manufacturing system. Journal of Information Science and Engineering, 2008, 24（2）: 379-391.

[21] Y. Song, M. T. Zhang, J. Q Yi, et al. Bottleneck station scheduling in semiconductor assembly and test manufacturing using ant colony optimization. IEEE Transactions on Automation Science and Engineering, 2007, 4（4）: 569-578.

[22] 吴莹,乔非,李莉,古攀.晶圆生产线瓶颈区并行机半在线调度方法.控制与决策, 2011, 26（3）: 339-345.

[23] Ying Wu, Fei Qiao, Li Li, Qi Di Wu. An optimal method for bottleneck station short-term scheduling in wafer fabrication line with nonzero initial state. Proceedings of the 2010 IEEE International Conference on Mechatronics and Automation August 4-7, 2010, Xi'an, China: 167-172.

[24] 李晓红,周炳海.晶圆制造过程中动态瓶颈设备的实时调度.上海交通大学学报, 2008, 42（4）: 599-602, 606.

[25] N. Q. Wu, C. B. Chu, F. Chu, et al. A Petri net method for schedulability and scheduling problems in single-arm cluster tools with wafer residency time constraints. IEEE Transactions on Semiconductor Manufacturing, 2008, 21（2）: 224-236.

[26] J. G. Yi, S. W. Ding, D. Z. Song, et al. Steady-state throughput and scheduling analysis of multicluster tools: A decomposition approach. IEEE Transactions on Automation Science and Engineering, 2008, 5（2）: 321-336.

[27] Pyung-Hoi Koo, Jaejin Jang, Jungdae Suh. Vehicle dispatching for highly loaded semiconductor production considering bottleneck machines first. International Journal of Flexible Manufacturing Systems, 2005, 17（1）: 23-38.

[28] Da-Yin Liao, Mu-Der Jeng, Meng Chu Zhou. Application of petri nets and lagrangian relaxation to scheduling automatic material-handling vehicles in 300-mm semiconductor manufacturing. Systems, Man, and Cybernetics, Part C: Applications and Reviews, IEEE Transactions, 2007, 37（4）: 504-516.

[29] Huai Zhang, Zhibin Jiang, Chengtao Guo, Huiran Liu. An extended object-oriented petri nets modeling based simulation platform for real-time scheduling of semiconductor wafer fabrication system. In: IEEE International Conference on Systems, Man and Cybernetics,

[30] 曹政才,乔非.基于有色赋时Petri网的半导体生产线建模技术研究.系统仿真学报,2007,19(s1):210-213.

[31] 吕文彦,党延忠.可重入制造系统中可视化仿真调度的研究与应用.系统仿真学报,2003,15(9):1297-1299,1303.

[32] Zhongjie Wang, Xinhua Jiang, Qidi Wu. Modeling and real-time scheduling of semiconductor manufacturing line based on simulation. In: International Conference on Life System Modeling and Simulation, Shanghai, China, 2007: 579-589.

[33] A. I. Sivakumar. Multiobjective dynamic scheduling using discrete event simulation. INT. J. Computer Integrated Manufacturing, 2001, 14(2): 154-167.

[34] Xiewei Bai, N. Srivatsan, Stanley B. Gershwin. Hierarchical real-time scheduling of a semiconductor fabrication facility. IEEE/CHMT'90 IEMT Symposium, 1990: 312-317.

[35] 林慧苹,范玉顺,吴澄.基于分层调度模型的生产计划和调度集成研究.计算机集成制造系统,2002,8(8):602-606.

[36] Boesel J. Bowden Jr R, Glover F. et al. Future of simulation optimization. Proc Winter Simulation Conference. Arlington: IEEE Computer Society Press, 2001: 1466-1469.

[37] J. P. Shim, M. Warkentin, J. F. Courtney, D. J. Power, R. Sharda, C. Carlsson. Past, present, and future of decision support technology, Decision Support Systems, 2002, 33: 111-126.

[38] K. S. Tsakalis, J. J. Flores Godoy, A. A. Rodriguez. Hierarchical mini-fab benchmark. In Proc. ETFA'97, 6th IEEE Int. Conf. Emerging Technology Factory Automation, Los Angeles, CA, 1997: 514-519.

[39] L. M. Wein. Scheduling semiconductor wafer fabrication. IEEE Transactions on Semiconductor Manufacturing, 1988, 1(3): 115-130.

[40] Schmidt K, Rose O. Simulation analysis of semiconductor manufacturing with small lot size and batch tool replacements. Simulation Conference, 2008: 2118-2126.

[41] R. Tavakkoli-Moghaddam, M. Daneshmand-Mehr. A computer simulation model for job shop scheduling problems minimizing makespan. Computers & Industrial Engineering, 2005, 48: 811-823.

[42] A. I. Sivakumar. Multiobjective dynamic scheduling using discrete event simulation. INT. J. Computer integrated manufacturing, 2001, 14(2): 154-167.

[43] K. C. Ying, S. W. Lin. Raising the hit rate for wafer fabrication by a simple constructive heuristic. Expert Systems with Applications, 2008, 35(4): 1889-1898.

[44] 吕文彦,党延忠.基于B-T规则与遗传算法的可重入生产系统调度.系统仿真学报,2005,17(4):993-996.

[45] M. Liu, C. Wu. Genetic algorithm using sequence rule chain for multi-objective optimization in re-entrant micro-electronic production line. Robotics and Computer- Integrated Manufacturing, 2004, 20(3): 225-236.

[46] L. Mănch, Peter Lendernann, Leon F, McGinnis, arnd Schirrmann. A survey of challenges in modeling and decision-making for discrete event logistics systems. Computers in Industry, 2011, 62(6): 557-567.

[47] SCHRAGEHEIM E, RONEN B. Drum-buffer-rope shop floor control[J]. Pro-

duction and Inventory Management Journal, 1990（3）:18-22.

[48] Victoria J. Mabin, Steven J. Balderstone. The performance of the theory of constraints methodology. International Journal of Operations & Production Management, 2003, 23（6）: 568-595.

[49] DANIEL V, GUIDER R. Scheduling with priority dispatching rules and drum-buffer-rope in a recoverable manufacturing system[J]. International Journal of Production Economics, 1997, 53（1）:101-116.

[50] 李东，汪定伟. 基于仿真的优化方法综述.[J]. 控制工程，2008（6）: 672-677.

[51] Balas E. Machine scheduling via disjunctive graphs: an implicit enumeration algorithm. Operations Research, 1969, 17（6）: 941-957.

第6章
复杂制造系统的实时调度

静态生产调度强调在确定的生产环境下对生产调度问题构造精确的机理模型，并针对该模型采用高效的优化方法求取最优解或近似最优解。但在实际的制造系统中，常常存在许多不确定因素，包括：①生产过程中的不确定因素，如设备故障、物料延期到达等资源相关的不确定因素，以及紧急工件、交货期变化等工件相关的不确定因素；②外部环境中的不确定因素，如：产品需求量或价格的变化、能源和原材料供应波动等，来自于产品全生命周期中的其他过程、供应链中的其他环节的不确定因素。由于这些不确定因素，特别是第一类来自生产过程的不确定因素的存在，使得处于动态生产环境中的生产调度，需要具有一定程度应对不确定扰动的快速响应能力，该类考虑不确定因素的调度问题称为动态调度问题[1]。本章讨论的实时调度和下一章讨论的重调度分别是动态调度的两类主要的处理方式。

复杂制造系统的实时调度是在生产调度过程中实时生成调度方案。利用实时状态及加工任务信息，通过一系列动态、局部的优化决策，为待加工工件确定加工设备或加工区，为空闲的设备确定加工任务，从而实现生产系统的加工任务分派。时间精度一般为分钟、秒，属于动态生产调度的范畴。调度以事件驱动方式或周期方式运行，周期可固定也可不固定，提供的只是生产线上局部区域当前加工任务的安排。

调度规则是最常用的实时调度方法，能够在计算时间和调度效果之间进行折中平衡，而且在实施中简单易行，计算复杂度低。随着物联网、大数据等新一代信息技术向制造领域的全面渗透，生产计划与调度管理领域涉及的生产数据呈现海量式增长，使制造系统具备了对车间实时状态和动态信息的全面感知能力。在这种新环境下，如何充分利用大量生产相关的离线和在线数据，建立高效的生产调度系统是保证制造系统优化运行的新的研究方向。

本章首先概要总结实时调度的传统基于规则的方法和新兴基于数据的方法，在此基础上，着重介绍作者近年来在实时调度方面所做的关于基于数据的相关研究工作，包括基于数据的动态调度规则以及基于数据的瓶颈设备实时调度规则，并研究其在可重构系统中的集成。

6.1 实时调度概述

6.1.1 基于规则的实时调度方法

调度规则是一种基于局部信息的近似优化算法，通常是指一个或多个优先规则的组合，以及一个或多个启发式规则的组合，用来将工件分配给加工设备。每当有设备空闲时，调度规则依据工件、设备、加工状态等车间实时信息，按照某种规律或原则，从等待该设备加工的工件队列中选择一个进行加工。

在调度研究的相关文献中，关于规则的术语常见有：调度规则（Scheduling Rule）、派工规则（Dispatching Rule）、优先级规则（Priority Rule）、启发式规则（Heuristic Rule），这些术语的本质是一致的。Panwalkar等总结了各种不同类型、不同形式的实时调度规则，达百余种之多[2]。大致可以分为三个大类：优先级规则、启发式规则和其他规则。

① 优先级规则。分为三个子类：基本规则、由基本规则分组排序的分组规则、加权规则。下面给出复杂制造系统中常用的规则例子。

a. 常用的基本规则有基于如下信息的规则。

• 加工时间。如最短加工时间优先（Shortest Processing Time，SPT）、最长加工时间优先（Longest Processing Time，LPT）。

• 交货期。如最早交货期优先（Earliest Due Date，EDD）、最早工序交货期优先（Earliest Operation Due Date，EODD）、临界值（Critical Ratio，CR）、最短剩余时间优先（Smallest Remaining Processing Time，SRPT）。

• 等待时间。如先序先服务（First Buffer First Serve，FBFS），也即按时间顺序的 FIFO（First in First Out）。

• 负载平衡。如下一排队队列最小的工件优先（Fewest Lots at the Next Queue，FLNQ）、流程控制（Flow Control，FC）、产线平衡（Line Balance，LB），即与既定的 WIP 值（Work in Process）目标偏差大的物料拥有较高的优先级。

• 其他还有工序数目、成本、设备整定时间、工件到达时间等信息，此处不一一列举。

b. 分组规则是指用优先级将工件队列分组。例如，FIFO+计算每一个工件的下一道工序中的待加工工件数目，该值小于或等于 n 的工件集合先按 FIFO 派工，其余工件在前一组派工完毕也按 FIFO 派工。类似的规则还有

SRPT+等。

c. 加权规则是为前两种规则分别赋以不同权重进行调度派工。

② 启发式规则。这类规则包括了多种复杂信息，如设备的负载、更改路径的影响等，通常包括一些智能启发信息，会联合使用第①类中的规则，也通常会辅之以分组、加权、组合等形式。例如，Shen[3]等人应用随机规划算法来获得理想的 WIP 指标；李莉等[4]提出的蚁群信息素规则包含批量加工组批启发信息；Chiu[5]等人运用 CBR 原理，给出了 GA-CBR 算法；王遵彤[6]等人基于 CBR 原理，给出了由 SRPT、LPT 及 SPT 3 种启发式规则共同组成的新的调度策略，相比于 3 种调度策略中的任意一种，其在平均加工周期及方差的性能指标上得到了优化；Dabbas[7]等人以 LB、CR、TP、FC 四个启发式算法构成的组合调度规则分别在准时交货率、平均加工周期以及平均加工周期方差性能指标上获得了较优的结果。

③ 其他规则。包括为特定问题设计的规则、以工件属性为参数的复合优先级算法等。例如企业在生产实际中积累的生产经验，根据不同的加工区采用不同的派工规则，不仅考虑工件的优先级，还将加工区的工艺特点考虑进来。以光刻区加工为例，该区的关键工序是对准曝光，使用掩膜版作为辅料。不同产品的掩膜版不同，相同产品处于不同光刻层的掩膜版也不同。设备更换掩膜版需要一定的切换整定过程（20min 左右），为节省时间，一般优先加工不需要更换掩膜版的工件。所以在光刻区存在这样的经验规则：按照优先级顺序从高到低分为 5 级加工，1 级工件优先级最高；在相同优先级的工件中，与刚完工产品版本相同且光刻层数相同的工件优先加工；若这样的工件不止一个，则交货期近的工件优先；若仍然有多个工件，则遵循 FIFO。

以上按优先级规则、启发式规则和其他规则三个类别划分的方式，是依据了规则的决策方式不同。如果根据规则的结构特征划分，也可将调度规则分为简单优先规则、组合规则、加权规则和启发式规则。

① 简单优先规则。通常只包括一个车间系统参数，如加工工时、交货期、工序数量和到达时间，具体的规则有 SPT、EDD 等，但是没有一个简单优先规则能在所有的性能指标下都表现良好。

② 组合规则。采取将简单优先规则中好的特性结合起来的方式以期取得满意的结果，组合形式包括用不同算子将不同信息组合或者依据不同情况采取不同的调度规则。研究表明，组合规则比简单优先规则更有效，因为它在继承了简单优先规则简洁性的同时，还在车间规模扩大时获得了一定的可扩展性。

③ 加权规则。是以计算权重将简单优先规则进行线性组合得到的，权值是根据具体的环境，由工件的重要程度决定的。

④ 启发式规则。是依赖于系统配置的规则，通常与上述几种规则结合起来

使用。启发式规则有时也会利用人的经验知识,如通过对一个调度方案进行目测,从而将一道工序插入到一段空闲时间里。

尽管对于调度规则的研究越来越多,后期出现的规则多是对已有规则的修正,如进行组合或截断形成新的规则[8,9],再比如针对某个性能指标或者某个具体的调度环境提出新的规则[10]。许多新的调度规则也都显示出较好的性能效果,但是这些结果都是在给定的实验环境下得到的。许多已有的研究表明,没有一个规则能在所有的调度环境下都比其他规则性能表现好[11]。因此,仅仅集中在设计针对不同加工环境的最好的规则或者提出新的规则方面并不是最好的策略。由于动态车间的加工环境会随时间发生变化,所以有必要及时获取车间最新的状态数据及动态信息,进一步与不断积累并蕴含价值的历史数据相结合,探索基于数据的新的实时调度方法和思路。

6.1.2 基于数据的实时调度方法

生产调度作为一项具有半个多世纪历史的研究命题,长期以来其问题求解的一般思路一直是建模加优化。调度方法强调对生产调度问题构造精确的机理模型,并针对该机理模型调用高效的优化方法得到最优解或近似最优解。随着制造复杂度的日益提高,这种传统的调度方式在复杂制造系统调度问题求解中存在的不足日益显现[12]。

在复杂制造系统调度建模方面:

① 部分调度因素难以在模型中描述(如带有时间约束的工艺限制),导致无法精确建模从而影响模型的准确性,亦有部分调度因素会导致模型异常复杂(如半导体制造的多重入加工流),使得模型难以优化和分析。

② 如果忽略上述复杂因素,降低模型复杂度的同时亦降低了模型精度,导致获得的调度方案与实际调度环境有偏差,可操作性差。

③ 建立的模型无法考虑调度环境中的不确定性因素,因此缺乏准确及时的模型参数,影响其使用效果,无法响应动态不确定环境。

在复杂制造系统调度优化方面:

① 调度问题本身是 NP-难问题,无法在多项式时间内获得最优解,尽管寻求满意解可以缓解求解效率的问题,却牺牲了优化性能。

② 在复杂制造系统的调度过程中获取调度知识尤为困难,需要通过大量的模型仿真来获取,通过传统机器学习技术构造的知识库的泛化能力亦较弱,存在过拟合和欠拟合的问题。

制造过程越复杂,传统调度的上述局限性越突出。与此同时,日益成熟的制造企业信息化系统,如 ERP、MES、APC、SCADA 等,积累并存储了大量的离在线历史数据，其中蕴含了丰富的和调度相关的知识；另外，新一代信息及网络技术，包括无线传感网（Wireless Sensor Network，WSN）、无线射频识别（Radio Frequency Identification，RFID）等技术的发展使得制造系统在线数据的获取更为实时和精确。如何有效地利用这些数据，运用基于数据的方法，更好地解决复杂制造系统调度问题，引起了学术界与工业界的普遍关注。

基于数据的调度方法相较于传统调度，更加注重知识在调度中的作用，在优化制造系统运作性能的同时，强调调度方法的自适应性与调度方案的可操作性，特别是对复杂制造系统的高度不确定性环境的实时响应能力。因此，基于数据的调度方法尤其适合于解决面向动态生产环境的实时调度问题。

根据优化调度方案生成的方式不同，基于数据的调度优化研究主要分为以下三类。

① 基于离线仿真的调度知识挖掘

诸多研究表明，不存在所谓最优的实时调度规则适应于各种类型的制造系统的问题。实时调度规则的有效性和生产线运作状态直接相关，应根据生产的调度环境指导调度规则的选择。仿真是用于比较和选择复杂制造系统调度决策的重要技术之一。一般而言，有两种仿真方式来选择调度决策。一种是离线仿真的方式，对于不同的生产线状态采用不同的调度决策进行仿真，保留最能满足性能指标的调度决策，以此构造知识库。显然，这类方法效率不高，所构造知识库的泛化能力也很弱；另一种是在线仿真的方法，在决策点采用不同的调度决策进行仿真，选择性能指标最优的调度决策来指导实时派工。在线仿真对于仿真时间的要求较为苛刻，稍不满足就无法实时派工。

② 基于离线优化的调度知识挖掘

随着计算机计算能力的加强，使得大规模调度问题的求解成为可能。基于优化算法求解调度问题的更大的瓶颈在于实际复杂制造系统中大量的不确定性扰动因素导致得到的派工方案难以执行。如何从大量的优化方案中挖掘出调度决策，即用合适的实时调度规则来拟合优化算法，使得实时调度规则所生成的调度方案能较好地逼近优化算法的调度方案，以此进一步适应实时派工的需求，是很有实用价值的研究。

③ 基于信息系统离线数据的调度知识挖掘

企业信息系统中的离线数据蕴含了调度相关信息，也可以从中提取实时调度规则。例如，Choi 等[13] 以多重入制造系统为研究对象，考虑了制造系统的调度环境，使用决策树从离线数据中挖掘出实时调度规则选择的知识；Kwak 和 Yih[14] 使用决策树方法从制造系统离线运行历史数据中挖掘出短调度周期内，在不同的调度环境下，实时调度规则选择对性能指标的影响，通过仿真获取长期有效的实时调度规则。

目前，在基于数据的调度优化方法领域取得的成果仍然停留在从既定的实时调度规则集中选取特定的规则或者离线挖掘出某一特定规则运用于实际派工阶段，柔性不足，无法在生产线运作过程中实时调整。面向的生产系统还主要集中于小型的作业车间或流水车间，有必要进一步深入研究。

接下来的两节内容分别介绍作者在基于数据的调度优化领域的研究工作。

6.2 基于数据的组合规则调度策略

本节通过离线仿真数据的方式，在固定投料和混合智能投料两种投料方式下，分别从平均加工周期、平均加工周期方差、准时交货率、生产率、移动速率、在制品数量以及仿真耗时 7 个角度，针对 5 类 10 个启发式规则、1 个具有代表性的智能调度算法以及 2 个组合调度规则进行比对、分析与研究。在此基础上，以数据为驱动，提炼指导调度策略优选的规律知识，用于实时调度决策。

本节研究将要用到的参数及变量定义如下。

P_i：工件 i 的调度优先级。

D_i：工件 i 的交货期。

F_i：工件 i 所属产品的倍增因子。

ω_k：权重参数。

P_{if}：工件 i 在 FIFO 规则下的调度优先级。

P_{ie}：工件 i 在 EODD 规则下的调度优先级。

P_{is}：工件 i 在 SPT 规则下的调度优先级。

CP_i：工件 i 的组合优先级。

AT_i：工件 i 进入缓冲区的时刻。

OD_{ik}：工件 i 将要加工工序 k 时的决策值。

PT_{in}：工件 i 加工第 n 工序时花费的时间，包括等待时间。

CR_{ik}：工件 i 将要加工第 k 工序时的临界值。

RP_i：工件 i 的计划剩余可加工时间。

τ_n^t：工件 n 在时刻 t 的信息素变量。

id：设备 i 的下游设备（群）索引号。

Now：当前决策时刻。

SPT_i：工件 i 的入线时刻。

RPT_{ik}：工件 i 当前已用加工得总时间，包括等待时间。

AWT_i：工件 i 的松弛时间。

$TRPT_{ik}$：工件 i 从第 k 工序后的剩余净加工时间。

$ProTime_{ir}$：工件 i 在加工第 r 工序时所用的加工时间。

$OnlineTime_i$：工件进入系统的时间。

6.2.1 调度规则库的设计与选取

根据调度规则自身的特点，可以将其分为 5 大类[15~18]，分别是：基于工件等待时间的启发式规则、基于工件交货期的启发式规则、基于工件加工周期的启发式规则、智能算法以及组合调度规则。本节研究分别从中做如下选择。

（1）基于工件等待时间的启发式规则

选取 2 个基于工件等待时间的启发式调度规则，包括：先入先出调度规则（FIFO）以及最小松弛时间优先调度规则（LS）。

① 先入先出调度规则（FIFO）

将工件进入缓冲区的时刻作为调度的决策依据。越早进入缓冲区的工件调度优先级越高。

$$AT_i < AT_j (i \neq j) \Rightarrow P_i > P_j \tag{6-1}$$

② 最小松弛时间优先调度规则（LS）

将工件的交货期、剩余净加工时间以及当前时刻作为决策因素。松弛时间较小的工件具有较高的调度优先级。

$$AWT_{im} < AWT_{jn} (i \neq j) \Rightarrow P_i > P_j \tag{6-2}$$

$$AWT_{ik} = D_i - TRPT_{ik} - Now \tag{6-3}$$

$$TRPT_{ik} = \sum_{r=k}^{s} ProTime_{ir} \tag{6-4}$$

（2）基于工件交货期的启发式规则

选取 3 个基于工件交货期的启发式调度规则，包括：最早交货期优先调度（EDD）、最早工序交货期优先调度（EODD）以及最小临界比优先调度（CR）。

① 最早交货期优先调度（EDD）

将工件的计划交货日期作为调度的决策依据。距离当前决策时刻越近的工件具有较高的调度优先级。

$$D_i < D_j (i \neq j) \Rightarrow P_i > P_j \tag{6-5}$$

② 最早工序交货期优先调度（EODD）

将工件的入线时刻、当前已用加工的总时间以及该工件所属产品的倍增因子作为决策因素。决策值较小的工件具有较高的调度优先级。

$$OD_{im} < OD_{jn} (i \neq j) \Rightarrow P_i > P_j \tag{6-6}$$

$$OD_{ik} = SPT_i + RPT_{ik} \times F_i \tag{6-7}$$

$$\mathrm{RPT}_{ik} = \sum_{n=1}^{k} \mathrm{PT}_{in} \tag{6-8}$$

③ 最小临界比优先调度（CR）

将工件的交货期、当前时刻以及该工件的剩余净加工时间作为决策因素。决策值较小的工件具有较高的调度优先级。

$$\mathrm{CR}_{im} < \mathrm{CR}_{jn}(i \neq j) \Rightarrow P_i < P_j \tag{6-9}$$

$$\mathrm{CR}_{ik} = \begin{cases} (1+\mathrm{TRPT}_{ik})/(1+D_i-\mathrm{Now}) & \mathrm{Now} < D_i \\ (1+\mathrm{TRPT}_{ik})/(1+\mathrm{Now}-D_i) & \mathrm{Now} > D_i \end{cases} \tag{6-10}$$

（3）基于工件加工周期的启发式规则

选取 5 个基于工件加工周期的启发式调度规则，包括：最短工序优先调度（SPT）、最长工序优先调度（LPT）、最小剩余加工时间优先调度（SRPT）、加工周期波动平滑调度规则（FSVCT）以及拖期方差波动平滑调度规则（FSVL）。

① 最短工序优先调度（SPT）

将工件当前待加工工艺的加工时间作为调度的决策依据。加工时间较短的工件具有较高的调度优先级。

$$\mathrm{ProTime}_{im} < \mathrm{ProTime}_{jn} \Rightarrow P_i > P_j \tag{6-11}$$

② 最长工序优先调度（LPT）

将工件当前待加工工艺的加工时间为调度的决策依据。与 SPT 相对，加工时间较长的工件具有较高的调度优先级。

$$\mathrm{ProTime}_{im} > \mathrm{ProTime}_{jn} \Rightarrow P_i > P_j \tag{6-12}$$

③ 最小剩余加工时间优先调度（SRPT）

将工件的交货期、当前决策时刻以及剩余加工时间作为决策因素。决策值较小的工件具有较高的调度优先级。

$$\mathrm{RP}_i < \mathrm{RP}_j \Rightarrow P_i > P_j \tag{6-13}$$

$$\mathrm{RP}_i = D_i - \mathrm{Now} \tag{6-14}$$

④ 加工周期波动平滑（FSVCT）

将工件进入系统的时间与剩余净加工时间的差值作为决策因素。决策值较小的工件具有较高的调度优先级。

$$\mathrm{FS}_{im} < \mathrm{FS}_{jn} \Rightarrow P_i > P_j \tag{6-15}$$

$$\mathrm{FS}_{ik} = \mathrm{OnlineTime}_i - \mathrm{TRPT}_{ik} \tag{6-16}$$

⑤ 拖期方差波动平滑调度规则（FSVL）

依据 FSVL，具有最短交货期与剩余净加工时间差值的工件优先接受加工，以获得拖期方差最小。

（4）基于信息素的智能算法 DDR

智能算法是人们受到自然规律的启发，借鉴其原理，模仿生物而设计的一类用来求解实际问题的算法。智能算法以其灵活性与健壮性,已经在计算机科学、机器人、生产管理等多个研究领域显现了它的潜力。结合复杂生产制造调度需求,选取面向半导体生产线的动态调度策略(Dynamic Dispatching Rule,DDR)[19]参与研究和讨论。

DDR 是一种能对当前生产制造环境做出及时响应的动态派工规则。此规则主要受到蚁群生态系统的启发,将个体蚂蚁间基于信息素的通信机制应用于生产调度问题。根据生产线的设备特性,模仿信息素通信机制,从而实现动态派工,优化生产线。DDR 可以根据要优化的性能指标相应地改变信息素的表示方式,从而在调度的结构不受影响的情况下,方便地实现方法的重用。基于信息素的动态调度规则的 6 个参数($\alpha_1, \beta_1, \alpha_2, \beta_2, \gamma, \sigma$)是可调的,在对 DDR 智能调度算法进行仿真分析时,需要先对算法中 α_1 与 β_1 两个参数进行遍历优选,在此基础上,再对 4 个用于批量加工设备的权重参数 α_2、β_2、γ 以及 σ 进行遍历。通过对算法中参数的遍历,以期获得该算法对生产线的最大优化,DDR 决策流程如图 6-1 所示。

(5) 组合调度规则

① 算法间融合

例如,从基于工件等待时间、交货期以及加工周期 3 个不同的角度各挑选出一个启发式规则用于算法融合,它们分别是:FIFO、EODD 与 SPT,综合指标大者优先级更高。

$$CP_i > CP_j \Rightarrow P_i > P_j \tag{6-17}$$

$$CP_i = \omega_1 P_{if} + \omega_2 P_{ie} + \omega_3 P_{is} \tag{6-18}$$

② 算法间协同应用

对不同类型的设备选择不同的调度算法。这里将启发式规则应用于非批加工设备,选择 DDR 智能算法用于批量加工设备,通过仿真查看生产线整体优化情况。

6.2.2 性能指标集的设计与选取

生产调度的主要目标就是优化系统性能,反映系统性能的指标有很多方面,需要从中加以合理选取。不失一般性,这里选取以下 7 个性能指标用于规则组合的研究[20]。

① 平均加工周期及方差　平均加工周期是所有完成加工的工件的加工时间的平均值,其方差是指各工件加工周期与平均加工周期之差的平方的平均数。通过这两个指标可以查看生产系统的响应能力及准时交货的能力。

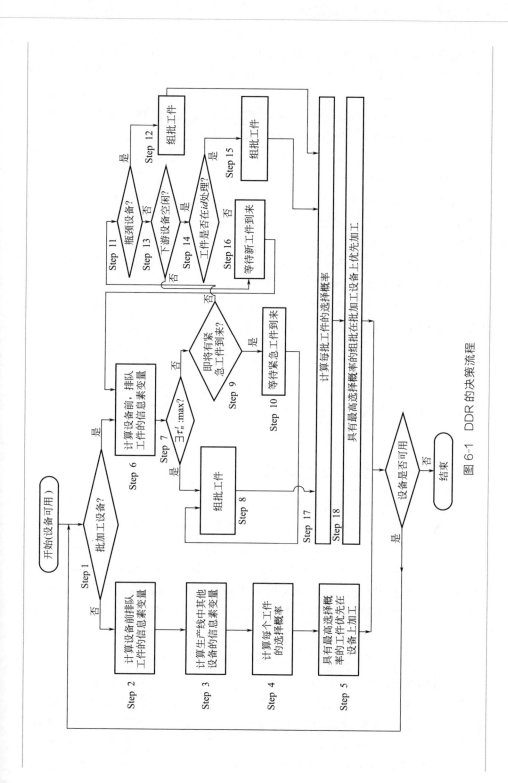

图 6-1 DDR 的决策流程

② 准时交货率　指按时或提前交货的工件数占完成加工的工件总数的百分比。准时交货率与生产率、加工周期等都有间接的关系，它是衡量半导体生产调度方案优劣的重要指标。

③ 生产率　指单位时间内生产线上完工的工件数。显然，生产率越高，单位时间内创造的价值越高，生产线的加工效率越高。

④ 移动速率　指单位时间内工件的平均移动步数。移动速率越高，表明工件在生产线上的流动速度越快，生产线越流畅。

⑤ 在制品数量　指某一时刻生产线上所有未完成加工的工件数，即分布在生产线上各加工工位及各等待队列的工件数之和。在制品数量反映了一段时间内的生产线负载情况。

⑥ 仿真耗时　指一次仿真总共需要花费的时间。可以用来衡量仿真模型的运行效率以及模型复杂度或计算成本。

⑦ 综合评价　生产调度是典型的多目标优化问题，本指标通过对上述 6 个性能指标采用加权求和的方式观察算法对生产线的综合调度影响：

$$\text{TotalPerformance} = \sum_{i=1}^{6} \omega_i \times n_i \tag{6-19}$$

式中，$n_i(i=1,2,3,4,5,6)$ 依次代表上述各性能指标归一化后的数值，"1"代表最优，"0"代表最劣；$\omega_i(i=1,2,3,4,5,6)$ 为权重参数，可简化为均取值"1/6"。

6.2.3　基于数据的实时调度

基于数据的实时调度本质上是一种调度策略知识的挖掘与应用，调度策略知识反映的是某个生产线状态下，调度优化目标集与最优调度规则组合之间的映射关系。调度优化目标集取自 6.2.2 节介绍的性能指标，最优调度规则取自 6.2.1 节介绍的三类调度规则。基于这样的调度策略知识，就可以在复杂制造系统动态执行过程中，通过判断生产线的当前状态，根据调度目标的需求选择最佳的调度规则组合，完成基于数据的实时调度决策。这一调度优化思想涉及三方面的任务。

（1）基于生产属性特征子集的生产线状态的表达

生产线的状态是一个十分宽泛的概念，从不同的角度观察一个生产系统，可以得到不同的生产属性和相关数据。复杂制造系统的生产属性尤其数量多、范围广，目前并没有一个相对系统的、全面的描述集合，一般可分为生产线属性和加工区属性（表 6-1）。生产线属性主要从全局的角度对生产线的实际生产状态进行描述；加工区属性描述的是每个局部加工区的生产状态。在实际生产调度中，每个加工区所使用的调度规则可能是不同的。因此，针对加工区生产状态属性的提取有利于生产管理者根据相对全面的数据分析进行调度决策。

表 6-1　生产线和加工区属性集

分类	属性名称	属性含义
生产线属性	WIP	系统中当前在制品数量
	WIP_X	系统中在制品分类数量
	NoBL	系统中紧急工件数量
	PoBL	系统中紧急工件所占比例
	NoE	系统中当前可用设备数量
	NoBE	系统中瓶颈设备数量
	PoBE	系统中瓶颈设备所占比例
	MeTD	系统中工件从当前时刻到理论交货期的平均剩余时间
	SdTD	系统中工件从当前时刻到理论交货期的剩余时间标准差
	PC	系统加工产能比
加工区属性	WIP_WA	各加工区中在制品数量
	PoBW	各加工区中的在制品占总在制品数的比例
	PC_WA	各加工区加工产能比
	NoE_WA	各加工区可用设备数量
	NoBE_WA	各加工区瓶颈设备数量
	PoBE_WA	各加工区瓶颈设备占该区可用设备的比例

生产线的属性可以表征生产线的当前状态，但由于一方面生产属性之间存在相关甚至冗余，另一方面全部考虑所有的生产属性也会带来高维数据的困难。因此，有必要在不损失生产线状态表达能力的情况下选取部分生产属性子集替代生产属性的全集，称这样的子集为生产线特征属性。

关于特征选择的方法，可以按照特征子集的形成过程分为穷举法、启发式方法和随机方法三类[21]，这里，我们选取概率随机方法中的遗传算法作为特征选择方法，一方面避免了穷举搜索带来的时间损耗与效率损耗；另一方面，利用遗传算法在全局寻优的优越性，保证了算法的精确度与可行性。

(2) 调度策略知识的学习与降维

这是一个基于大量样本数据通过训练获取调度策略知识的过程。样本数据可以表达为 $\{P,F,D\}$ 的形式。式中，F 为用以表征生产线状态的生产属性集；D 为该样本所采用的调度规则；P 为在此生产状态（F）下运用调度规则 D 所得到的性能指标，即调度产生的效果。样本数据的来源可以是生产线运行记录的历史数据，也可以是仿真得到的数据。实际生产运行产生的历史数据具有真实可靠的效果，但在多样性和分布均衡方面往往不能得到保证，而且也需要有长期的积累，因此有必要根据调度知识挖掘的需要和导向，有针对性地借助于仿真系统的模拟运行，通过在不同生产状态下采用不同的调度规则，生成组合多样且覆盖面广的仿真样本数据，以充分支持调度策略知识的学习和积累。

在样本集基础上进行训练，就是通过对相同生产状态下运用不同规则产生的性能效果的比较分析，从中挖掘出特定条件下的调度知识集 $\{K_i\}, i=1,2,\cdots,N_k$。$N_k$ 体现了调度知识集的规模，其中每一条知识 K_i 对应于一个最优样本 $\{P_i, F_i, D_i^*\}$，这里的 D_i^* 就是当以 P_i 为优化目标集合时，在 F_i 生产状态下的最优调度规则。

在以 $\{P, F, D\}$ 形式表达的样本数据和以 $\{P_i, F_i, D_i^*\}$ 形式表达的调度策略中，生产状态都是用生产属性集的取值来表征的。对于复杂制造系统而言，其规模大、因素多、约束多样等复杂性特点越大，就使得其生产属性集越大，从而导致样本的维度就越高。前文分析过，生产特征属性作为全局生产属性集的子集，可以在不损失生产线状态表达能力的情况下减少生产属性集合的大小，因此，我们可以借助于生产特征属性 $SF \subseteq F$ 对调度知识集数据加以降维处理，得到等价的调度知识样本 $\{P, SF, D^*\}$，以及以降维形式表达的调度知识集 $\{K_i'\}, i=1,2,\cdots,N_k$。

（3）运用调度策略知识的实时调度过程

在基于数据的训练学习的基础上，又经过生产特征属性的约简，形成了更为实用有效的调度策略知识集，以此为指导，就具备了基于生产线实时状态支持优化调度决策的能力。在任意给定的制造系统生产状态之下，以遗传算法寻优得出的生产属性特征子集作为选择要素，在调度策略知识集 $\{K_i'\}$ 中，运用 K-NN 邻近算法选择最相似的知识样本数据，将相应的最优调度规则作为实时调度的决策结果。

在具体的实施过程中，上述基于数据的实时调度三方面任务是穿插交互进行的，概要过程描述如下。

步骤①：根据半导体生产线数据动态建立仿真模型。

步骤②：在仿真模型中建立调度算法库以及性能指标集。

步骤③：在模型中提取、计算相关生产属性值。

步骤④：通过仿真获取在某个历史生产状态及相关性能指标下的最优调度规

则，建立调度策略知识集。

步骤⑤：应用遗传算法及信息熵理论对训练样本集进行训练，获取在某一性能指标下的半导体生产属性特征子集。

步骤⑥：建立测试样本集（获取方法同步骤④）。

步骤⑦：应用 K-NN 邻近算法对所选出的生产属性特征子集进行测试评估。

步骤⑧：若由基于特征子集所预测的最优调度规则的正确率相当于基于生产属性全集的预测结果，则将该生产属性子集记录在特征子集库中；否则，调整生产历史数据输入，以期获得理想结果。

步骤⑨：对任意给定的制造系统生产状态，决策者根据所关注的某一性能指标，在特征子集库中选择相应的特征子集作为选择要素，应用 K-NN 邻近算法在历史库中选择若干最相邻的数据样本，获取生产调度规则。

基于调度策略知识的实时调度方法从样本的产生到知识的训练，再到基于知识的规则选择，整个过程框图见图 6-2。

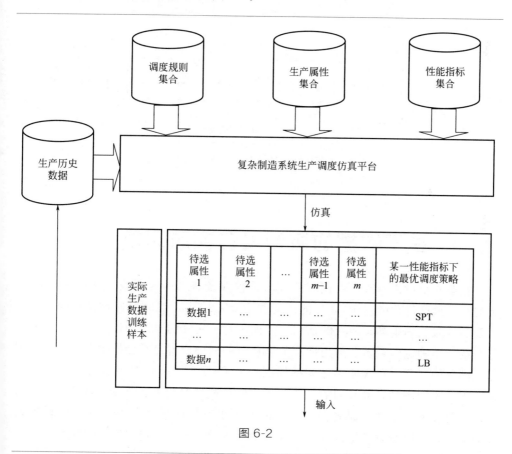

图 6-2

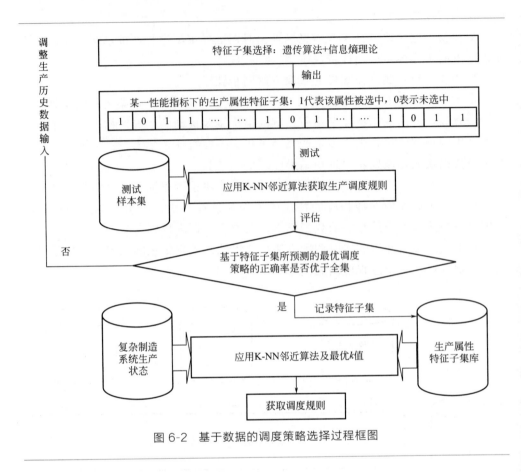

图 6-2 基于数据的调度策略选择过程框图

6.3 基于数据的瓶颈设备实时调度

在第 5 章讨论静态生产调度问题时，曾涉及瓶颈区并行设备调度（5.4 节）和突出瓶颈区优化的基于 DBR 的调度方法（5.2 节），当时对瓶颈设备的理解还主要是局限在固定静态瓶颈的认识。然而，对于实际的复杂制造生产线，因其流程复杂，不确定因素多，作为调度关键环节的瓶颈设备经常会发生变化，即出现瓶颈漂移的现象。造成瓶颈漂移的原因通常有[22,23]：a. 产品的变化。在多产品情况下，不同产品有着不同的工艺路径，产品种类的变化会改变设备的负荷。另外，紧急任务的出现使原先任务需求的变更也有可能导致瓶颈漂移。b. 设备情况的变化。主要是设备维护和故障等，会导致设备停运一段时间，使得所在的加工区加工能力变弱，从而形成瓶颈。c. 投料和调度的不合理。若投料和调度不当，会导致某些设备加工任务过多，成为新瓶颈。

本节重点讨论动态调度背景下的瓶颈设备实时调度，首先就需要突破静态瓶颈的局限。为此，拟充分利用实际复杂生产系统积累的历史数据和不断产生的实时数据，提出一种基于数据的实时瓶颈设备识别方法，再综合考虑实际生产状态，研究瓶颈设备的实时调度方法。

6.3.1 基于数据的瓶颈识别

（1）运用分类算法的瓶颈识别

基于数据的瓶颈识别可以借助数据挖掘领域常用的分类（Classification）技术，通过基于数据的训练，构建出用以支持瓶颈识别的分类器。构建分类器的过程主要包括训练和测试两个阶段[24]。在训练阶段，执行分类算法对训练数据集加以学习，通过分析和计算得到分类器。在测试阶段，利用第一阶段得到的分类器对测试数据集执行分类操作，计算分类器正确率。常见的分类算法有支持向量机、贝叶斯算法、决策树算法等。

① 支持向量机（Support Vector Machine，SVM）

支持向量机[25]是一种依据结构风险最小原理和统计学习理论的分类算法。在面对小样本、非线性和高维度的情形时表现出了良好的性能，相比于其他分类算法，往往能取得较好的泛化效果，并且具有较高的鲁棒性和分类准确度。然而支持向量机在解决多类别分类问题时存在困难，而且在处理大规模训练样本时需要消耗大量的时间。

② 贝叶斯（Bayes）算法

贝叶斯算法[26]是一类利用概率统计知识进行分类的算法，依据贝叶斯理论从待选类别中选出可能性最大的类别。包括朴素贝叶斯（Naive Bayes）和贝叶斯网络（Bayesian Network）等。贝叶斯分类算法具有算法容易理解，运行速度快等优点，然而由于贝叶斯定理需要在各个属性间相互独立时才会具有较高的准确率，在实际应用中很难满足这个条件，因此需要在训练前通过特征选择或者聚类算法降低属性间的关联度。

③ 决策树（Decision Tree，DT）算法

决策树算法作为一种分类算法，目标就是将具有 p 维属性的 n 个样本分到 c 个类别中去。相当于作一个投影，将样本经过一种变换赋予一种类别标签。算法为了达到这一目的，可以把分类的过程表示成一棵树，即决策树[27]。决策树是通过将训练样本集进行计算和分析，建立起来的一棵二叉树或者多叉树。常用的决策树有 ID3、C4.5 和 Fuzzy C4.5 等。决策树被广泛应用于分类，图 6-3 示意了一棵典型的决策树。运用决策树算法的分类过程就是从上到下根据非叶子节点

决定数据所属的类别,树中每一个叶子节点代表一个类别,而从根节点到叶子节点的一条路径代表一条分类规则,非叶子节点包含属性值的比较,用于判断一条数据将要进入哪一条分支。

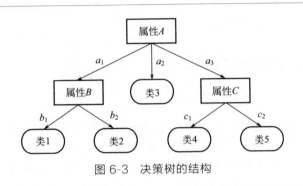

图 6-3 决策树的结构

决策树的构建主要分两步(图 6-4):一是建立决策树,输入训练样本集,通过从上到下的递归方式选择属性进行分类;二是决策树的剪枝,根据测试样本集测试精度,剪去一些树枝以获得更高的分类精度,得到最终决策树。

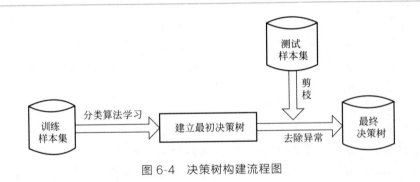

图 6-4 决策树构建流程图

针对实时调度中对瓶颈识别的实时性和准确性需求,下面的研究将选择采用 C4.5 决策树,因其分类准确率高,在分类时计算量较小,运算速度快,能够较好地满足实时调度进行快速决策的需要。

(2) C4.5 决策树的建立

基于决策树的分类过程,是以决策树作为预测模型,每次选择一个属性并计算分析该属性的测试结果,决定分枝走向。不同的决策树算法有着不同的属性选择方案,C4.5 决策树算法是根据信息增益率来进行分枝的。

对于训练样本集 T,假设其共有 n 类,记为 $C = \{C_1, C_2, \cdots, C_n\}$,$C_i$ 表示第 i 类的样本个数,而 T 里总共的样本个数是 $|T|$,记一条样本属于第 i 类的概

率是 P_i，则有：

$$P_i = \frac{C_i}{|T|} \tag{6-20}$$

用 C4.5 算法对 T 按 C 进行划分，则 T 的信息熵值为 $E(T, C)$，简记为 $E(T)$：

$$E(T) = -\sum_{i=1}^{n} P_i \log_2 P_i \tag{6-21}$$

C4.5 算法的训练过程就是使得决策树对划分的不确定程度逐渐减小的过程。假设选择测试属性 A 进行测试，设属性 A 具有性质 $a_1, a_2, a_3, \cdots, a_m$，记 T_j 为 $A = a_j$ 时的样本集。

当选择测试属性 A 后计算得到每个 $A = a_j$ 叶节点 X_j 的信息熵为：

$$E(T \mid A) = -\sum_{j=1}^{m} P(A = a_j) E(T_j) \tag{6-22}$$

C4.5 算法采用信息增益率（Information Gain Ratio）最大的属性进行分枝，信息增益率定义为信息增益（Information Gain）与分割信息量（Split Information）的比值，见式（6-23）：

$$\text{GainRatio}(A) = \frac{\text{Gain}(A)}{\text{Split}(A)} \tag{6-23}$$

其中，信息增益的计算式为：

$$\text{Gain}(A) = E(T) - E(T \mid A) \tag{6-24}$$

分割信息的计算式为：

$$\text{Split}(A) = -\sum_{i=1}^{m} \frac{|a_i|}{|a|} \log_2 \frac{|a_i|}{|a|} \tag{6-25}$$

概括 C4.5 决策树的建立流程如下[28]。

① 根据式(6-23)计算每一个待分枝属性的信息增益率。
② 选取信息增益率最大的属性进行分枝，并对训练样本集进行划分。
③ 若存在没有分枝的属性，则返回①，否则进行第④步。
④ 根据设定的置信因子对建立好的决策树进行剪枝。

(3) C4.5 决策树的剪枝

决策树通过剪枝来减小树的规模，提高预测精度。常用的剪枝处理方法[29]分为预剪枝（Pre-pruning）和后剪枝（Post-pruning）两种。预剪枝通过在建树前设定阈值，如树的最大深度等，使节点不再分裂，从而进行剪枝。但是预剪枝可能会限制树的生长，影响预测精度。后剪枝是在树完全建成以后，通过一定的规则，如估算错分率，如果剪掉某子树能提高决策树的预测精度，那么就剪去该子树。后剪枝能够合理有效地提高树的预测精度，这里选择后剪枝。

根据德莫佛-拉普拉斯 De Moivre-Laplace 定理，设随机变量 $\mu_n (n=1,2\cdots)$ 服从二项分布 $B(n,p)(0<p<1,q=1-p)$，则对一切 x，恒有：

$$\lim_{n\to\infty} P\left(\frac{\mu_n - np}{\sqrt{npq}} \leqslant x\right) = \frac{1}{\sqrt{2\pi}} \int_{-\infty}^{x} e^{-\frac{t^2}{2}} dt \tag{6-26}$$

假设式(6-26)中的 μ_n 为 n 次伯努利试验出现错误的频数，另设 f 为该 n 次试验中出现错误的频率，则有 $f=\mu_n/n$。故式(6-26)又可以改写为：

$$\lim_{n\to\infty} P\left(\frac{f-p}{\sqrt{pq/n}} \leqslant x\right) = \frac{1}{\sqrt{2\pi}} \int_{-\infty}^{x} e^{-\frac{t^2}{2}} dt \tag{6-27}$$

由式(6-27)可以看出，当 n 足够大时，统计量 $\frac{f-p}{\sqrt{pq/n}}$ 近似服从标准正态分布 $N(0,1)$。

若某节点期望会分类错误的概率为 q，而这 N 个实例是根据一个以 q 为参数的伯努利试验产生的，其中错误的个数为 E，在这里用置信上限估计错分率。对于给定置信因子 c，可以由式(6-28)计算出置信极限 z：

$$c = p\left(\frac{f-q}{\sqrt{q(1-q)/N}} > z\right) \tag{6-28}$$

式中，N 为实例的数量；$f=E/N$ 为观察到的错分率；q 为实际错分的概率。给定 c 值，由式(6-28)以及查标准正态分布表可以计算得到 z 值。再通过式(6-29)，由 f、N 和 z 的值可以计算得到对 q 的一个置信上限 e。把该上限作为错分率的估计：

$$e = \frac{f + \frac{z^2}{2N} + z\sqrt{\frac{f}{N} - \frac{f^2}{N} + \frac{z^2}{4N^2}}}{1 + \frac{z^2}{N}} \tag{6-29}$$

根据计算出剪枝前后 e 的大小，进而决定是否进行剪枝。

(4) 基于 C4.5 决策树算法的瓶颈识别

基于 C4.5 决策树进行瓶颈识别的算法流程可以大致分为三个部分，如图 6-5 所示。

• 数据采集和预处理：通过采集大量的生产线实时数据和历史数据，并加以分析转换，得到训练样本集。

• 分类器模型建立：在得到的训练样本集基础上，采用 C4.5 决策树算法对样本集进行训练，最终建立瓶颈识别的分类器模型。

• 实时瓶颈识别：基于已建立的分类器模型，输入实时生产线状态，获取该实时状态下生产线的瓶颈。

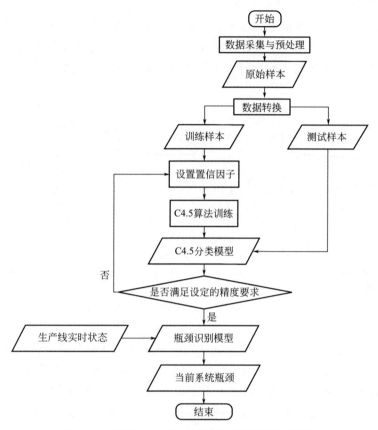

图 6-5　基于 C4.5 决策树算法的瓶颈识别流程

以上基于 C4.5 决策树算法的瓶颈识别方法，不同于传统静态计算的瓶颈识别方法，充分利用生产线以往的历史数据和当前的实时数据，从中挖掘出瓶颈识别知识，表现为 C4.5 决策树，以此为基础，可以实现生产线上瓶颈设备的实时识别，并不受瓶颈漂移的限制。

6.3.2　基于数据的瓶颈调度算法

经过上节基于 C4.5 决策树算法得到的实时瓶颈设备，正是生产线当前调度的关键环节，瓶颈设备的加工节奏带动着也制约着整个生产线的运行，所以是进行实时调度的重点对象。一个优秀的瓶颈调度算法不仅能带动非瓶颈设备协调工作，而且在一定程度上可以避免瓶颈饥饿和瓶颈漂移现象的发生。本节针对具有多重入特点的复杂半导体制造系统，提出一种基于数据的瓶颈实时调度算法。

(1) 多重入生产线瓶颈调度算法

由于多重入生产线的复杂特点,瓶颈设备前不仅堆积着来自同一种产品的不同阶段的工件,还有着不同种类的产品(图 6-6)。对瓶颈设备的实时调度,就是通过合理安排瓶颈设备前等待加工的工件的加工顺序,达到优化生产线性能的目的。

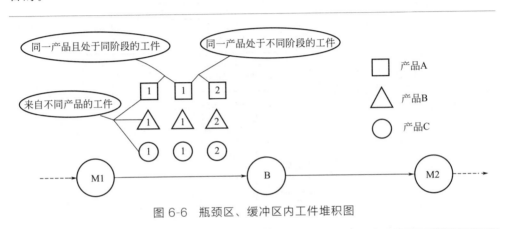

图 6-6 瓶颈区、缓冲区内工件堆积图

本算法的主旨思想是基于生产线实时数据统计加工区权重,并依据加工区权重核定每种工件的目标等待时间和目标在制品数,通过测定工件实时在制品数和目标在制品数的差值,以及瓶颈设备上下游设备的状况,得到瓶颈设备前各等待加工工件的优先级,以此作为调度的依据。因此,算法的核心在于工件优先级的计算。

(2) 工件优先级计算

本算法的工件优先级的计算过程如下。

① 确定加工区的权重 ω_k

加工区权重反映了各设备的重要程度,当前设备权重表征方法主要是考察在生产中系统各加工区的指标值,如加工区利用率、工件等待时间等。本算法将加工区 k 的权重表示为 ω_k,权重考察生产系统各加工区上一周期的加工区利用率,权重值越大,代表对生产系统影响越大,权重值为 $\omega_k = util_k / \sum_{i=1}^{M} util_i$,式中,$util_k$ 为加工区 k 上一周期的利用率;M 为生产线加工区总数。在系统绩效满足的情况下,加工区利用率可以近似看作是在周期内加工区对负荷的需求,可以反映加工区的重要程度。

② 计算各工序的目标等待时间 W_i

一种产品总的生产周期可以分为净加工时间和缓冲区等待时间两部分,其中净加工时间由其加工工艺决定,是固定值,因此要控制一种产品的生产周期只有通过控制其等待时间来实现。

设 G_i 为产品 i 的目标生产周期，PT_i 为产品 i 的净加工时间，通过 $W_i = G_i - PT_i$ 可以得到产品 i 的目标等待时间。在得到产品目标等待时间之后，再将其依据工艺流程分配给各工序。而约束权重越大的加工区，其重要性越大，为其工件分配的等待时间就越长。式(6-30) 为依据工件的约束权重得到目标等待时间 TW_{ij}（Target Waiting Time）的方法。

$$TW_{ij} = W_i \times \omega_{e(ij)} / \sum_{j'=1}^{n_i} \omega_{e(ij')} \qquad (6\text{-}30)$$

式中，$e(ij)$ 为加工产品 i 的第 j 道工序的设备，n_i 为产品 i 加工的总工序数。式（6-30）为依据某一工序所属加工区的约束权重 ω，用在该产品加工流程中的所有工序的相关约束权重和的比率来分配等待时间 W_i。

③ 计算各工件目标在制品数量 WIP_{ij}

在得到了工序的目标等待时间后，又可以根据 $TC_{ij} = t_{ij} + TW_{ij}$ 反过来得到该工序的目标生产周期，t_{ij} 为产品 i 的第 j 道工序所需要的加工时间。

根据 Little 公式 $WIP_{ij} = TC_{ij} \times v_i$ 得到产品在各个工序的目标在制品数量。式中，v_i 为第 i 种产品的投料率。

④ 确定瓶颈区前工件的加工优先级 P

瓶颈调度的主要规则是避免在制品水平过高或者过低，本文用 P 来表示每种产品各个阶段的目标在制品水平与实际在制品水平的相对差值：

$$P_{ij} = \frac{WIP'_{ij} - WIP_{ij}}{WIP_{ij}} \qquad (6\text{-}31)$$

式中，WIP'_{ij} 为产品 i 的 j 道工序的工件的实际在制品水平。

P 值能够反映出工件过多或者缺乏的程度，因此可以据此对瓶颈区缓冲区所有工件设定相应的加工优先权：P 值越高，表明相应工件的实际在制品数大于目标在制品数的程序越高，因此其相应的加工优先权越高。P 值越低，表明相应工件的实际在制品数大于目标在制品数越低，因此其加工优先权越低。这样可以让实际数量过多的工件优先加工，而让实际数量过少的产品延后加工，让生产线上的工件能够有序地得到加工。

（3）瓶颈调度算法流程

在实际的调度过程中，当某一工序的工件在制品数量低于目标在制品数到达一定程度，则表明该阶段工件已经出现缺货的状况，为了平衡瓶颈区前工件的数量，需要加快上游加工区工件的加工，这里采用最低允许值（Lowest Limited Value，LLV）监测工件数量是否过低，该值通过多次仿真分析得到。

当设备出现空闲状态时，将按照如下的算法流程，从缓冲区中选择适当的工件进行加工。

① 若该加工区为瓶颈区，则按 P_{ij} 计算工件的优先级。

② 若该加工区不是瓶颈区，则首先计算各工件的下游瓶颈区，若下游的瓶颈区存在 $P_{ij}<LLV$，即瓶颈区中存在某一工序阶段的工件短缺，则将相应的上游工件优先级设为最高，否则将工件按照 FIFO 规则排序。

③ 若一个加工区前有多个工件的加工优先级一致，则按照 FIFO 规则排序，先到达的工件先加工。

瓶颈调度流程如图 6-7 所示。

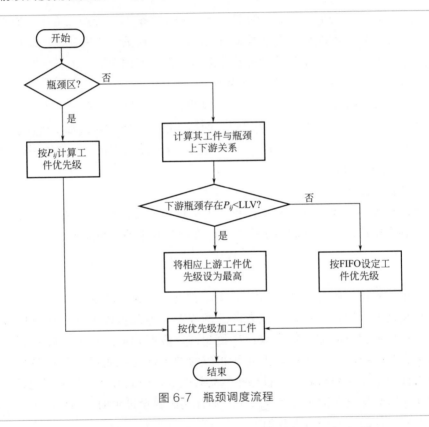

图 6-7 瓶颈调度流程

6.4 实时调度的可重构集成

本节讨论实时调度的体系结构模型表达，通过模型表达将实时调度方法集成到可重构体系中，以基于数据的瓶颈识别及实时调度方法的体系结构集成模型为例。

6.4.1 实时调度的业务系统视角模型

（1）任务描述模型（BSV-1）

业务场景名称：基于数据的瓶颈识别及实时调度算法。

业务场景 ID：系统生成，唯一。

业务活动：基于生产系统历史数据与实时数据，运用 C4.5 决策树算法建立瓶颈识别的分类器模型，获取生产线实时瓶颈，计算缓冲区内工件优先级，实现实时派工。

业务活动目标：对瓶颈区内工件进行派工。

业务对象：业务对象分为输入参数和输出参数。其中，输入参数包括投料计划产品种类及数量、缓冲区工件队长、生产线在制品数、加工区上一个周期的利用率、等待时间、工件目标在制品数量；输出参数包括瓶颈区及其缓冲区的工件优先级。

（2）目标活动视图（BSV-2）

基于数据的瓶颈识别及实时调度算法的目标活动视图如图 6-8 所示。

```
┌─────────────────────────────────────────────┐
│ 业务活动：基于数据的瓶颈识别及实时调度算法 │
└─────────────────────────────────────────────┘
                      │
                      ▼
┌─────────────────────────────────────────────┐
│ 活动行为单元序列：                          │
│ ①查询周期内产品投料计划，得到投料产品种类与数量 │
│ ②查询缓冲区工件队长、生产线在制品数，计算加工区上一个周期的利用率 │
│ ③按生产线属性进行采集                       │
│ ④采用C4.5算法对样本集进行训练，调用Weka平台建立决策树，建立起能识别瓶颈的分类器模型 │
│ ⑤对于已建立的分类器，输入生产线实时采集数据，获取该实时状态下生产线的瓶颈 │
│ ⑥统计各加工区的利用率，计算加工区权重       │
│ ⑦依据加工区权重计算各工件的目标等待时间     │
│ ⑧根据Little公式计算每一种工件的目标在制品数量 │
│ ⑨计算工件实时在制品和目标在制品的数量差     │
│ ⑩计算瓶颈区前每种工件的加工优先级           │
└─────────────────────────────────────────────┘
```

图 6-8　基于数据的瓶颈识别及实时调度算法的目标活动视图（BSV-2）

（3）业务节点模型（BSV-3）

业务节点模型，用于动态关联管理业务系统成员。实时调度算法的业务节点模型如图 6-9 所示。

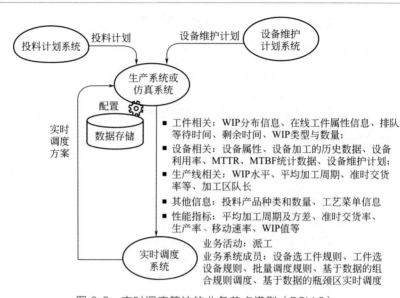

图 6-9　实时调度算法的业务节点模型（BSV-3）

（4）系统维护模型（BSV-4）

该视图用于说明业务系统、业务系统成员、角色之间的关系。实时调度业务系统与其业务系统成员之间的关系如图 6-10 所示。

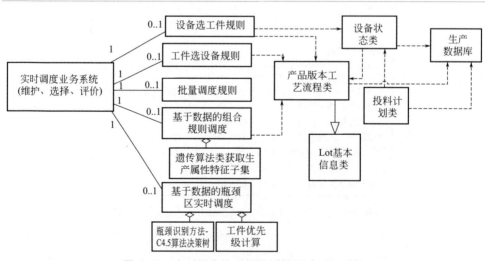

图 6-10　实时调度的系统维护模型（BSV-4）

注：图中 0..1 指 0 或 1。

6.4.2 实时调度的业务过程视角模型

本节介绍以基于数据的瓶颈区实时调度为例,建立业务过程视角下实时调度的集成体系结构模型:业务活动模型、活动行为单元时序图、业务过程模型、业务逻辑数据模型。

(1) 业务活动模型(BPV-1)

基于数据的瓶颈区实时调度,其业务活动模型描述了活动行为单元之间的信息流,如图 6-11 所示。

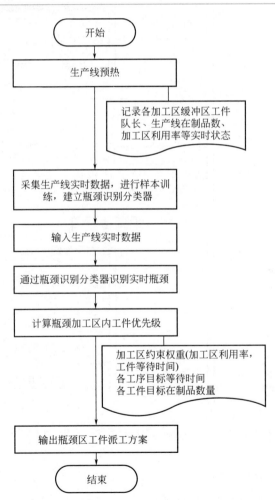

图 6-11 基于数据的瓶颈区实时调度的业务活动模型(BPV-1)

(2) 活动行为单元时序图 (BPV-2)

基于数据的瓶颈区实时调度的活动行为单元时序图描述了活动行为单元之间的时序关系，如图 6-12 所示。

图 6-12 基于数据的瓶颈区实时调度的活动行为单元时序图 (BPV-2)

(3) 业务过程模型 (BPV-3)

基于数据的瓶颈区实时调度的业务过程模型，描述其实时调度活动的执行流程。对于该算法，其流程图包括用 C4.5 算法建立瓶颈识别分类器、利用瓶颈识别分类器识别生产线实时瓶颈并计算工件优先级,其中瓶颈调度算法流程见图 6-13。

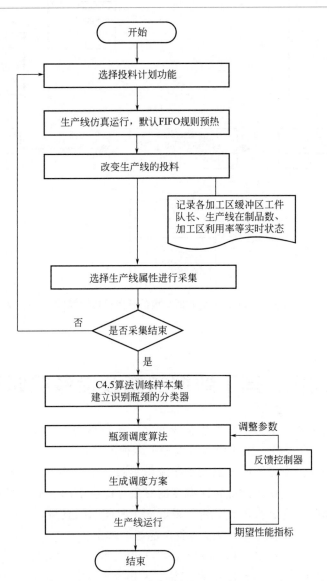

图 6-13 基于数据的瓶颈区实时调度的业务过程模型(BPV-3)

(4) 业务逻辑数据模型(BPV-4)

基于数据的瓶颈区实时调度的业务逻辑数据模型如图 6-14 所示。

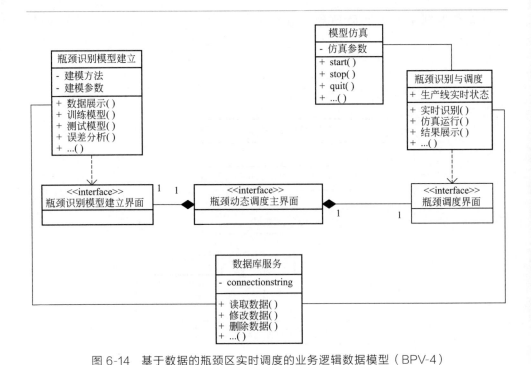

图 6-14　基于数据的瓶颈区实时调度的业务逻辑数据模型（BPV-4）

6.5　案例：基于数据的瓶颈设备实时调度

案例数据来源于上海某半导体企业的实际生产线 BL6 模型，该模型包含 12 个加工区，277 台设备。BL6 模型可以加工多种产品，通过改变产品的投料情况来改变仿真条件。由于不同产品的工艺流程不同，当产品组合比例不同时，系统的瓶颈可能会发生变化，因此每次调度的对象可能会不同。本案例考虑对 5 种产品的 5 种不同的组合进行仿真分析，采取固定时间间隔投料，产品交货期分别为第 170、172、175、178、180 天，5 种产品组合如下。

组合一：1∶1∶1∶1∶1，5 种产品 2 天投 5 卡。
组合二：1∶2∶1∶3∶1，5 种产品 2 天投 8 卡。
组合三：2∶1∶2∶2∶1，5 种产品 2 天投 8 卡。
组合四：1∶1∶2∶1∶3，5 种产品 2 天投 8 卡。
组合五：1∶4∶1∶1∶1，5 种产品 2 天投 8 卡。

案例运行在 Plant Simulation 仿真平台上，Plant Simulation 软件是一款离散

事件动态系统仿真软件，常常被用于生产线、物流等过程的仿真，具有图形化、可编程、灵活性等优点。该软件可以采用 SimTalk 语言设计各功能，并且开放性好，能够用其他程序打开和调用。

本案例运行的仿真周期设为 180 天，预热 60 天，预热期间采用 FIFO 规则调度。通过仿真，比较 6.3 节讨论的基于数据的瓶颈设备实时调度算法与常规 FIFO、SPT 等算法的调度，考察的性能指标包括准时交货率、平均加工周期、生产率等。

首先，通过仿真对算法中的最低允许值 LLV 参数进行合理设置，该参数用于判断某一工序的实际在制品数量是否过低。为此，将 LLV 的取值范围设为 $[-1, 0]$，选取其中 5 个点，通过多次仿真，比较不同参数值时的生产率（卡/天），选取生产率最大时的 LLV 值。从仿真获得的比较结果（表 6-2）可以看出，组合一条件下，生产率最大值 2.367 对应的 LLV 值为 -0.25，组合二至组合五条件下，生产率最大时，分别对应的 LLV 值为 -0.5、-0.5、-0.25、-0.5。

表 6-2　不同 LLV 值时的仿真结果

产品	生产率	LLV				
		0	-0.25	-0.5	-0.75	-1
组合一		2.356	2.367	2.361	2.350	2.350
组合二		2.428	2.456	2.483	2.394	2.378
组合三		2.078	2.111	2.144	2.039	2.017
组合四		1.611	1.694	1.644	1.550	1.533
组合五		2.094	2.139	2.156	2.050	2.033

继而，基于仿真选取的 LLV 参数值，运用基于数据的瓶颈设备实时调度算法（Data-Based Bottleneck Scheduling，DBBS，参见 6.3.2 节）进行实时调度，并同运用几种常规调度方法的结果加以对比分析，得到如表 6-3 所示的各项性能指标的数据结果。

表 6-3　DBBS 与 FIFO、SPT 性能指标比较结果

投料组合	调度方法	准时交货率/%	生产率/(卡/天)	平均加工周期/天	平均移动步数/(步/天)
组合一	DBBS	93.19	2.36	9.37	570.84
	FIFO	91.65	2.29	12.35	558.61
	SPT	92.75	2.32	11.17	561.22

续表

投料组合	调度方法	准时交货率/%	生产率/(卡/天)	平均加工周期/天	平均移动步数/(步/天)
组合二	DBBS	60.03	2.48	34.17	559.86
	FIFO	55.77	1.91	47.67	541.31
	SPT	48.21	2.21	40.86	563.90
组合三	DBBS	51.37	2.14	53.95	532.86
	FIFO	48.63	1.61	54.98	519.49
	SPT	40.8	1.92	47.38	544.81
组合四	DBBS	31.24	1.69	64.52	446.82
	FIFO	26.84	1.12	66.63	465.00
	SPT	18.68	1.41	57.90	491.54
组合五	DBBS	55.08	2.16	29.03	601.26
	FIFO	42.58	1.33	62.34	537.38
	SPT	34.07	1.68	54.27	570.26

根据表6-3中的结果，图6-15~图6-18进一步按照各性能指标加以直观对比。从中可见，在投料方式不断改变的情况下，DBBS算法相比其他两种算法，在准时交货率和生产率方面有明显的提升，在平均加工周期方面也有一定的表现。

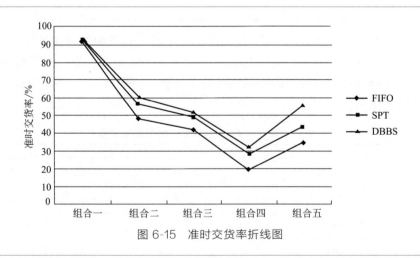

图6-15 准时交货率折线图

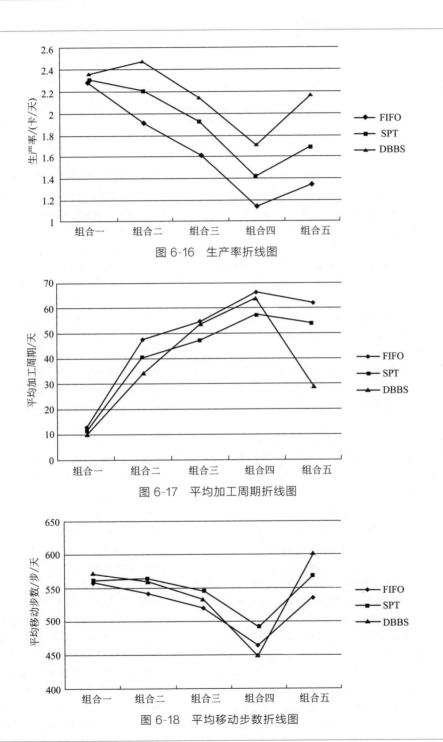

图 6-16　生产率折线图

图 6-17　平均加工周期折线图

图 6-18　平均移动步数折线图

参考文献

[1] Ouelhadj, D. , & Petrovic, S. A survey of dynamic scheduling in manufacturing systems[J]. Jour nal of Scheduling, 2009 12（4）, 417.

[2] S. S. Panwalkar, W. Iskander. A survey of scheduling rules. Operations Research, 1977, 25（1）: 45-61.

[3] Shen Y X, Leachman R C. Stochastic wafer fabrication scheduling. IEEE Transactions on Semi conductor Manufacturing, 2003, 16（1）: 2-14.

[4] 李莉, 乔非, 姜桦, 吴启迪. 基于信息素的半导体生产线动态智能调度方法研究. 第五届全球智能控制与自动化大会会议, 2004,（4）: 2990-2994.

[5] Chiu C C, Chang P C, Chiu N H. A Case-based expert support system for due-date assignment in a wafer fabrication factory [J]. Journal of Intelligent Manufacturing, 2003, 14: 287-296.

[6] 王遵彤, 乔非, 吴启迪. 基于CBR的半导体生产线组合调度策略的研究[J]. 计算机工程, 2005, 31（7）: 183-188.

[7] Dabbas R. A new scheduling approach using combined dispatching criteria in semiconductor manufacturing systems. PHD Thesis, Arizona State University, Tempe, AZ, 1999.

[8] Tay J C, Ho N B. Evolving dispatching rules using genetic programming for solving multi-objec tive flexible job-shop problems[J]. Computers & Industrial Engineering, 2008, 54（3）: 453-473.

[9] Chen B, Matis T I. A flexible dispatching rule for minimizing tardiness in job shop scheduling [J]. International Journal of Production Economics, 2013, 141（1）: 360-365.

[10] Vázquez-Rodríguez J A, Petrovic S. A new dispatching rule based genetic algorithm for the multi-objective job shop problem[J]. Journal of Heuristics, 2010, 16（6）: 771-793.

[11] Blackstone J, Phillips D, Hogg G. A state-of-the-art survey of dispatching rules for manufactur ing job shop operations[J]. International Journal of Production Research, 1982, 20（1）: 27-45.

[12] 吴启迪, 乔非, 李莉, 等. 基于数据的复杂制造过程调度[J]. 自动化学报, 2009, 35（6）: 807-813.

[13] Choi H S, Kim J S, Lee D H. Real-time scheduling for reentrant hybrid flow shops: a decision tree based mechanism and its application to a TFT-LCD line [J]. Expert Systems with Applications, 2011, 38: 3514-3521.

[14] Kwak C, Yih Y. Data-Mining Approach to Production Control in the Computer-Integrated Test ing Cell [J]. IEEE Transactions on Robotics and Automation, 2004, 20（1）: 107-116.

[15] Kumar. P R. Re-Entrant Lines. Special Issue on Queuing Networks, 1993, 13（1）: 87-11.

[16] Perkins J R, Kumar P R. Stable distributed real-time scheduling of flexible manufacturing, as sembly, disassembly systems. IEEE Transactions on Automatic Control, 1989, 34（2）: 139-148.

[17] Kumar P R. Scheduling manufacturing systems of re-entrant lines. Stochastic Modeling and Analysis of Manufacturing Systems, Springer-Verlag, New York, 1994: 325-360.

[18] Lu S H, Kumar P R. Distributed scheduling based on due dates and buffer priorities. IEEE Trans Actions on Automatic Control, 1991, 36（12）: 1406-1416.

[19] Chakraborty B. Genetic Algorithm With Fuzzy Fitness Function for Fea-ture Selection [A]. Proceeding of the 2002 IEEE International Symp on Industrial Electronics, Vol. 1 [C], 2002, 315-319.

[20] S. Chiang, C. Kuo and S. M. Markova. Bottlenecks in markovian production lines: a sys tems approach [J]. IEEE Transactions on Robotics and Automation, 1998, 14（2）: 352-359.

[21] Fei Qiao, Yumin Ma, Xiang Gu, Attribute selection algorithm of data-based scheduling strategy for semiconductor manufacturing, 2013 IEEE International Conference on Automation Science and Engineering（CASE 2013）, Aug. 18-21: 410-415.

[22] Savell D V, Perez R A, Song W K. Scheduling semiconductor wafer production: an expert system implementation[J]. IEEE Expert Intelligent Systems & Their Applications, 1989, 4（3）: 9-15.

[23] 彭亚珍. 基于DBR的多重入制造系统调度方法研究[D]. 北京: 北京化工大学, 2012.

[24] Chen Z B, Pan X W, Li L, et al. A new release control policy（WRELM）for semiconductor. wafer fabrication facilities[C]. Networking, Sensing and Control（ICNSC）, 2014 IEEE on 11th International Conference, 2014: 64-68.

[25] Cristianini N, Shawe-Taylor J. An introduction to support vector machines: and other kernel-based learning methods [M]. Cambridge University Press, 1999.

[26] Friedman N, Linial M, Nachman I, et al. Using bayesian network to analyze expression. data[J]. Journal of Computational Biology, 2000, 7（3-4）: 601-20.

[27] Quinlan J R. Induction of decision trees, machine Learning[J]. Goals and General Description of the IN L. EN System, 1986: 257-264.

[28] 王威. 基于决策树的数据挖掘算法优化研究[J]. 现代计算机月刊, 2012（19）: 11-14.

[29] 戴南. 基于决策树的分类方法研究[D]. 南京: 南京师范大学, 2003.

第7章

复杂制造系统的重调度

制造环境的不确定性不仅为调度优化本身带来困难,更对优化后生成的调度方案的实际可执行性带来挑战。对于复杂制造系统,产品、工艺、设备等的综合复杂性及高度变化的市场环境等,使得其在生产过程中存在着许多不可预测的扰动因素,通过静态调度方法得到的优化解,常常因为一些生产扰动而不再适用。如果直接将这些调度方案丢弃,需要重新耗费大量的计算机资源和计算时间来进行新一轮的调度,这也意味着之前为生产任务安排所做的物料安排、人员安排等资源配置都全部作废。对于有些局部或小幅扰动来说,这种处理方式将对平稳生产带来过大冲击,而且也相当耗时耗力。如何在已有静态调度方案的基础上,根据生产系统的现场状态,通过及时进行静态调度方案的调整,给出适合新环境的调度方案,即为复杂制造系统的重调度问题(Rescheduling)。重调度作为一种反应式的动态调度,是保证处于不确定环境下的生产调度活动平稳高效运作的重要途径。

本章从重调度概念出发,在对重调度策略、重调度方法和重调度评价三方面的研究现状和发展趋势加以总结分析的基础上,重点研究几种新型重调度策略与方法,进而讨论重调度在可重构体系中的集成。

7.1 重调度概述

所谓重调度,是指当既定生产调度方案在其执行过程中被干扰时,在既定调度方案的基础上生成新的调度方案,以适应变化了的新的生产状态的过程[1]。重调度兼顾了优化调度的最优性和动态调度的实时性,在优化计算量及调度质量间寻找合适的折中点,是保证处于不确定环境及误差干扰下的生产活动能够平稳高效运作的主要途径。

制造过程重调度的基本环节一般有:重调度策略、重调度方法和重调度评价,如图7-1所示。

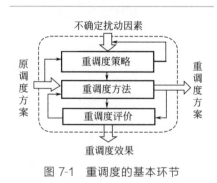

图 7-1 重调度的基本环节

重调度策略依据不确定性生产扰动因素决定何时启动重调度；重调度方法在既定调度方案的基础上，根据实时生产状态产生适应新生产状态的重调度方案；重调度评价对产生的重调度方案进行综合评价，分析其性能效果及对调度过程的影响。

7.1.1 重调度策略的研究现状与发展

重调度策略是根据各种重调度因素，决定何时引发重调度，采用何种重调度方法。常见的有三种重调度策略：周期性重调度策略、事件驱动重调度策略和混合重调度策略。

周期性重调度策略以恒定的时间间隔有规律地启动重调度，不考虑事件触发。周期性重调度是最普遍的重调度策略，通常是基于管理区间（如一周、一天或一个班次）进行的。Church 和 Uzsoy[2] 给出了这种重调度策略详细的解释。Chen 和 Ji[3] 采用固定步长的周期性重调度策略，运用遗传算法研究了一种新型的动态计划和调度方法，能够提高调度的稳定性和有效性。Kempf[4] 提出了一种基于人工智能的预先调度方法，该方法以班次为周期执行，给出优化的调度方案。Sabuncuoglu 和 Karabuk[5] 在柔性制造系统中考虑重调度频率对系统效能的影响。不同的重调度周期对生产线的影响很大，如何确定最佳重调度周期是一项困难而重要的工作[6]。

事件驱动重调度策略由扰动事件触发重调度，能够即时响应动态制造系统中的扰动事件，修改原调度方案或生成新的调度方案。有可能触发重调度的扰动事件有很多，如设备故障、紧急订单、产品需求量或交货期的改变等。Vieira 等描述了在动态系统中利用分析模型比较基于队列长度的事件驱动重调度策略的性能。Bierwirth 和 Mattfeld[7] 研究的重调度策略，以新工件到达事件为驱动创建一个新的调度。然而，完全的事件响应可能会导致过度的计算开销，降低生产的平稳性。

混合重调度策略将上述两种重调度策略相结合，在周期性触发重调度的基础上，根据扰动事件对原调度方案的影响程度有选择地触发重调度，希望能够在有效跟踪系统变化的同时控制重调度启动的次数，以尽可能保证系统的平稳运行。Chacon[8] 描述了在 Sony 半导体生产线中使用的系统，采用周期性重调度策略，并且当非预期事件发生时手工进行重调度。Suwa[9] 采用固定周期重调度策略，同时计算累积任务延迟，当累计任务延迟达到预先设定的临界值时开始重调度。混合型重调度既可以避免周期性重调度对非预期事件不敏感的问题，又可以避免事件驱动型重调度易造成过度频繁的重调度导致计算量过大的缺点。

7.1.2 重调度方法的研究现状与发展

复杂制造系统中常用的重调度方法分为两类：①生成式重调度，当生产线受到扰动，若原调度方案失效，根据当前生产线实际状况采用与生成原调度方案相同的方法重新生成全新的调度方案；②修正式重调度，当生产线受到扰动，若原调度方案失效，则根据生产线实际状况对原调度方案进行调整以得到一个可行的调度方案。

生成式重调度根据是否考虑生产线不确定因素可以分为：常规性调度和鲁棒性调度。常规性调度通常忽略随机扰动因素，旨在给出优化的静态调度方案，但是对随机扰动处理能力不够。常规性调度可以借鉴已有的调度方法，如离散事件系统仿真、运筹学、计算智能等。鲁棒性调度在常规性调度的基础上研究生产线的各种随机因素，在调度的时候提前考虑各种干扰的影响，所以给出的调度方案更适用于实际的生产。不少学者对不确定性模型的鲁棒性调度展开了研究，Metha 和 Uzsoy[10] 提出的预期调度方案通过插入一些空闲的时间片来减少随机扰动的影响。Daniels 和 Kouvelis 等人[11] 考虑生产线处于最坏情况下给出优化调度方案，这样可以更有效地减少随机事件的干扰，但是在扰动较少的情况下可能会降低生产率。

当原有的调度方案由于各种随机因素不适用的时候，需要进行修正，即进行修正式重调度。修正式重调度主要分为两类：局部修正式重调度、全局修正式重调度。局部修正式重调度仅仅修正那些受扰动直接影响和间接影响的派工方案。Miyashita 和 Sycara[12] 在基于约束的基础上根据不同的情况选择局部修正的方法，具体包括调整开始加工时间、交换操作和切换到其他可选资源。全局修正式重调度由重调度点开始更新整个调度方案。Abumaizar 等[13] 提出的右移重调度（Right Shift Rescheduling）就是最简单的全局修正式重调度方法，该方法将重调度点之后的加工任务统一延后一定的时间（即在调度甘特图中将相应的加工任务向右移动），使得调度方案变得可行；Bierwirth 和 Mattfeld[7] 在原调度方案的基础上使用遗传算法生成新调度，该方法可以有效地减少重新生成调度方案的计算开销。James[14] 等人提出了一种基于原调度方案的匹配调度方法，考虑了多种资源约束、工件的投料和生产线扰动。

7.1.3 重调度评价的研究现状与发展

由于重调度引发的根本原因在于生产执行过程中出现了未能预料到的扰动，因此必然会对原有已优化的生产运行造成冲击，势必带来性能、时间等的负面影响。同时也会带来额外的调度优化方面的付出。为衡量重调度决策的优劣，往往需要从有效性、稳定性、灵敏度等方面进行综合评价。

有效性评价主要考察重调度的效果，通常使用一些基于时间的指标，如加工周期[15]、平均延迟[16]、平均资源利用率[17,18]、最大延迟等。稳定性评价主要考察新旧调度方案开始时间的偏差和新旧调度方案各个操作顺序的差异。灵敏度评价用以衡量重调度区分生产扰动并做出合理反应的能力。重调度评价的基本出发点是：一方面要保证系统的性能尽可能优化；另一方面则要求重调度方案与原调度方案间的变化尽量小，以免对生产线的物流造成大的冲击。

近年来的相关研究有：Mason 等[19] 针对半导体制造环境下的设备意外故障、订单取消、紧急订单与物料缺失问题，对已有的右移重调度方法、固定排序重调度方法与完全重调度方法进行了性能比较分析；Hvalica 等[20] 使用与或图分析了如何使用灵敏度指标来衡量作业车间环境下重调度方案与原调度方案之间的接近程度；Dupon 等[21] 则从重调度引起的工件排序顺序的变化对提前期产生的影响进行了实验研究，其仿真结果表明，重调度造成的工件排序变化对工件的平均加工周期影响较小，但对工件的平均加工周期方差影响较大，从而可能影响客户服务质量；Pfeiffer 等[22] 基于仿真方法对不同重调度方法从稳定性和有效性方面加以测试、评价和对比；Vieira 等[23] 分析了预测周期型重调度和基于队长的事件驱动型重调度对单机系统动态性能的影响；Qi 等[24] 通过仿真实验分析重调度效果，指出在单机或并行机环境下，使用最短加工时间获得的调度方案具有较好的鲁棒性。

7.2 基于模糊 Petri 网推理的重调度策略

作为制造过程重调度的三个基本环节（图 7-1）之一，重调度策略重点解决重调度的判定和重调度方法选择的问题。通过跟踪生产现场的变化，及时捕获可能引发重调度的扰动因素，继而对收集到的扰动因素进行分析、综合，判断最佳进行重调度的重调度点，并根据实际的生产情况和调度目标，考虑扰动对原调度方案的破坏程度，选择使用对当前条件最为适合的重调度方法。

重调度策略需要解决的问题具有一定的随机而模糊的特点，举例如下。

- 在重调度引发判定中，如何将多种、程度也可能不同的生产扰动事件加以综合，形成引发判定决策。
- 在重调度方法选择中，如何根据具体生产情况，考虑不同重调度方法的各自特点，在每一重调度点进行合理选择。

本节把这两类问题组合起来进行研究，设计一种描述这一组合问题的模糊 Petri 网模型，运用模糊 Petri 网表达非结构化信息和组合推理的能力，来解决此重调度决策问题。

7.2.1 面向重调度决策的模糊 Petri 网模型[25,26]

(1) Petri 网模型

Petri 网是对离散并行系统的模型表达，既有严格的数学表达方式，也有直观的图形表达方式，同时也是丰富的系统描述手段和系统行为分析技术。自 20 世纪 60 年代产生以来，已在多个领域得到广泛应用。

经典 Petri 网模型是简单的过程模型，由库所、变迁、有向弧和托肯 (Token) 等元素组成，如图 7-2 所示。

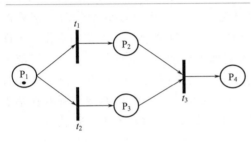

图 7-2 经典 Petri 网模型示例

Petri 网的形式化定义为：

$$PN = \{\boldsymbol{P}, \boldsymbol{T}, \boldsymbol{I}, \boldsymbol{O}, \boldsymbol{S}_0\} \quad (7\text{-}1)$$

式中，库所 $\boldsymbol{P} = \{p_1, p_2 \cdots, p_n\}$ 为有限库所集，用圆圈表示，n 为库所个数；

变迁 $\boldsymbol{T} = \{t_1, t_2 \cdots, t_m\}$ 为有限变迁集，用短线或矩形表示，m 为变迁个数；

输入函数 $\boldsymbol{I}: \boldsymbol{P} \times \boldsymbol{T} \to N$ 为输入函数，定义了从 $\boldsymbol{P}$ 到 $\boldsymbol{T}$ 的有向弧的集合；

输出函数 $\boldsymbol{O}: \boldsymbol{T} \times \boldsymbol{P} \to N$ 为输出函数，定义了从 $\boldsymbol{T}$ 到 $\boldsymbol{P}$ 的有向弧的集合；

初始标识 $\boldsymbol{S}_0$ 为 PN 的初始标识，表示初始状态时托肯在各库所中的分布情况。

由于基本的 Petri 网存在着模拟能力和可解性等方面的局限，随着 Petri 网理论的发展和应用的推广，不断有新的 Petri 网扩展形式产生，包括：有色 Petri 网、赋时 Petri 网、分层 Petri 网、时序 Petri 网、模糊 Petri 网等。

模糊 Petri 网是在经典 Petri 网的基础上，通过引入人工智能和专家系统领域的知识推理机制加以扩展。基于规则的推理方法可简单表示为：

$$\text{if } U_1 \text{ and } U_2 \text{ and} \cdots \text{and } U_n \text{ then } D_1, D_2 \cdots, D_m \quad (7\text{-}2)$$

式中，$U_1, U_2 \cdots, U_n$ 为条件；$D_1, D_2 \cdots, D_m$ 为结论。

这条规则的含义为：如果 $U_1, U_2 \cdots, U_n$ 为真，则可以推出结论 $D_1, D_2 \cdots, D_m$ 为真。

在实际问题中，往往还要考虑以下几个问题。

a. 前提条件中，各条件的权重因素，它表示了对结论的贡献程度。

b. 规则实现的阈值，这是使推理得以进行的最低可信度。

c. 结论的可信度，它代表了条件满足时结论的可信程度。

所以,更一般的规则推理可以表示为:

if $U_1(\alpha_1)$ and $U_2(\alpha_2)$ and $\cdots$ and $U_n(\alpha_n) \xrightarrow{\tau} D_1(\beta_1), D_2(\beta_2), \cdots, D_m(\beta_m)$

采用模糊逻辑表达式可表示为:

$$(U_1 \times \alpha_1) \wedge (U_2 \times \alpha_2) \wedge \cdots \wedge (U_n \times \alpha_n) \xrightarrow{\tau} D_1(\beta_1), D_2(\beta_2), \cdots, D_m(\beta_m) \quad (7-3)$$

将这种模糊概念通过触发阈值和库所置信度引入一般的 Petri 网,可以建立起具有推理运算能力的模糊 Petri 网。式(7-3)所表达的推理逻辑则可转化为图 7-3 所示的模糊 Petri 网模型。

(2) 面向重调度决策的模糊 Petri 网模型

针对本节所讨论的重调度策略问题的内容与需求,下面给出一种面向重调度决策的模糊 Petri 网 (Fuzzy Petri Net for Rescheduling,FPNR) 模型的形式化描述:

$$\text{FPNR} = \{P, T, I, O, \tau, \gamma, S_0\} \quad (7-4)$$

式中,$P = P_U \cup P_D$ 为模型的模糊库所集合,是由一组模糊推理条件集 $P_U = \{p_1, p_2, \cdots, p_{m_1}\}$ 和一组模糊推理结论集 $P_D = \{d_1, d_2, \cdots, d_{m_2}\}$ 的并集构成,库所节点数 $m = m_1 + m_2$;

$T = \{t_1, t_2, \cdots, t_n\}$ 为模型的变迁集,对应于一组推理规则;

$I = \{I_{ij} \mid p_i \in P, t_j \in T\}$ 为定义在 $P \times T$ 上的带标识的模糊输入关系,可用一个 $m \times n$ 维矩阵表示,表示库所到变迁的连接情况和每个连接权系数:$I_{ij} \in [0,1]$;

$O = \{O_{ij} \mid p_i \in P, t_j \in T\}$ 为定义在 $P \times T$ 上的带标识的模糊输出关系,也可用一个 $m \times n$ 维矩阵表示,表示变迁到库所的连接情况和每个连接权系数:$O_{ji} \in [0,1]$;

$\tau: T \to (0,1]$ 为定义在集合 T 上的一个映射函数,表示变迁节点的引发阈值;

$\gamma: P \to (0,1]$ 为定义在集合 P 上的一个映射函数,表示库所节点的触发阈值;

$S_0: P \to [0,1]$ 为定义在集合 P 上的一个映射函数,表示库所节点的初始标记,即条件命题的可信度,结论命题的初始可信度为 0。

图 7-4 给出了一个模糊 Petri 网推理的示例模型。

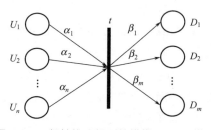

图 7-3 一般性推理规则的模糊 Petri 网模型

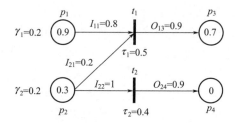

图 7-4 模糊 Petri 网模型示例

由于$\{S_0(p_1)=0.9\}>\{\gamma_1=0.2\}$,

且$\{S_0(p_1)=0.3\}>\{\gamma_2=0.2\}$、$\{S_0(p_1)\times I_{11}+S_0(p_2)\times I_{21}=0.78\}>\{\tau_1=0.5\}$,

因此t_1可以引发,产生$S(p_3)=0.78\times O_{13}=0.78\times 0.9=0.7$。

然而,由于$\{S_0(p_2)\times I_{22}=0.3\}<\{\tau_2=0.4\}$,所以$t_2$不能引发,故$S(p_4)$仍为0。

由此例子可以看出 FPNR 对经典 FPN 进行的两方面扩充及扩充带来的优点:一是将输入输出函数的取值范围进行了扩充,增强了对推理过程不确定性的描述和处理能力;二是对库所引入了阈值,使得库所引发的判定中除了要满足变迁输入条件,还需满足自身的阈值,从而使得模型可以忽略一些微小的干扰因素。对于不确定因素多而复杂的半导体生产线来说,能够通过合理设置库所的触发阈值及变迁的引发阈值,提高重调度系统的稳定性。

(3) 面向重调度决策的模糊 Petri 网建模

针对前面定义的模糊 Petri 网模型 $\text{FPNR}=\{\boldsymbol{P},\boldsymbol{T},\boldsymbol{I},\boldsymbol{O},\boldsymbol{\tau},\boldsymbol{\gamma},\boldsymbol{S}_0\}$,面向重调度决策的建模过程就是,通过分析生产系统的扰动因素、重调度策略的推理关系与结论等,将模型定义中的七元组赋予实际的意义,具体分为以下三个阶段。

① 第一阶段:定义模糊库所集 P。

根据 FPNR 库所集的定义,$\boldsymbol{P}=\boldsymbol{P}_{\text{U}}\cup\boldsymbol{P}_{\text{D}}=\{p_1,p_2,\cdots,p_n\}$由一组模糊推理条件集 $\boldsymbol{P}_{\text{U}}$ 和模糊推理结论集 $\boldsymbol{P}_{\text{D}}$ 的并集构成。这里的模糊推理条件集 $\boldsymbol{P}_{\text{U}}$ 反映到模型中可以是一些生产线扰动因素的隶属值,也可以是当前生产线状况的隶属值。模糊推理结论集 $\boldsymbol{P}_{\text{D}}$ 是指重调度推理的结论集合。

以半导体制造为例,最为常见的扰动因素有设备突发故障、任务返工和任务加急。通过分析,这几种扰动因素发生后都会造成设备机时被占用,这里用设备机时被占用的多少来衡量扰动的大小,同时通过生产线当前的状态信息,如设备瓶颈程度、距离下一次周期性重调度点的距离和原调度方案的松弛程度作为重调度判定的决策条件。重调度判定的结论集为不进行重调度、进行局部重调度和进行全局重调度。

所以,模糊库所集 P 可以定义为如下由 9 个推理条件库所元素和 3 个推理结论库所元素组成的共 12 个元素组成的集合。

$\boldsymbol{P}=\boldsymbol{P}_{\text{U}}\cup\boldsymbol{P}_{\text{D}}=\{p_1,p_2,\cdots,p_9\}\cup\{p_{10},p_{11},p_{12}\}=\{$任务返工占用机时长,设备故障占用机时长,紧急任务占用机时长,距离下一个周期性调度点近,原调度方案松弛,设备处于瓶颈状态,局部影响小,局部影响大,全局影响大$\}\cup$ $\{$不进行重调度,进行局部重调度,进行全局重调度$\}$

② 第二阶段:定义模糊变迁集 T。

模糊变迁集 T 是模型规则的集合。首先，通过提炼积累重调度决策规则，汇总推理规则集（R），再根据 R 集合定义模型的变迁元素集合 T。在前面所举的半导体制造重调度的例子中，通过对决策条件和结论的分析，建立如下 9 条重调度推理规则，分别对应 FPNR 中的 9 个变迁，并共同构成了模糊变迁集的 9 个元素。

规则 1：如果返工占用机时长，则对生产线造成较小的局部影响 and 较大的局部影响 and 较大的全局影响。

规则 2：如果设备占用机时长，则对生产线造成较小的局部影响 and 较大的局部影响 and 较大的全局影响。

规则 3：如果紧急任务占用时间长，则对生产线造成较小的局部影响 and 较大的局部影响 and 较大的全局影响。

规则 4：如果距离下一次周期性重调度点近，则暂时不进行重调度。

规则 5：如果原调度方案松弛，则暂时不进行重调度 and 进行局部重调度。

规则 6：如果设备瓶颈程度严重，则进行局部重调度 and 进行全局重调度。

规则 7：如果生产线受到较小局部影响，则不进行重调度 and 进行局部重调度 and 进行全局重调度。

规则 8：如果生产线受到较大局部影响，则不进行重调度 and 进行局部重调度 and 进行全局重调度。

规则 9：如果生产线受到较大全局影响，则不进行重调度 and 进行局部重调度 and 进行全局重调度。

上述每一条规则的输入是一个推理条件库所，决定着基于该规则进行的推理是否具备启动条件；输出是一个或多个条件/结论库所，表明基于该条规则的推理可能影响的范围。以规则 5 为例，当"原调度方案松弛"满足成立条件时，会启动基于规则 5 的推理，并根据输出权重改变库所"不进行重调度"（若对应的输出权重取值 0.4 时，表明有 40% 的可能不需要重调度）和库所"进行局部重调度"（若对应的输出权重取值 0.6 时，表明有 60% 的可能需要进行局部重调度）的值。具体参数的设定和计算方法将在 7.2.2 节中详述。

③ 第三阶段：FPNR 模型的网络结构构造。

经过前两个阶段，FPNR 的两类模型元素 P 和 T 分别得到了定义，本阶段将根据条件-规则及规则-结论之间相互关系的分析，给出 P 集合和 T 集合中各元素之间的输入、输出关系，且以 Petri 网结构的形式表达。

沿用之前的举例，可以构建多扰动因素的 FPNR 模型，如图 7-5 所示。

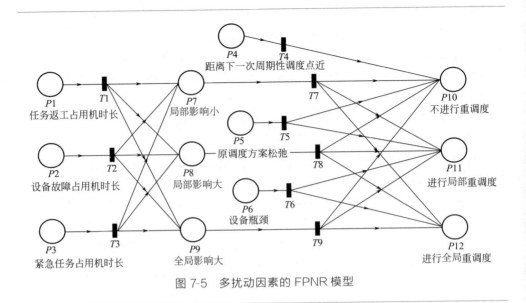

图 7-5　多扰动因素的 FPNR 模型

经过以上三个阶段就可以确立重调度问题的 FPNR 的定性模型，也即建立了模型元素和定性关系的描述，但因为尚没有具体的量化参数给定，所以模型并不具备运行能力，下一节将对模型的参数设置及参数设置后的模型推理方法加以进一步讨论。

7.2.2　基于模糊推理的重调度决策

（1）模糊 Petri 网形式化推理机

模糊 Petri 网的运行过程就是一个重调度决策的过程。推理机在这一过程中将根据事实库、规则库中的已有知识不断以迭代的方式（把推导出的结论作为新的事实）对新的事实的确信度进行计算，最后得出问题答案的可信度。常用的推理过程有数据驱动（也称正向推理）和目标驱动（也称反向推理）两种方式，由于 Petri 网的运行机制采用的是变迁事件的驱动方式，在数据信息的流向上与正向推理过程一致，因此采用正向推理模式进行形式化推理。

模糊 Petri 网形式化推理机的原理描述如下。

首先，定义几种常用的运算操作，设 A、B、C、D、E 均为 $n \times m$ 维矩阵。

定义加法算子 $\oplus$：$C = A \oplus B$，其中 $c_{ij} = \max(a_{ij}, b_{ij})$。

定义比较算子 $\ominus$：$D = A \ominus B$，其中 $d_{ij} = \begin{cases} 1 & a_{ij} \geq b_{ij} \\ 0 & a_{ij} < b_{ij} \end{cases}$

定义直乘算子 $\otimes$：$E = A \otimes B$，其中 $e_{ij} = a_{ij} \times b_{ij}$。

上述算子中，$i=1,2,\cdots,n$，$j=1,2,\cdots,m$。

假设在一个具有 n 个库所和 m 个变迁的模糊 Petri 网模型中，输入矩阵为 $\boldsymbol{I}_{n\times m}$，输出矩阵为 $\boldsymbol{O}_{n\times m}$，变迁阈值向量为 $\boldsymbol{\tau}$，状态向量为 $\boldsymbol{S}$。推理过程可以分解为以下六个步骤进行[27,28]。

① 计算等效模糊输入可信度。

$$\boldsymbol{E}=\boldsymbol{I}^{\mathrm{T}}\cdot\boldsymbol{S}_0 \tag{7-5}$$

式中，$\boldsymbol{E}=[e_1,e_2,\cdots,e_m]^{\mathrm{T}}$，这一步是将同一变迁中多个模糊输入按照它们的可信度和权系数等效为一个权系数为 1 的模糊输入。

② 等效模糊输入可信度与变迁阈值的比较。

$$\boldsymbol{G}=\boldsymbol{E}\ominus\boldsymbol{\tau} \tag{7-6}$$

式中，$\boldsymbol{G}$ 为 m 维列向量，当等效模糊输入的可信度大于或等于变迁的阈值时，$g_i=1$，否则 $g_j=0$，$j=1,2,\cdots,m$。

③ 剔除等效模糊输入中可信度小于变迁阈值的输入项。

$$\boldsymbol{H}=\boldsymbol{E}\otimes\boldsymbol{G} \tag{7-7}$$

式中，$\boldsymbol{H}$ 为与 $\boldsymbol{E}$、$\boldsymbol{G}$ 同维的列向量，经过这一步计算后，$\boldsymbol{H}$ 中只包含可使变迁触发的等效模糊输入的可信度。

④ 计算模糊输出库所的可信度。

$$\boldsymbol{S}^1=\boldsymbol{O}\cdot\boldsymbol{H} \tag{7-8}$$

式中，$\boldsymbol{S}^1$ 为 m 维列向量，表示经过第一轮推理后，可以直接得到的结论命题的可信度。在 $\boldsymbol{S}^1$ 中，不能直接推理得到不是结论命题的库所，可信度为零。

⑤ 计算当前可得到的所有命题的可信度。

$$\boldsymbol{S}_1=\boldsymbol{S}_0\oplus\boldsymbol{S}^1 \tag{7-9}$$

⑥ 用式(7-9) 中的 $\boldsymbol{S}^1$ 代替式(7-5) 中的 $\boldsymbol{S}^0$，反复用式(7-5)～式(7-9) 进行迭代。设 $\boldsymbol{S}_k$ 为第 k 步推理得到的结论，则在第 k 步推理进行后，所有命题的可信度为：

$$\boldsymbol{S}_k=\boldsymbol{S}_{k-1}\oplus\boldsymbol{S}^k \tag{7-10}$$

当推理计算不再使任何命题的可信度发生变化时，即 $\boldsymbol{S}_k=\boldsymbol{S}_{k-1}$ 时，推理结束。

(2) 基于 FPNR 的推理过程

运用所提出的 FPNR 模型解决半导体生产重调度决策应用的完整过程，如图 7-6 所示，主要由基于 FPNR 的重调度问题建模和基于 FPNR 的模糊推理两部分构成。其中建模部分 [图 7-6(a)～(c)] 已在 7.2.1 节讨论过。这里讨论基于模型的推理部分，包括模型参数设置[图 7-6(d)] 和基于 FPNR 模型的模糊推理 [图 7-6(e)]。

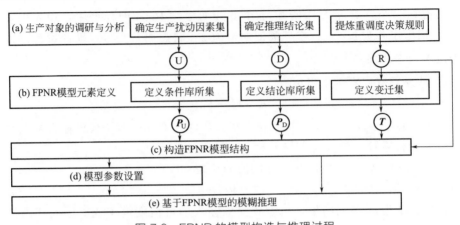

图 7-6 FPNR 的模型构造与推理过程

① FPNR 模型参数设置

FPNR 模型的参数设置是对建模阶段构建的定性 FPNR 模型结构的量化，涉及初始标识 S_0、库所阈值 γ 和变迁阈值 τ 三类模型参数初始化。

设置参数 S_0：重调度模型的库所集由条件库所集和结论库所集两个子集组成，其初始标识 S_0 的设置需要根据生产线的实时信息对库所集中的决策条件模糊化。由于库所集中，结论库所的初始标识总为 0，因而只有条件库所需要动态设置。参数 S_0 是一个动态参数，在每次重调度决策前都需要重置。在进行初始标识设置时，可以选用不同的隶属度函数，下面介绍两种常用的隶属度函数。

偏小型函数：

$$\mu_A(x)=\begin{cases} 1 & x \leqslant a \\ 1-2\left(\dfrac{x-a}{b-a}\right)^2 & a<x<\dfrac{a+b}{2} \\ 2\left(\dfrac{x-b}{b-a}\right)^2 & \dfrac{a+b}{2}\leqslant x \leqslant b \\ 0 & x>b \end{cases} \tag{7-11}$$

其特点是 x 越大，则它对模糊集合 A 的隶属度越小。

偏大型函数：

$$\mu_A(x)=\begin{cases} 0 & x \leqslant b \\ 2\left(\dfrac{x-b}{a-b}\right)^2 & b<x<\dfrac{a+b}{2} \\ 1-2\left(\dfrac{x-a}{a-b}\right)^2 & \dfrac{a+b}{2}\leqslant x \leqslant a \\ 1 & x>a \end{cases} \tag{7-12}$$

其特点是 x 越大，则它对模糊集合 A 的隶属度越大。

在前文所举半导体制造重调度的例子中，以库所 p_1（返工占用机时长）为例说明决策条件模糊化过程，当工件发生返工的时候，确定该返工流程将占用的设备机时，查询设备可以加工的工序集中最大加工时间和最小加工时间，将其作为 a 和 b 代入偏大型隶属函数，得到当前返工工序占用机时的模糊量，作为 $S_0(p_1)$ 的初始化值。同样的，参照该方法可以计算其他决策条件的模糊量，最后确定 FPNR 模型的初始标识向量 S_0。

设置参数 γ：γ 定义了每个库所 $p_i(i=1,2,\cdots,m)$ 的引发阈值，即 $\gamma(p_i)$ 决定了库所 p_i 所对应的条件能够发生作用的最低限值，比如，当 $\{S_0(p_i)<\gamma(p_i)\} \wedge \{I_{ij}>0\}$ 时，t_j 不使能。因此，可以通过合理设置 $\gamma(p_i)$ 值来控制 p_i 元素对重调度推理的影响，特别是可以通过 $\gamma(p_i)$ 引入一些主观意识对重调度推理决策的影响。

设置参数 τ：τ 定义了每个变迁 t_j，$j=1,2,\cdots,n$ 的引发阈值，即 $\tau(t_i)$ 决定了使能变迁 $t_j(j=1,2,\cdots,n)$ 能够被引发的最低限值，对于使能变迁 t_j，如果有 $\sum_{p_i \in t_j}\{S_0(p_i) \times I_{ij}\} < \tau_j$，则 t_j 不能引发。因此可通过合理设置 $\tau(t_i)$ 值来控制 t_j 元素所对应的重调度推理规则的执行。同样，$\tau(t_i)$ 也可以成为引入决策者主观意识的途径之一。

② 基于 FPNR 模型的模糊推理

基于 FPNR 模型的模糊推理，根据 FPNR 模型的结构与参数，把推理决策过程体现为基于模型运行的运算。基于 FPNR 的模糊推理是建立在矩阵运算的基础上的，下面先形式化 FPNR 模型的矩阵表达。

推理过程的输入包括：输入矩阵 I 和输出矩阵 O 分别为 $m \times n$ 维矩阵，库所阈值 γ 和库所初始标识 S_0 均为 m 维列向量，变迁阈值 τ 为 n 维列向量。

推理过程的输出 $P_D \subset P$，为 m_2 维列向量，$S_0(p_k)=0, p_k \in P_D$。

引发条件：当且仅当 $\forall p_i$，$\forall t_j$ 时，有式(7-13)成立，则 t_j 具备在 S_k 条件下引发的条件。

$$\{S_k(p_i)>\gamma(p_i)\} \wedge \{I_{ij}>0\} \wedge \sum\{S_k(p_i) \times I_{ij}\} > \tau_j \tag{7-13}$$

引发规则：当 t_j 具备在 S_k 条件下引发的条件并引发后，产生的 S_{k+1} 可由式(7-14)计算得到。

$$S_{k+1}(p_i)=\begin{cases} \sum\{S_k(p_i) \times I_{ij}\} \times O_{jl}, & O_{jl}>0 \\ S_k, & O_{jl}=0 \end{cases} \tag{7-14}$$

结论综合：当多个变迁均产生相同的输出库所时，需要综合形成一个结论值，一般采用取极大值的方法，即

$$S_{k+1}=S_k \oplus S_{k+1} \tag{7-15}$$

基于 FPNR 的模糊推理过程［图 7-6(e)］就是在 FPNR 模型结构及参数设置的基础上，进一步明确了 I、O、τ、γ 和 S_0 输入条件后，不断判定式(7-13)，在条件满足的情况下，运用式(7-14) 和式(7-15) 计算模型的后续标识，直至 $S_{k+1}=S_k$（说明不再使任何命题的可信度发生新的变化），或不存在任何使能变迁（说明没有任何满足条件的规则可运行，并导出新的推理结论）时，推理过程结束。

对于本节一直讨论的半导体制造重调度决策例子，根据图 7-5 所示的 FPNR 模型结构图，可知其输入矩阵、输出矩阵分别为：

$$I = \begin{bmatrix} 1 & 0 & 0 & 0 & 0 & 0 & 0 & 0 & 0 \\ 0 & 1 & 0 & 0 & 0 & 0 & 0 & 0 & 0 \\ 0 & 0 & 1 & 0 & 0 & 0 & 0 & 0 & 0 \\ 0 & 0 & 0 & 1 & 0 & 0 & 0 & 0 & 0 \\ 0 & 0 & 0 & 0 & 1 & 0 & 0 & 0 & 0 \\ 0 & 0 & 0 & 0 & 0 & 1 & 0 & 0 & 0 \\ 0 & 0 & 0 & 0 & 0 & 0 & 1 & 0 & 0 \\ 0 & 0 & 0 & 0 & 0 & 0 & 0 & 1 & 0 \\ 0 & 0 & 0 & 0 & 0 & 0 & 0 & 0 & 1 \\ 0 & 0 & 0 & 0 & 0 & 0 & 0 & 0 & 0 \\ 0 & 0 & 0 & 0 & 0 & 0 & 0 & 0 & 0 \\ 0 & 0 & 0 & 0 & 0 & 0 & 0 & 0 & 0 \end{bmatrix}$$

$$O = \begin{bmatrix} 0 & 0 & 0 & 0 & 0 & 0 & 0 & 0 & 0 \\ 0 & 0 & 0 & 0 & 0 & 0 & 0 & 0 & 0 \\ 0 & 0 & 0 & 0 & 0 & 0 & 0 & 0 & 0 \\ 0 & 0 & 0 & 0 & 0 & 0 & 0 & 0 & 0 \\ 0 & 0 & 0 & 0 & 0 & 0 & 0 & 0 & 0 \\ 0 & 0 & 0 & 0 & 0 & 0 & 0 & 0 & 0 \\ 0.6 & 0.2 & 0.2 & 0 & 0 & 0 & 0 & 0 & 0 \\ 0.3 & 0.5 & 0.3 & 0 & 0 & 0 & 0 & 0 & 0 \\ 0.1 & 0.3 & 0.5 & 0 & 0 & 0 & 0 & 0 & 0 \\ 0 & 0 & 0 & 0.5 & 0.4 & 0 & 0.6 & 0.2 & 0.1 \\ 0 & 0 & 0 & 0 & 0.6 & 0.4 & 0.25 & 0.6 & 0.3 \\ 0 & 0 & 0 & 0 & 0 & 0.6 & 0.15 & 0.2 & 0.6 \end{bmatrix}$$

结合经过参数设置分析得到的库所阈值和变迁阈值：

库所阈值 $\tau=[0.3,0.3,0.3,0.5,0.7,0.6,0.2,0.2,0.2,0.1,0.1,0.1]$
变迁阈值 $\gamma=[0.2,0.2,0.2,0.6,0.6,0.6,0.1,0.1,0.1]$

则参数化后的 FPNR 模型就随着初始变量 S_0 的动态变化,FPNR 推理机将根据不同的参数设置进行决策推理,然后比较模糊结论集中多个结论的可信度,选择可信度最高的结论作为重调度决策的指导。

本节研究的基于模糊 Petri 模型的重调度策略推理方法,将重调度问题的条件与结论用模糊 Petri 网库所元素,将重调度推理规则用模糊 Petri 网变迁元素,在 FPN 原有参数的基础引入库所引发阈值,不仅能够综合时间周期的均衡及对动态扰动事件的响应,而且还进一步在重调度决策点上给出建议的重调度方法。

7.3 匹配重调度方法

匹配重调度方法属于一种修正式的重调度。本书 7.1.2 节曾总结过,修正式重调度又有局部修正式和全局修正式之分。无论是哪一种修正式重调度,都是在一定范围内对已有调度方案进行的调整,当这一范围扩大到极限时,局部与全局就彼此统一了。为此,进行修正式重调度方法的研究,首先需要界定一个重调度的最佳调整范围。在现有关于局部修正式重调度方法的研究中,对"局部"的认定大多指被调度工件的一部分。本节所研究的方法首先将"局部"的概念从部分工件扩展到也可以是部分设备或部分时段,并用"匹配区域"来界定"局部"的边界。在搜索匹配区域的基础上,通过在有限区域内的局部调整,以期获得原始调度最小净改变的重调度方案。

7.3.1 匹配时段与匹配区域

(1) 右移重调度

在介绍匹配重调度方法之前,首先介绍一种简单常用的修正式重调度方法——右移重调度方法(Right Shift Rescheduling,RSR)[18]。这种方法的主要思想是,当生产线产生某种扰动,这里假设为某台设备突发故障,需要耗费该设备一定的机时 T,则从受影响的任务开始,原调度方案上所有未加工的任务统一向后延迟时间 T。

图 7-7 所示为两台设备 4 个工件的调度甘特图,其中 T_d 为故障开始时间,T_u 为故障结束时间。按照上述 RSR 方法的思想,在 T_d 时刻后续的任务都将依次推迟 T_u-T_d 时间段。

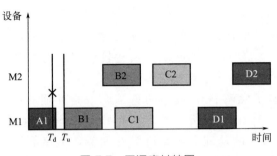

图 7-7　原调度甘特图

采用 RSR 方法重调度后，新调度方案的甘特图如图 7-8 所示，可以看到任务 A1 在故障后继续前面未完成的加工，其他任务都依次推迟了 $T_u - T_d$。

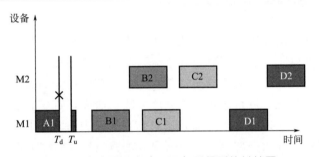

图 7-8　右移重调度（RSR）后得到的甘特图

采用 RSR 方法可以保证调整后的调度方案仍然适用于生产线，并且对原调度的稳定性破坏不大，但是故障后所有任务的完工时间都会延迟。由图 7-7 甘特图可以发现，原调度方案的任务与任务之间原本存在着一些空闲时间，这些空闲时间往往是由于等待上游即将达到的任务引起的。在重调度过程中，如果可以有效地利用这些空闲时间，那么扰动占用的将不完全是实际的设备加工时间，而是可以将这些没有经济产出的空闲时间也充分利用起来。这就是提出一种以利用空闲时间为思想的匹配重调度方法的初衷。

（2）匹配时段

作为一种局部修正式重调度方法，匹配重调度只对失效的原调度方案的一部分进行调整，并生成新的重调度方案。为此，需要解决两方面的问题：一是局部重调度的范围，也就是在时间上确定匹配的时段，在空间上确定匹配的区域；二是如何调整匹配区域内的原调度方案，使之恢复可行性并趋优。第二个问题所涉及的匹配重调度算法将在后续两小节中讨论。

对于重调度的匹配时段的确定，需要满足的条件是：①在这个时段内，能够通过改变原调度方案的派工计划，使得由生产意外扰动对调度可行性带来的破坏和冲击被消解。也即调整后的重调度方案在新改变的生产环境下可行、有效。②在这个时段之外，原调度方案的可行性没有受到意外扰动的破坏，依然被重调度方案所采用。而且，匹配区域内调度方案的调整也不会影响其可行性。区分这个时段的时间点称为匹配点（Match-up Point），用 T_p 表示。

如果我们把经过静态调度优化形成的初始调度方案从时间上划分为三个部分（图 7-9）：在故障发生之前，生产线按照原调度进行，记为 S_0；假设在 T_d 时刻发生了一个破坏原调度方案可行性的意外扰动事件（假设是某设备发生故障），则从 T_d 时刻开始到 T_p 时刻为止，原调度方案 S_d 受到扰动影响需要进行重调度，这个阶段是匹配重调度过程，生成的调度方案记为 S'_d；在 T_p 之后的调度方案因没有受到扰动和重调度的影响，仍保持不变，记为 S_r。

这样新的调度可以表示为 $S_{new} = S_0 + S'_d + S_r$，与初始调度方案 $S_{old} = S_0 + S_d + S_r$ 对比，只在匹配时段 $T_p - T_d$ 内的部分有差别。这部分调整了的调度方案，体现了匹配重调度方法充分利用设备任务与任务之间的空闲时间，消除扰动对调度方案的影响的基本思想。

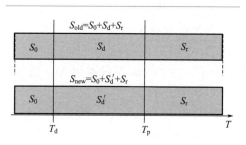

图 7-9 匹配重调度思想

（3）匹配区域

匹配区域规定了匹配重调度对初始调度方案调整的局部空间，一方面在该空间里的资源具有承担需要重调度的调度任务的执行能力；另一方面该空间里有一定的冗余资源以供重调度调整时使用。简单地，可以只考虑重调度任务所在的当前设备自身，作为重调度的匹配区域。由于复杂制造系统中还存在着一些互替设备，相互之间具有相同或相似的加工能力，称为设备组（Machine Group，MG），也可以作为重调度调整可考虑的区域范围。

表 7-1 给出了一个半导体制造系统中的设备组实例，这是一个由 5 台加工能力相似的加工设备组成的 MG：(M1, M2, …, M5)，具有加工 10 种菜单（对应不同的工序）RP-1 到 RP-10 的加工能力。格中的数字表明工序可以被对应设备所加工，以及完成加工所需要的加工时间。

表 7-1 设备组（MG）实例

可加工的菜单编号	M1	M2	M3	M4	M5
RP-1	5	2.5	4.38	5	
RP-2	6.25		6.25	7.5	6.25
RP-3	6.25	5.4	6.25		
RP-4	5	5		5	
RP-5	5		4.85	4.85	
RP-6			4	4	4
RP-7	5	5	5	5	5
RP-8		5	5		
RP-9			7.5	7.5	7.5
RP-10	5	2.5	5	4.1	5

从表 7-1 中可见：

① MG 包含了一组具有加工若干工序的能力的设备。设备组用 MG＝{Mi}，$i=1,2,\cdots,m$ 表示，相应可加工能力用工序菜单集合的并集 $\Omega=\Omega_1 \cup \Omega_2 \cup \cdots \cup \Omega_m$ 表示。这里，m 是设备组 MG 包含的加工设备数量。

② 某加工设备 Mi 的加工能力是整个设备组加工能力的子集 $\Omega_i \subseteq \Omega$。例如，表 7-1 中 M2 可以加工 6 种工序，对应菜单编号分别为：RP-1、RP-3、RP-4、RP-7、RP-8、RP-10，而 M5 只可以加工 5 种。对于工序 RP-7 和 RP-10，这两个设备是可以互替的，对其他工序则不行。

③ 对工序而言，每个工序可以被 MG 中的一部分设备加工，如可加工 RP-7 和 RP-10 的设备集为 MG 全集，可加工 RP-8 的设备集为{M2,M3}$\subseteq$MG。

④ 即使对于可互替加工的同一个菜单，其加工时间也会因被加工的设备不同而不同。如，RP-10 可被 MG 中所有的 5 台设备加工，但在 M1、M3 或 M5 上加工时，其加工时间为 5，而在 M2 上时为 2.5。

7.3.2 单台设备匹配重调度方法

生产线中的任务调度是相互影响的，一般对于某台设备下一个任务的最早开始时间由两个因素决定：①该设备当前任务的最早完工时间；②新任务的最早到达时间。也就是说，下一个任务的最早开始时间是这两个因素的最大值确定。其实，常见的任务间的等待也是由于这两个时间点不一致造成的。这种等待在重调度过程中实质是一种约束，可以分为两类：①设备新任务必须在旧的任务完工后才能开始；②工件下一步工序必须在上一步结束后才能开始。处理好这种等待约束是解决重调度方案有效性问题的关键。

匹配重调度方法的一般有以下几种假设。

假设1：设备的故障发生是随机的，当设备发生故障之后，故障需要的维修时间是已知的。

假设2：重调度算法是基于原调度方案的，这里原调度方案应该是一个优化的调度方案，对原调度方案过大的破坏将影响生产线的稳定性。

假设3：对原调度方案的调整是局部进行的，时间范围考虑到匹配点之前的时段，区域范围可考虑单台设备匹配重调度（Single Machine Match-up Rescheduling，SMUR）和设备组匹配重调度（Group Machine Match-up Rescheduling，GMUR）两种。

首先，统一说明算法研究中将用到的符号表达。

n：Match-up 阶段中的任务数。

m：设备数。

$p_{i,k}$：第 i 个任务在第 k 台设备上的加工时间。

k_d：故障的设备。

T_k^B：原调度中第 k 台设备的调度开始时间。

T_k^M：新调度中第 k 台设备的 Match-up 时间点。

T_p：重调度匹配点。

T_{max}：最大 Match-up 时间点（原调度的结束时间）。

k_i^f：加工任务 i 的第一台设备。

k_i^l：加工任务 i 的最后一台设备。

$ES_{i,k}$：操作 (i,k) 可能的最早时间。

$LF_{i,k}$：操作 (i,k) 可能的最迟时间。

$X_{i,k}$：原调度中操作 (i,k) 的开始时间。

$Y_{i,k}$：新调度中操作 (i,k) 的开始时间。

t_d：扰动的开始时间。

t_u：扰动的结束时间。

$O_{[i]}$：发生扰动后，原序列中第 i 个任务。

ζ_k：设备 k 的重调度任务集。

ζ：所有设备的重调度任务集。

对于单设备的匹配重调度 SMUR 方法，主要分为三个子过程，总体框图如图 7-10 所示。

① 寻找匹配点，这是确定是否可以采用 SMUR 方法的判定过程，由于调度方案的松弛程度不定，只有在有限的时间内找到这样的匹配点才能通过 SMUR 方法调整，若找不到这样的匹配点，则采用常规的 RSR 方法调整。

② 确定重调度任务集，从扰动开始时间到匹配点之间的受影响任务将是 SMUR 调整的对象。

③ 更新任务加工时间，在上面讨论的等待约束的范围内，迭代更新任务的开始时间和结束时间。

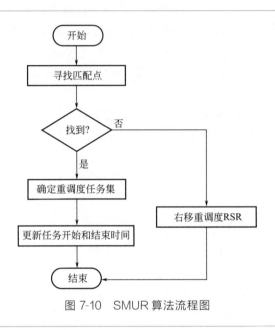

图 7-10 SMUR 算法流程图

(1) 确定匹配点和任务集

在重调度实现的时候，寻找匹配点和确定重调度任务集两个过程可以合并在一起，下面给出其基本实现过程。

步骤 1：确定故障设备 k_d 的匹配点 $T_{k_d}^M$ 和需要重调度的任务集 ζ_{k_d}。

步骤 1.1：对故障设备的任务集进行刷选与排序，选择满足式(7-16)的任务，并按任务的开始时间升序排列。

$$O_{[1]} = \min_{\forall i}(X_{i,k_d} | X_{i,k_d} \geqslant t_d) \tag{7-16}$$

步骤 1.2：找出故障结束后最早满足式(7-17) 的任务序号 np。

$$t_u + \sum_{i=1}^{np} P_{[i],k_d} - X_{[np+1],k_d} \leqslant 0 \tag{7-17}$$

可以得到，故障设备的匹配点为 $T_{k_d}^M = X_{[np+1],k_d}$，故障设备的重调度任务集为 $\zeta_{k_d} = \{O_{[1]}, O_{[2]}, \cdots, O_{[np]}\}$。

步骤 2：确定其他设备的匹配点 T_k^M 和重调度任务集 ζ_k。

步骤 2.1：第 k 台设备的匹配点可以由 $T_k^M = \max_{i \in \zeta_{k_d}} X_{i,k} + p_{i,k}$ 来确定。

步骤 2.2：对于任意满足式子 $t_d \leqslant X_{i,k} \leqslant T_k^M$ 的任务，其中 $k=1,2,\cdots,m$ 且 $k \neq k_d$，将其加入任务集 ζ_k。

步骤 3：确定 SMUR 匹配点 T_p 和重调度任务集 ζ。

SMUR 方法的匹配点 $T_p = \text{Max}(T_k^M)$。

重调度的任务集为 $\zeta = \zeta_1 \cup \zeta_2 \cup \cdots \cup \zeta_m$，其中 $k=1,2,\cdots,m$。

(2) 更新任务时间

确定了重调度匹配点后，根据匹配点是否在规定的时域范围内选择更新任务时间的方法。上述过程同时也确定了重调度任务集，下面将介绍如何更新这些任务的开始加工时间和结束加工时间。由于任务之间存在着上面提到的等待约束关系，调度更新被设计为一个迭代的过程，从故障开始的一刻依次更新任务集中的任务，对于已经更新的任务，则从任务集中移除。

这里的任务集采用一种队列的数据结构，如图 7-11 所示。对于队列中每一个任务，其结构如图 7-11 中 q 所示，包含产品号、工件号、设备号、当前步数、开始加工时间和任务加工时间这些必要的信息。

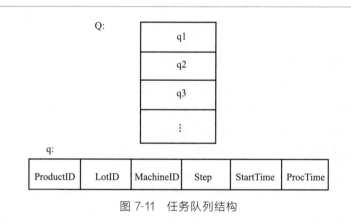

图 7-11 任务队列结构

调度更新过程如图 7-12 所示，任务的新的开始加工时间由设备的最早可用时间和任务的最早到达时间两者的最大值确定。设备的最早可用时间一般由两个因素的最大值确定：①该设备上一个任务的结束时间；②设备扰动结束时间（如故障修复好的时间、维护保养的完成时间）。任务的最早到达时间需要考虑两种情况：①对于单卡加工设备，任务的最早到达时间由该任务上一步的完工时间确定；②对于批加工设备，任务的最早到达时间由该批任务中工件上一步任务完工时间的最大值确定。

以上 SMUR 重调度方法的设计目标是有效利用任务间空闲时间、快速响应生产线扰动、及时更新调度方案、保持原调度方案的优化性能。

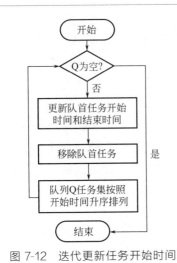

图 7-12　迭代更新任务开始时间和结束时间

7.3.3　设备组匹配重调度方法

（1）GMUR 方法总体思想

由于复杂制造系统的生产线中往往存在着一些具有相同或相似加工能力的准互替设备（其特点和复杂性可参考本章 7.3.1 小节中介绍的设备组），当设备组中的某台设备突发故障之后，我们不仅可以针对该设备考虑单设备的匹配重调度，同时还可以扩大重调度区域，在该设备所属的设备组中移动加工任务以减轻故障设备的机时压力。这种有效利用整个设备组空闲时间的匹配重调度方法称为设备组匹配重调度（Machine Group Match-up Rescheduling，GMUR）。

下面给出 GMUR 方法的流程图，如图 7-13 所示。

（2）GMUR 方法中的选择策略

对于 GMUR 方法，需要考虑以下几个选择策略问题。

① 从故障设备任务集中选择哪一个任务移动到互替设备上？

② 选择哪台互替设备作为移动任务的目标机器？

③ 移动任务插入到互替设备任务集的哪个位置？

对于问题①，我们可以选择故障设备任务集队首任务，也可以选择队尾任务，当然也可以随机选择一个任务。由于任务受等待约束的限制，后面的任务即使移动到互替设备也不能立即开始，这意味着互替设备的任务空闲时间不能很好地利用，因而选择队列较前的任务有利于寻找匹配点，这里采用的是队首优先原则，即优先选择故障设备任务集靠前的任务。

对于问题②，我们的目的是充分利用设备空闲时间，因而互替设备越是空闲，则越能减少任务移动数量，加快匹配速度。这里采用的是空闲设备优先原则，即优先将任务移动到最空闲的设备上。

对于问题③，由于 GMUR 寻找匹配点是一个迭代过程，可能需要经过多次的任务移动才能找到匹配点，为了充分利用设备空闲时间，移入的任务当尽可能早地加工，这样为下一次任务移入留下更多的空闲时间。因而，这里采用的是插入任务优先原则，即目标设备优先加工移入的任务。

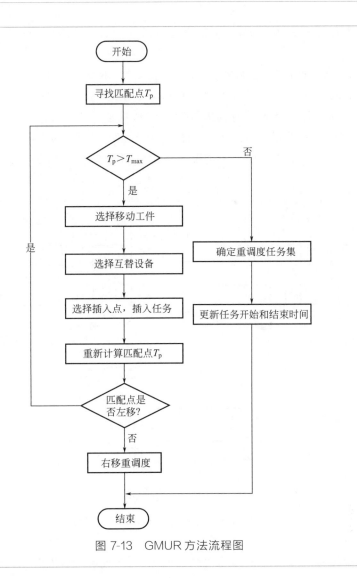

图 7-13 GMUR 方法流程图

7.3.4 两种匹配重调度方法的比较分析

在原调度方案比较紧凑的时候，算法考虑将部分任务移动到互替的设备，使得故障设备有更多的空闲机时，这样可以增加找到匹配点的可能性。考虑到任务在设备间的移动将对调度的稳定性有较大的影响，算法设计为优先使用 SMUR 方法，即如果单台设备上可以找到匹配点，则直接使用 SMUR 方法重调度，只有在单台设备无法找到匹配点的情况下才迭代移动加工任务，使匹配点左移，直至匹配点落在既定的时域范围内。

下面通过比较来说明调度方案松弛和紧凑两种情况下 SMUR 与 GMUR 的算法效果。

图 7-14 是原调度松弛情况下 SMUR 和 GMUR 方法的比较，图中深色块为设备 M1 的故障时间，可以看到图 7-14(b) 中 SMUR 方法只是推迟了任务 B 的开始加工时间，任务受到等待约束的限制无法提前。在图 7-14(c) 中 GMUR 方法将任务 B 移到互替设备 M2 上，同样的由于调度松弛，M1 还是要等待后续任务 C。所以说，在原调度松弛的情况下，SMUR 方法比 GMUR 方法具有较好的稳定性。

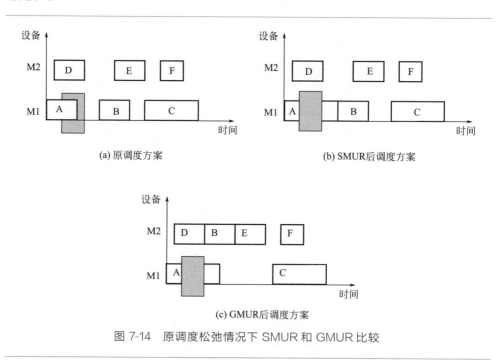

图 7-14　原调度松弛情况下 SMUR 和 GMUR 比较

接着比较原调度方案紧凑的情况，如图 7-15 所示。可以看到，在图 7-15(b) 中，由于调度方案紧凑，SMUR 无法在既定的时域范围内完成匹配重调度，而使用 GMUR，通过设备组间的任务移动，GMUR 在既定范围内找到了匹配点。

通过以上的分析可以看出，GMUR 在调度紧凑的情况下可以增加找到匹配点的可能性，这正好弥补了 SMUR 的不足。

另外，还需要说明的是，当原调度方案中可用于重调度的空闲时间过少时，也可能出现运用 GMUR 方法也无法搜索到匹配点的情况，这时就说明局部修正式的匹配重调度方法已不适合解决当前的重调度问题，可以采取全局重调度方法加以解决。

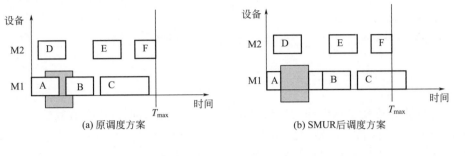

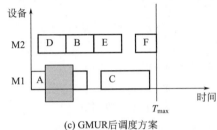

图 7-15　原调度方案紧凑情况下 SMUR 和 GMUR 比较

7.4　重调度评价

7.4.1　稳定性评价

稳定性评价衡量调度修改后与原调度方案的差异。常用的稳定性评价有基于任务开始加工时间偏差的方法和基于任务加工次序变化的方法。本模型采用平均加工时间偏差作为稳定性评价指标，如式(7-18)所示。

$$\text{Stab}(S_0, S_{\text{new}}) = \frac{\sum_{i=1}^{n} |\text{ST}_{\text{new},i} - \text{ST}_{0,i}|}{n} \tag{7-18}$$

式中　　S_0——原调度方案；

S_{new}——新调度方案；

n——原调度方案的加工任务的数目；

$\text{ST}_{\text{new},i}$——新调度方案中任务 i 的开始加工时间；

$\text{ST}_{0,i}$——原调度方案中任务 i 的开始加工时间。

特别地，当扰动时间较长的时候，新调度方案可能无法包含原调度方案中某些加工任务，这时 $ST_{new,i}$ 将设置为下个周期性重调度点，即认为这些任务将在下一个调度周期立即加工。

由式(7-18)可以看出，公式计算值越小，其稳定性越好。

7.4.2 有效性评价

有效性评价衡量调度修改以后对于原调度目标函数的改进：有效性评价考虑了新调度 S_{new} 的目标函数与原调度 S_0 的目标函数之间的差别。本模型中选择设备的利用率作为调度的目标函数，如式(7-19)所示。

$$\text{util}(S_0, S_{new}) = \sum_{i=1}^{m} \lambda_i \frac{p_{new,i} - p_{0,i}}{p_{0,i}} \tag{7-19}$$

式中 S_0——原调度方案；

S_{new}——新调度方案；

m——生产线包含的设备数目；

$p_{new,i}$——新调度下第 i 台设备的利用率；

$p_{0,i}$——原调度下第 i 台设备的利用率；

λ_i——设备重要性权重。

由式(7-19)可以看出，公式计算值越大，其有效性越好。

7.5 重调度的可重构集成

7.5.1 重调度的业务系统视角模型

（1）任务描述模型（BSV-1）

业务场景名称：匹配重调度方法。

业务场景 ID：系统生成，唯一。

业务活动：设备突发故障，确定局部重调度的匹配时段与匹配区域，调整并优化匹配区域内的调度方案。

业务活动目标：寻找匹配时段，执行匹配算法，保持原调度方案的可行性。

业务对象：故障设备的任务集，输出设备或设备组的重调度方案。

（2）目标活动视图（BSV-2）

匹配重调度方法的目标活动视图如图 7-16 所示。

```
┌─────────────────────────────────────────────┐
│         业务活动：匹配重调度方法              │
└─────────────────────┬───────────────────────┘
                      ↓
┌─────────────────────────────────────────────┐
│ 活动行为单元序列：                            │
│ ①对故障设备的任务集进行筛选与排序             │
│ ②找出故障结束后最早满足条件的任务序号         │
│ ③确定故障设备的匹配点，如果找到匹配点，继续执行第④～⑦步(SMUR)。│
│   如果找不到故障设备的匹配点，则直接执行第⑧～⑨步(GMUR)  │
│ ④确定故障设备的重调度任务子集                 │
│ ⑤确定其他设备的匹配点和重调度任务子集         │
│ ⑥确定最终的匹配点和重调度任务集               │
│ ⑦更新重调度任务集中每个任务的开始时间和结束时间，输出重调度方案，结束 │
│ ⑧在可互替设备组集合中寻找最为空闲的设备作为目标设备 │
│ ⑨确定匹配点，如果找到匹配点，继续执行第⑩～⑫步。如果在互替设备上找不到匹配点，直接执行第⑬步 │
│ ⑩确定设备组的匹配点和重调度任务集             │
│ ⑪选择故障设备重调度任务集队首任务，将移动任务插入目标设备的加工任务集合中，并赋予最高优先级 │
│ ⑫更新重调度任务集合中每个任务的开始时间和结束时间，输出重调度方案，结束 │
│ ⑬局部修正式的匹配重调度方法不适合解决当前的重调度问题，采取全局重调度方法，结束 │
└─────────────────────────────────────────────┘
```

图 7-16 匹配重调度方法的目标活动视图（BSV-2）

（3）业务节点模型（BSV-3）

重调度系统与其他计划调度系统联系的业务节点模型如图 7-17 所示。

（4）系统维护模型（BSV-4）

系统维护模型用于业务系统和业务系统成员的关系说明，重调度业务系统的系统维护模型与实时调度和短期优化调度的成员有所不同，实时调度和短期优化调度的业务成员之间是并行可选关系，这里三个成员是顺序必选关系，如图 7-18 所示。

7.5.2 重调度的业务过程视角模型

本节以匹配重调度方法为例，建立业务过程视角下重调度的集成体系结构模型：业务活动模型、活动行为单元时序图、业务过程模型、业务逻辑数据模型。

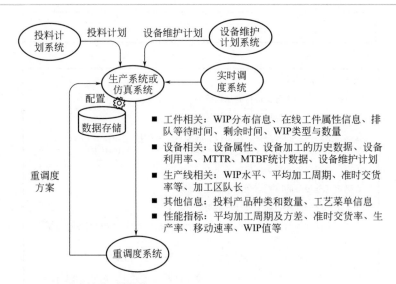

图 7-17 匹配重调度方法的业务节点模型（BSV-3）

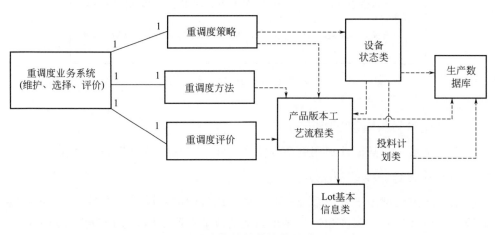

图 7-18 重调度的系统维护模型（BSV-4）

(1) 业务活动模型（BPV-1）

匹配重调度方法的各个活动行为单元之间的信息流较为简单，信息流主要内容为：故障设备型号、故障设备组、原调度方案、预估设备故障结束时间、重调度任务集。限于篇幅不再作图说明。

(2) 活动行为单元时序图（BPV-2）

匹配重调度方法的活动行为单元时序图如图 7-19 所示。

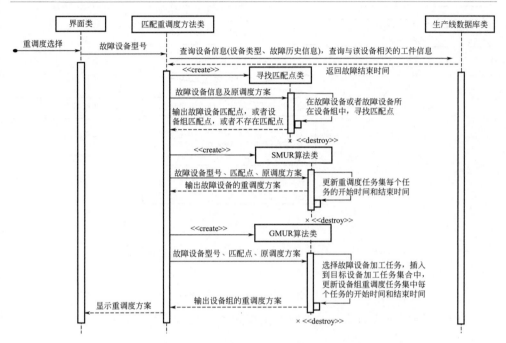

图 7-19 匹配重调度方法的活动行为单元时序图（BPV-2）

(3) 业务过程模型（BPV-3）

匹配重调度方法的业务过程模型如图 7-20 所示。

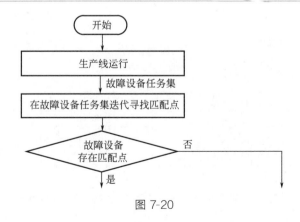

图 7-20

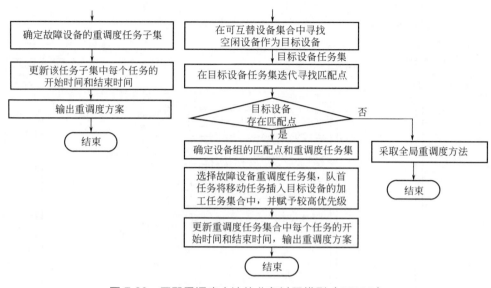

图 7-20 匹配重调度方法的业务过程模型（BPV-3）

（4）业务逻辑数据模型（BPV-4）

匹配重调度方法的业务逻辑数据模型如图 7-21 所示。

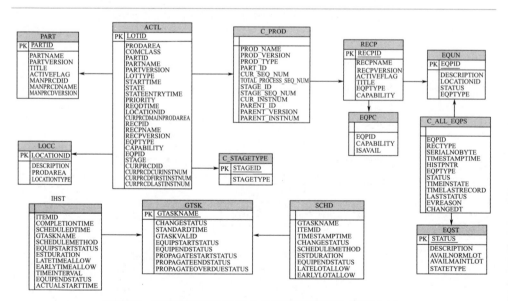

图 7-21 匹配重调度方法的业务逻辑数据模型（BPV-4）

7.6 案例：在线重调度

本节结合案例应用，对生产计划与调度体系结构在线优化单元中的匹配重调度方法进行实现和验证。选择提取自 Intel 公司的一个经典可重入半导体制造模型 Minifab 为模型对象，将 7.3 节研究讨论的 SMUR 和 GMUR 匹配重调度方法与全局生成式重调度方法（Full Generation Rescheduling，FGR）和右移重调度方法（RSR）进行对比，并对上述四种方法从稳定性和有效性两个方面进行比较分析。

Minifab 是根据实际生产线简化而来的一个简单的半导体生产线模型，由 3 个设备组、5 台设备组成。根据 Minifab 的设备、工件、流程等模型描述，建立如图 7-22 的 Minifab 仿真模型，模型分为初始化、投料控制、流程控制、故障控制和性能评价五大模块。其中，投料控制采用固定日投料方法；流程控制包含了常用的启发式调度规则，有先入先出（FIFO）、最早交货期（EDD）、最短加工时间（SPT）、最短等待时间（LS）和批加工调度规则，如最小加工批量、最大加工批量；生产线上设备状态信息的变更由故障控制模块实现；性能评价模块负责仿真过程中信息的收集和分析。

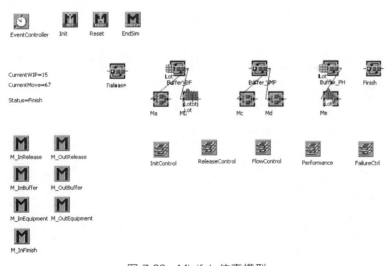

图 7-22 Minifab 仿真模型

采用上面的 Minifab 模型，我们可以生成基于规则的静态调度方案，同时可以模拟设备的突发故障，而这些信息都属于重调度框架的输入层。

重调度框架的决策层、重调度层和评价层的模块实现如图 7-23 所示,决策层采用简单的事件驱动,在重调度方法选择的时候,采用固定设置的重调度方法进行重调度,这样便于各种不同重调度方法的性能比较。重调度层包含一个重调度方法库,其中有基于仿真的全局生成式重调度方法(FGR),采用右移重调度(RSR)的全局修正式重调度和本章提出的 SMUR 和 GMUR 局部修正式重调度方法。

图 7-23　重调度模块的实现

仿真采用 24h 作为重调度周期,考虑一个周期内,不同的故障次数对重调度的稳定性和有效性影响。表 7-2 给出了 8 次故障信息。

表 7-2　生产线设备故障信息

ID	开始时间	扰动类型	设备名	持续时间/min
1	2008-1-1 3:13	3	Ma	55
2	2008-1-1 5:13	3	Mc	34
3	2008-1-1 7:13	3	Me	60
4	2008-1-1 9:13	3	Mb	40
5	2008-1-1 10:25	3	Md	40
6	2008-1-1 12:51	3	Ma	68
7	2008-1-1 14:21	3	Mc	68
8	2008-1-1 18:04	3	Me	39

通过仿真一个调度周期内不同次数的设备故障,得到了全局生成式重调度

(FGR)、右移重调度（RSR）、单台设备匹配重调度（SMUR）和设备组匹配重调度（GMUR）随故障次数增加稳定性和有效性的变化曲线，如图7-24和图7-25所示。

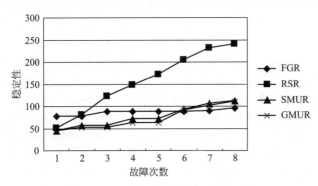

图7-24 稳定性随故障次数变化曲线

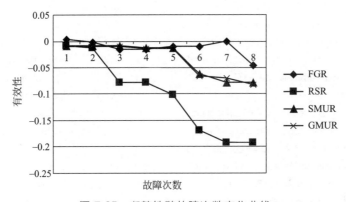

图7-25 有效性随故障次数变化曲线

由图7-24可以看出，在故障次数较少的情况下，SMUR和GMUR方法具有较好的稳定性，但随着故障次数的增加，全局生成式重调度FGR保持较好的稳定性，右移重调度RSR的稳定性较差。

由图7-25可以看出，在故障次数较少的情况下，SMUR、GMUR和FGR具有较好的有效性，但随着故障次数的增加，SMUR和GMUR方法的有效性明显降低了，这主要是因为故障时间大大超出了任务间空闲时间，部分任务被移动到下一个重调度周期。

通过以上的仿真验证与分析，可以看到，在故障频率不高的情况下，SMUR和GMUR不仅具有较好的稳定性，并且可以保持原调度方案的优化性能，但随着故障频率的提高，全局修正式重调度方法具有一定的优势。

参考文献

[1] OLUMOLADE M, NORRIE D, Reactive scheduling system for cellular manufacturing with failure-prone machines [J]. International Journal of Computer Integrated Manufacturing, 1996, 9, 2: 131-144.

[2] Church L K, Uzsoy R. Analysis of periodic and event-driven rescheduling policies in dynamic shops [J]. International Journal of Computer Integrated Manufacturing, 1992, 5 (3): 153-163.

[3] K. J. Chen, P. Ji, A genetic algorithm for dynamic advanced planning and scheduling (DAPS) with a frozen interval[J], Expert Systems with Applications, 2007. 33 (4), 1004-1010.

[4] Kempf Karl G. Intelligently scheduling semiconductor wafer fabrication. Morgan Kaufmann Publishers, San Francisco, 1994.

[5] Sabuncuoglu I, Karabuk S. Rescheduling frequency in an FMS with uncertain processing times and unreliable machines [J]. Journal of manufacturing systems, 1999, 18 (4): 268-283.

[6] Vlelra G E, Jeffrey W H, Edward L. Analytical models to predict the performance of a single-machine system under periodic and event-driven rescheduling strategies [J]. International Journal of Production Research, 2000, 38 (8): 1899-1915.

[7] Bierwirth Christian, Dirk C Mattfeld. Production scheduling and rescheduling with genetic algorithms [J]. Evolutionary Computation, 1999, 7 (1): 1-17.

[8] Chacon G R. Using simulation to integrate scheduling with the manufacturing execution system [J]. International of Future Fab, 1998: 63-66.

[9] Haruhiko Suwa. A new when-to-schedule policy in online scheduling based on cumulative task delays [J]. International Journal of Production Economics, 2007, 110 (1): 175-186.

[10] Metha S V, R M Uzsoy. Predictable scheduling of a job shop subject to breakdowns [J]. International Journal of IEEE Trans, 1998, 14: 365-378.

[11] Daniels R L, P Kouvelis. Robust scheduling to hedge against processing time uncertainty in single-stage production [J]. Manage. Sci., 1995, 41 (2): 363-376.

[12] Miyashita Kazuo, Katia Sycara. Adaptive case-based control of schedule revision. Morgan Kaufmann Publishers, San Francisco, 1994.

[13] Abumaizar, R. J, Svestka J. A., Rescheduling job shops under random disruptions, International Journal of Production Research, 1997, 35: 2065-2082.

[14] James C. Bean, John R. Birge, John Mittenthal, Charles Noon. Match-up scheduling with multiple resources, release dates and disruptions[J]. European Journal of Operational Research, 1991, 39 (3): 470-483.

[15] FANG J, XI Y. A rolling horizon job shop rescheduling strategy in the dy-

namic environment [J]. International Journal of Advanced Manufacturing Technology, 1997, 13(3): 227-232.

[16] Kim M H, Y D Kim Simulation-based real-time scheduling in a flexible manufacturing systems [J]. European Journal of Operational Research, 1994, 13: 85-93.

[17] Henning G P, J Cerda. An expert system for predictive and reactive of multi product batch plants [J]. Latin Am. App. Res., 1995, 25:187-198.

[18] Jain A K, H A Elmaraghy. Production scheduling/rescheduling in flexible manufacturing [J]. Int. J. Prod. Res., 1997, 35: 281-309.

[19] S. J. Mason, S. Jin, C. M. Wessels. Rescheduling strategies for minimizing total weighted tardiness in complex job shops. int. j. prod. res., 2004, 42, No. 3, 613-628.

[20] Dugan Hvalica, Ludvik Bogataj. Sensitivity results considering rescheduling by AND/OR graphs. Int. J. Production Economics 93-94 (2005): 455-464.

[21] A. Dupon, I. Van Nieuwenhuyse, N. Vandaele. The impact of sequence changes on product lead time. Robotics and Computer Integrated Manufacturing 18 (2002): 327-333.

[22] András Pfeiffer, Botond Kádár and László Monostori, Stability-oriented evaluation of resched uling strategies, by using simulation[J]. Computers in Industry, 2007, . 58 (7), 630-643.

[23] Vieira. performance of rescheduling strategies for parallel machine systems. Journal of Manufacturing Systems, 2000, 19(4): 256-266.

[24] Qi X T, Bard J, Yu G. Disruption management for machine scheduling: The Case SPT Schedulers, 2004.

[25] 乔非，李莉，马玉敏，王遵彤，施斌. 基于模糊推理的半导体生产重调度策略研究[J]. 计算机集成制造系统，2009, 15(01):102-108, 116.

[26] 施斌，乔非，马玉敏. 基于模糊 Petri 网推理的半导体生产线动态调度研究[J]. 机电一体化，2009, 15(04):29-32, 40.

[27] 贾立新，薛钧义，茹峰，采用模糊 Petri 网的形式化推理算法及其应用[J]，西安交通大学学报，2003, 37, 12: 1263-1266.

[28] Chen S M, Ke J S, Chang J F, Knowledge representation using fuzzy Petri net [J]. IEEE Transactions on Knowledge and Data Engineering, 1990, 2(3):311-319.

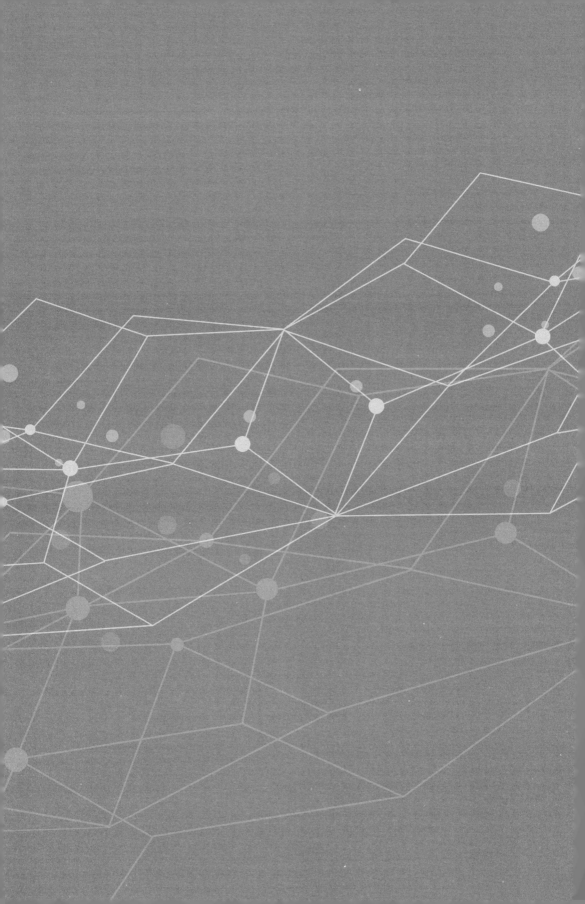

第3篇
可重构实施篇

　　本书前两篇分别讨论了面向复杂制造系统的可重构生产计划与调度体系结构的理论与方法，本篇侧重于在第1篇理论指导下，对第2篇涉及的方法加以集成实现和协同应用。

　　在集成实现方面，完成了一个可重构生产计划与调度体系原型系统（MRPSS）的设计开发。以复杂的半导体制造为背景，集成了6种大、中、小规模不等的代表性半导体生产线模型。本篇将第1篇所构建的三层四单元的生产计划与调度体系结构作为原型系统的框架，通过由数据层、软件层和仿真层三部分构成的基础架构形成原型系统的有机体，为复杂制造系统计划与调度研究和应用提供集成平台。将第2篇针对计划调度领域各核心环节所讨论的单元问题及解决方案，作为组件嵌入于原型系统，并借助于数据接口、模型、算法等技术，实现组件的协同工作，最终获得系统的可重构能力。以上内容构成本篇第8章。

　　在应用实践方面，主要说明如何将本书讨论的体系结构理论、方法和原型系统，运用于解决复杂制造系统生产计划与调度的各类问题，大致可分为三种类型：一是单元方法在体系结构框架下的实现与集成，这部分内容在第2篇分别针对四个核心单元讨论时，已通过案例进行了分析和说明；二是可重构的验证，针对具体的生产计划和调度问题，如何通过协同不同层次或不同单元中的相关方法加以解决；三是面向复杂制造系统的动态需求，如何应用生产计划和调度体系结构的协同和可重构，以及如何通过发挥系统的可重构能力达到优化系统、满足需求的目的。对于后两类的应用实践，将在本篇第9章结合案例加以讨论分析。

第8章
可重构体系原型系统设计

在复杂制造系统可重构体系结构和组件方法的理论基础上，本章介绍可重构体系原型系统，即组件化可重构生产计划与调度系统（Modular Reconfigurable Planning and Scheduling System，MRPSS）的设计与实现，简便起见，下文全部采用系统简称，即 MRPSS。

MRPSS 的设计与实现主要兼顾两方面内容：原型系统的通用基础架构与计划调度的软件功能集成。原型系统基础架构是计划调度系统运行的基础设施，包括生产线仿真模型、仿真平台和数据三部分设计；计划调度的软件功能实现是 MRPSS 的业务主体，包括中期生产计划、短期生产计划、瓶颈调度、在线优化等非结构化决策问题的求解，最终通过软件组件的形式并嵌入 MRPSS 系统架构之中，以体现可重构和软件复用的能力。

8.1 原型系统简介

MRPSS 以多重入的半导体制造为背景，面向复杂制造系统生产计划与调度问题的集成求解与协同优化。系统通过整合各类异构生产线模型，使之转换成标准的系统结构，并将系统内嵌的各类标准算法库应用于生产模型之上，从而辅助工程研究人员进行调度决策。

在业务模型方面，MRPSS 整合了 6 个半导体生产线模型，有根据实际半导体生产线建立的系统模型 BL4、BL6，有以实际生产线为背景简化和多样化的模型 HP24Fab1、HP24Fab2 和 HP24Fab3，也有广泛用于半导体制造调度研究的经典模型 MiniFab。

在业务功能方面，MRPSS 涵盖了复杂制造系统生产计划与调度体系中的各个核心问题，并以组件化、可重构的方式加以集成。

① 投料计划系统实现了 4 个业务系统成员：多目标优化投料、基于交货期的投料、固定 WIP 投料以及混合智能投料。

② 设备维护计划系统实现了 3 个业务系统成员：按时维护、按片维护、智能维护计划。

③ 瓶颈调度系统实现了 2 个业务系统成员：瓶颈区并行设备调度优化、

DBR 生产线瓶颈分层优化。

④ 批加工调度系统实现了 1 个业务系统成员：基于蚁群优化算法的批加工设备调度。

⑤ 实时派工系统实现了 10 余种基本派工规则与复合优先级规则，如信息素算法规则、网格算法规则、批加工设备规则等。

⑥ 在线优化系统实现了 3 个业务系统成员：单台设备匹配重调度、设备组匹配重调度与右移重调度。

⑦ 工件调度系统，该子系统的功能是进行非批、非瓶颈加工区的工件选择，或者当下游瓶颈设备、批加工设备发生瞬时瓶颈情况时进行工件调度优化，在原型系统里通过实时派工系统实现相应功能。

通过使用 MRPSS 可以减少模型开发的成本，提高制造系统模型的灵活度，提高调度决策的准确性与快速性，与此同时，提供各类算法在实际生产过程中的反馈信息，通过大量数据，进一步提高算法的适用范围与强壮性，为复杂制造系统研究提供了良好的研究平台。

8.2 原型系统设计

8.2.1 原型系统基础架构设计

MRPSS 分为 3 部分：数据层、软件层、仿真层，如图 8-1 所示。

（1）数据层

数据层存储着 MRPSS 包含的所有半导体生产线模型的数据，每个数据库均为同构数据库。数据层与仿真层和软件层之间的通信不是直接通信，是通过各自的数据接口对数据层间接通信，从而实现半导体生产线模型的自由切换。

（2）软件层

软件层是 MRPSS 系统的核心部分，用于半导体生产线标准建模，组件配置管理，用户界面交互等。软件层通过数据接口对数据层进行读取，并在层内进行组件的配置以及参数的设置，最后调用仿真层，实现半导体生产线模型的仿真。

（3）仿真层

仿真层用于对系统当前模型进行调度仿真，为软件层的特定组件提供仿真平台。仿真层作为软件层的支持平台本身不可自行启动，需通过软件层控制其启动、仿真、停止等活动。

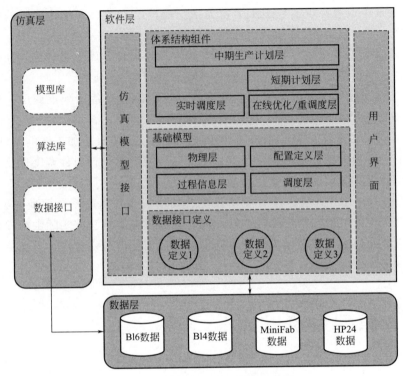

图 8-1　MRPSS 总体结构示意图

8.2.2　数据层设计

数据层存储了 MRPSS 包含的 6 个半导体生产线数据，是软件层建立基础模型的依据。数据层设计的原则是必须保证 6 个模型数据结构的一致，由通用结构模型对数据的需求，分析出以下几个基本数据实体表。

① 订单表。包括订单的客户、优先级、数量、交货期等相关属性，这是计划投料的基础。

② 投料表。包括投料数量、投料日期、所属产品等。

③ 维护任务表。包括维护任务的最晚开始时间、最早开始时间、持续时间等。

④ 产品表。包括产品的流程定义、每步流程的加工时间、产品的平均加工时间、平均移动步数等。

⑤ 加工区、设备表。包括加工区构成、设备状态、设备类型、设备使用的调度规则、加工历史记录等。

⑥ 在线工件表。包括在线工件的状态、所在设备、状态开始时间、结束时间等。

⑦ 派工单表。包括开始时间、结束时间、工件编号、设备编号等。

⑧ 性能统计表。包括生产线上各种性能指标的记录。

⑨ 调度算法表。包括调度算法名信息,以及算法与设备的关联。

原型系统基础架构信息层次见图 8-2,信息层次与数据实体表对应关系如表 8-1 所示。

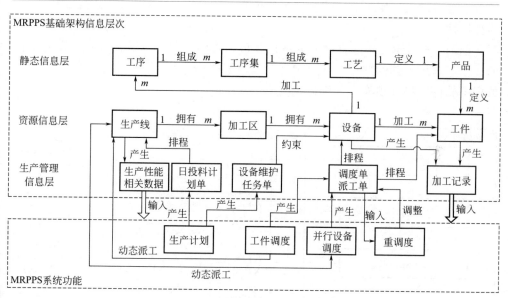

图 8-2 原型系统基础架构信息层次

表 8-1 原型系统基础架构信息层次与数据实体表对应关系

模型层次	数据表
静态信息层	产品表
资源信息层	加工区、设备表、在线工件表
生产管理信息层	投料表、维护任务表、派工单表、性能统计表
系统功能层	调度算法表

8.2.3 软件层设计

软件层主要由 5 部分组成:数据接口定义、基础模型、体系结构组件、仿真接口、用户界面。以下介绍每一部分的详细设计。

(1) 数据接口定义

数据接口定义的作用是，当软件层需要访问数据层的数据时，原生数据经由数据接口定义部分加工，成为软件层可方便利用的数据，且数据的组织方式就按照半导体生产线通用结构模型来定义。

数据层包括 6 个半导体生产线模型的数据，虽然数据不同，但数据库的结构都是相同的，所以数据接口定义只需要参数实例化即可完成对任意一种模型的读取与写入。若有不同数据结构的数据库加入，只需在软件层再定义一份与之对应的数据接口定义，则可完成异构数据库的集成。因此，这样的设计对系统有一定的扩展性。

如图 8-3 所示，虚线框部分为数据接口，工作分两个阶段：首先，根据不同的数据库选择不同的数据库接口定义；然后根据表 8-1 加工原生数据。加工后的数据由软件层将其填充入基础模型。

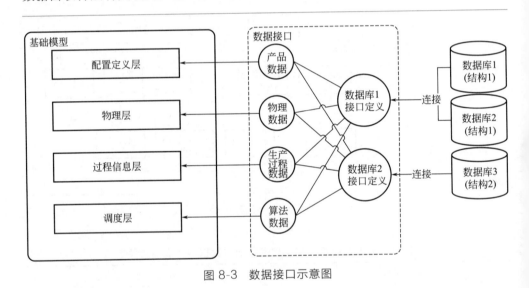

图 8-3 数据接口示意图

(2) 基础模型

基础模型的作用是，将从数据层读取的数据以一定的组织方式加载入内存中，以方便各组件对数据的快速调用。数据的组织方式是按照半导体通用结构模型的定义来设定的。

基础模型的数据输入通过数据接口加载数据，它的输出是符合各组件接口定义的规范化数据，供各组件使用。组件接口的定义方式是按照组件化可重构体系结构的理论基础，与体系结构各层次一一对应，即中期生产计划接口、短期生产计划接口、实时调度与在线优化（重调度）接口。

(3) 体系结构组件

在 MRPSS 上的各种算法都是通过多种组件来体现的，按照体系结构的设计，复杂制造系统的生产计划与调度分为 3 层结构，由 4 个单元组成。每个单元内可以针对不同问题和不同算法形成多个组件，这些组件的基本结构都是类似的，一般包括四个部分：组件数据元、组件界面、组件工具、组件算法。

组件数据元是指与组件算法相关的特殊数据，也包括从基础模型中获取的数据，并将其转化成能被组件方便利用的数据。组件数据元是作为组件算法的输入与输出，是组件数据的最小单位。

组件工具主要的作用包括：将基础模型原始数据转化为组件数据元，算法数据的统计、导出、读取，生成图表，组件参数管理。总的来说，组件工具的主要作用是对组件进行管理，使数据更易被组件使用，使统计结果更符合统计目的。

组件界面是组件与用户交互的部分，用户可通过界面调整算法参数，运行算法，并最终展现运算结果。

组件算法是组件的主体，是一段算法的具体实现。它结合组件的其他各部分协同完成工作。通过系统界面，组件得到用户输入的算法配置信息，然后通过组件工具，将生产线以及算法参数数据，以组件数据元的形式读入算法内部，经过算法运算，将结果再次通过组件工具生成对应统计结果，并由相应的导出工具或图表工具生成结果，最后经由用户界面将结果反馈。

(4) 仿真接口

仿真接口是指软件层与仿真层的通信接口，仿真层是指具体的仿真软件，理论上，只要满足仿真接口定义的仿真软件都可与软件层对接。

仿真接口的主要功能包括：仿真模型的打开、关闭、保存；仿真控制（仿真开始、暂停、重置）；执行仿真内部脚本语言。

调用仿真接口的一般步骤如下。

步骤①：软件层根据当前载入的模型数据打开特定的仿真模型。

步骤②：执行仿真软件脚本语言初始仿真参数。

步骤③：开始仿真。

步骤④：结束仿真。

步骤⑤：保存仿真模型并退出。

仿真接口的算法全部采用异步设计，这样可使软件层的管理与仿真同步进行，互不干扰。

(5) 用户界面

用户界面是指用户操作软件层的交互界面。用户界面的设计原则是全开放式，即将所有设置参数的面板都集中在主界面上，尽量减少菜单的数量。这样方便用户对各层次进行比对,同时也使用户操作更为简便。另外,软件的主界面按照半导体生产体系结构的层次来设计,使界面更符合软件的操作顺序。

8.2.4 仿真层设计

仿真层是基于商业仿真平台 Plant Simulation 进行开发,所以要求仿真软件有较强的用户定制功能。仿真层主要包括三块:模型库、算法库、数据接口。

(1) 模型库

模型库包含 6 种半导体生产线仿真模型。模型库的建立过程是动态的,即采用动态建模技术动态地生成 6 种模型(动态生成过程见图 8-4),这 6 种模型的结构、控制程序、数据接口都是相同的。

生产线仿真模型具备上一小节所述四类数据时,便可以被动态加载入仿真平台和计划调度原型系统,并且能够将生产线模型信息显示在原型系统的界面上。

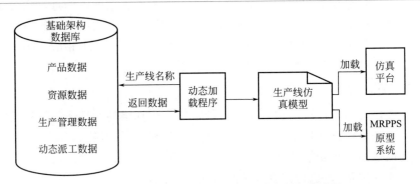

图 8-4 基于数据的生产线仿真模型动态生成过程

(2) 算法库

算法库包括四块内容:模型自动加载算法(基于数据动态建立模型的过程)、仿真模型控制算法(指控制工件加工流程的底层算法)、调度策略算法(包括启发式规则、智能调度算法等),以及统计算法。由于仿真模型结构的统一,所有的算法可适用于所有仿真模型。

(3) 数据接口

数据接口的主要工作是与数据库进行交互,原始数据到仿真模型需要一个标准化的转化,数据库接口提供转化的相关程序。另外,在数据写回数据层的过程中,数据接口进行了一个相反的转化过程。

8.3 数据层实现

根据表 8-1 设计的数据表种类，各模型数据表的实现细节如表 8-2 所示。

表 8-2 数据表

数据表	参数名	说明
产品表	Product	产品
	Process	产品流程
	Step	工艺步骤
加工区、设备表	WorkArea	加工区
	Equipment	设备
	EquipmentStatus	设备状态
在线工件表	Lot	在线工件
	LotHistory	工件历史
	LotStatus	工件状态
	LotType	工件类型
投料表	Order	订单
	Schedule	投料
维护任务表	Maintenance	维护
派工单表	Dispatch	派工单
性能统计表	WorkAreaStatistic	加工区性能统计
	EquipmentUsage	设备利用率统计
调度算法表	DispatchRule	调度算法
	EquipmentToRule	设备算法关联

各数据表之间的关联如图 8-5 所示。

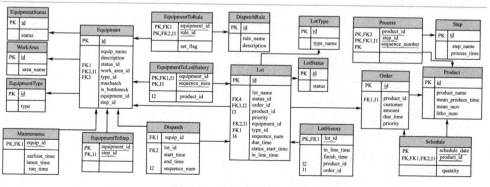

图 8-5 数据表关联示意图

8.4 软件层实现

MRPSS 的实现平台为.Net Framework 3.5，开发工具为 Visual Studio，程序语言为 C♯。系统基于面向对象设计原则，程序各模块相对独立。以下简要介绍系统程序大致框架。

系统实现主要分为五类模块：基础数据类、组件类、数据接口类、系统界面类、工具类。各部分与 8.2.3 节软件层设计的对应关系如表 8-3 所示。

表 8-3 软件层组成与系统模块对应表

软件层组成	系统模块	程序包名称
数据接口定义	数据接口类	dataTable
基础模型	基础数据类	bean
体系结构组件	组件类	component
仿真模型接口	工具类	util
用户界面	系统界面类	ui

各个模块的描述与 8.2.3 描述基本一致，只有在仿真模型接口的实现上，对应的工具类除了实现对仿真模型的操作功能外，还附加了对系统数据的统计、生成图表、生成统计文件、系统参数管理等功能的实现。

以下对软件层组成的实现作分别详述。

8.4.1 数据接口定义实现

数据接口的实现主要包括两部分：接口定义、接口实现。接口定义指的是将数据接口的功能通过方法声明在代码中罗列。接口实现指的是根据接口定义，对每一项功能进行具体的代码实现。数据接口定义与接口实现的对应关系如表 8-4 所示。

表 8-4 数据接口定义与接口实现对应表

接口定义	接口实现	说明
DispatchRuleTableInt	DispatchRuleTable	调度规则表
DispatchTableInt	DispatchTable	派工单表
EquipmentStatusTableInt	EquipmentStatusTable	设备状态表
EquipmentStepTableInt	EquipmentStepTable	设备加工工艺表
EquipmentTableInt	EquipmentTable	设备表

续表

接口定义	接口实现	说明
EquipmentTypeTableInt	EquipmentTypeTable	设备类型表
LotStatusTableInt	LotStatusTable	工件状态表
LotTableInt	LotTable	工件表
LotTypeTableInt	LotTypeTable	工件类型表
OrderTableInt	OrderTable	订单表
ProcessTableInt	ProcessTable	产品流程表
ProductTableInt	ProductTable	产品表
ScheduleTableInt	ScheduleTable	投料表
SimulConfigTableInt	SimulConfigTable	仿真参数表
StepTableInt	StepTable	工艺步骤表
WorkAreaTableInt	WorkAreaTable	加工区表

数据接口定义与数据库的物理表一一对应，而接口实现则可看作为数据层在软件层的软表（仿真模型内部表）。加载程序对软表再加工，使之组织成基础模型，加载流程如图 8-6 所示。

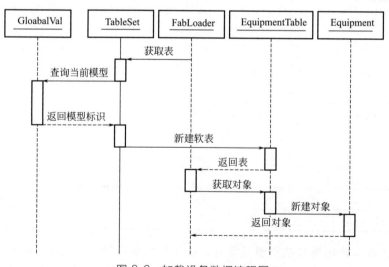

图 8-6 加载设备数据流程图

FabLoader 是工具类中用于加载模型的类，首先由它发起加载设备表的请求。TableSet 类是数据表的集合，通过它可获取当前模型数据中的任意表。TableSet 通过 GloabalVal 查询当前何种模型在运行，之后 TableSet 根据当前运行模型的标识,选择对应的 EquipmentTable 生成实例,最后 FabLoader 得到该实例。FabLoader 调用 EquipmentTable 的 load 方法生成 Equipment 实例,将其放入基础模型,继续加载模型其他部分。

8.4.2 基础模型实现

基础模型由数据接口所加载的软表组织而成,基础模型的每个部分往往对应多个软表,因为数据表之间是没有直接关联的,数据表的关联是由关联表来体现的,加载程序将数张实体表与关联表结合,生成对应的基础模型元素,这个过程是一个将关系型数据转化为面向对象型数据的过程。基础模型各元素与数据表之间的联系如表 8-5 所示。

表 8-5 基础模型数据元素与数据表对应表

基础模型元素	说明	数据表
Dispatch	派工单	DispatchTable
DispatchRule	调度规则	DispatchTable
Equipment	设备	EquipmentStatusTable
		EquipmentStepTable
		EquipmentTable
		EquipmentTypeTable
Lot	工件	LotStatusTable
		LotTable
		LotTypeTable
Order	订单	OrderTable
Product	产品	ProductTable
		ProcessTable
		StepTable
Schedule	投料	ScheduleTable
WorkArea	加工区	WorkAreaTable

当数据表转化为基础模型元素时,往往是将数据转化为元素的一项属性。例如 Equipment 类,EquipmentTable 将其主要数据加载入对象,EquipmentStepTable、EquipmentTypeTable 和 EquipmentStatusTable 所加载的数据作为 Equipment 的各种属性而存在。这样的做法使数据关联更紧密,也方便上层组件调用。

基础模型各对象的 UML 如图 8-7 所示。

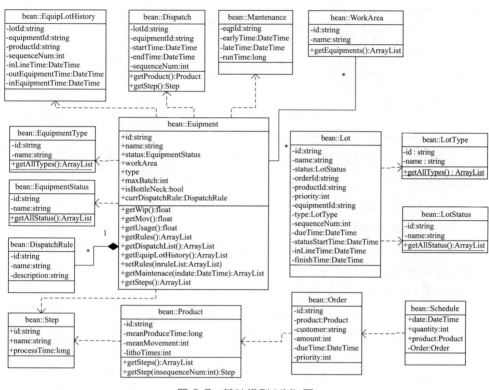

图 8-7　基础模型 UML 图

8.4.3　体系结构组件实现

MRPSS 系统按照半导体生产调度体系的三层结构，实现了以下几种组件，如表 8-6 所示。

表 8-6　组件列表

结构层次	组件	说明
中期生产计划	Conwip	基于固定数量投料组件
	HybridIntelligent	混合智能投料组件
	MultiGoal	多目标优化投料组件
	PredictDueDate	预期交货期投料组件
短期生产计划	DBR	DBR 调度组件
	DispatchRule	启发式规则调度组件
	ACO	ACO 瓶颈优化组件

续表

结构层次	组件	说明
实时调度	BatchProcessing	批加工设备调度组件
	SchedulingDispatchRule	实时调度排程组件
重调度/在线优化	SMUR	单台设备匹配重调度
	GMUR	设备组匹配重调度
	RSR	右移重调度组件

以下分别对各组件的算法与实现情况进行详细介绍。首先描述中期生产计划层各组件的实现。

(1) 中期生产计划组件

① 基于固定数量投料组件（Conwip）

固定投料[1]是一种简单的投料策略，是指在一段时间内，系统每日对生产线投固定数量的工件。

固定投料组件各部分的实现如表 8-7 所示。

表 8-7 固定投料组件各部分的实现表

组件组成	组件实现类名	说明
组件数据元	ConwipContext	组件参数
	DayPlan	日投料计划
	DayPlanCollection	日投料计划集合
组件界面	ConwipMain	组件主界面
组件工具	OrderManager	订单管理工具
	PlanManager	投料计划管理工具
	ProductManager	产品管理工具
	StepManager	工艺步骤管理工具
组件算法	Conwip	固定投料算法

组件数据元部分：ConwipContext 用来管理组件参数，主要包括投料的计划期跨度。DayPlan 是指每日的具体投料计划。DayPlanCollection 是指多个日期的投料计划，用于管理多个 DayPlan，方便对投料计划进行统一操作。

组件工具部分：OrderManager 是对订单的管理，用于读取订单信息，获得特定产品的投料数量。PlanManager 用于投料计划的管理，方便对 DayPlanCollection 的读取与写入。ProductManager 用于查询与产品相关的数据。

组件算法为固定投料算法的具体实现。

组件界面如图 8-8 所示。

图 8-8　基于固定数量的粗日投料界面

② 混合智能投料组件

混合智能投料[2]是一种较复杂的投料策略，基于模糊模拟以及遗传算法，它分为两个阶段：生成月计划、生成日计划。生成月计划时，首先算法预估生产线产能，统计在线工件，计算生产线剩余产能，计算瓶颈设备。首月投一定数量的工件，以满足瓶颈设备剩余产能。后几个月的投料根据计划期跨度以及交货期，平均分配剩余工件至每月。然后通过遗传算法，随机削减与增加每月的投料，计算适应值最高的投料计划。生成日计划时，平均分配月计划至每日，即是每日的投料计划。

混合智能投料组件各个部分的实现如表 8-8 所示。

表 8-8　混合智能投料组件实现表

组件组成	组件实现类名	说明
	HybridContext	组件参数
	DayPlan	日投料计划
	DayPlanCollection	日投料计划集合
	MonthPlan	月投料计划
组件数据元	MonthPlanCollection	月投料计划集合
	OrderStatistic	订单统计数据
	ProductStatistic	产品统计数据
	StepStatistic	工艺步骤统计数据
	Chromosome	基因
	Population	种群

组件组成	组件实现类名	说明
组件界面	HybridMain	组件主界面
组件工具	OrderManager	订单管理工具
	PlanManager	投料计划管理工具
	ProductManager	产品管理工具
	StepManager	工艺步骤管理工具
	WipManager	在线工件管理工具
	GeneticManager	遗传算法管理工具
组件算法	Hybrid	固定投料算法

组件数据元部分：除了与基于固定数量投料组件相同的部分，还有 MonthPlan 是单个月的投料计划数据。MonthPlanCollection 是多个月的投料计划集合。OrderStatistic、ProductStatistic、StepStatistic 分别用来存放订单、产品、工艺步骤的统计数据。Chromosome 表示基因，Population 表示种群，在算法后阶段采用遗传算法中会用到。

组件工具部分：除了与基于固定数量投料组件相同的部分，还有 StepManager、WipManager 在统计在线产能占用时用到，它们分别用来统计工艺步骤与在线工件信息。GeneticManager 是遗传算法的实现。

混合智能投料组件的界面如图 8-9 所示。

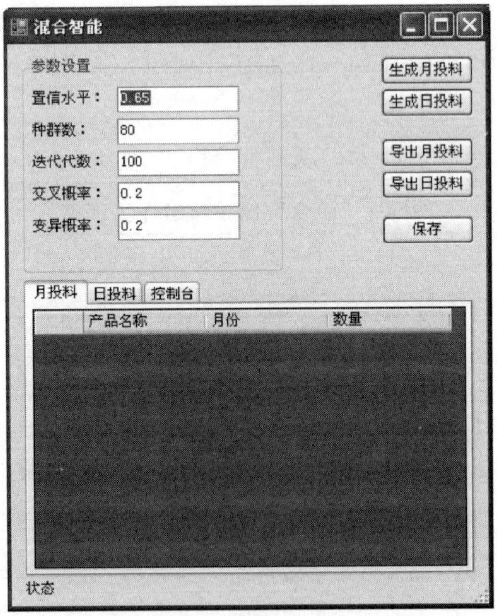

图 8-9 混合智能投料组件界面

③ 多目标优化投料组件

多目标优化投料是一种基于模糊逻辑方法的，综合考虑交货期、预期收益和加工周期三个指标的粗日投料策略。首先将客户需求、预计收益以及加工周期进行模糊化，之后设定各指标的权重，最后根据优先级的计算结果，制定日投料计划。

多目标优化投料组件各个部分的实现如表 8-9 所示。

表 8-9　多目标优化投料组件实现表

组件组成	组件实现类名	说明
组件数据元	MultiGoalContext	组件参数
	DayPlan	日投料计划
	DayPlanCollection	日投料计划集合
	OrderForMultiGoal	订单统计数据
	FactorMatrix	产品统计数据
组件界面	MultiGoalMain	组件主界面
组件工具	OrderManager	订单管理工具
	PlanManager	投料计划管理工具
组件算法	MultiGoal	多目标优化投料算法

组件数据元部分：除了上面已提及的部分，还有 OrderForMultiGoal 是为该组件定制的订单数据。FactorMatrix 是在模糊运算中使用的权重矩阵。

多目标优化投料组件界面如图 8-10 所示。

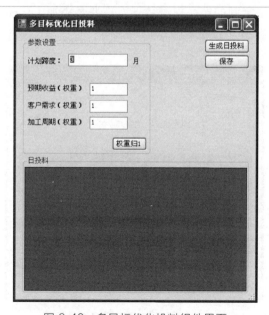

图 8-10　多目标优化投料组件界面

④ 预期交货期投料组件

预期交货期投料策略的基本思想是按照交货期紧急程度考虑工件进入生产线的先后次序。根据实际生产线情况，为订单定义预期交货期，预期交货期实际上就是各工件的预计投料时刻与工件的平均加工周期之和。交货期差值（工件实际交货期与预计交货期之间的差值）与平均加工周期的比值就可以作为粗日投料策略的依据，也就是说比值越小的，应该越早投入生产线。

预期交货期投料组件各部分实现情况如表 8-10 所示。

表 8-10 预期交货期投料组件各部分实现情况表

组件组成	组件实现类名	说明
组件数据元	PredictedDueDateContext	组件参数
	DayPlan	日投料计划
	DayPlanCollection	日投料计划集合
	ProductCollection	产品数据集合
	ProductForDueDate	产品
组件界面	PreditedDueDateMain	组件主界面
组件工具	OrderManager	订单管理工具
	PlanManager	投料计划管理工具
组件算法	PredictedDueDate	多目标优化投料算法

组件数据元部分：PredictedDueDateContext 为该算法参数，ProductForDueDate 是为该算法定制的产品模型数据，主要是添加了产品的交货期信息。

预期交货期投料组件界面如图 8-11 所示。

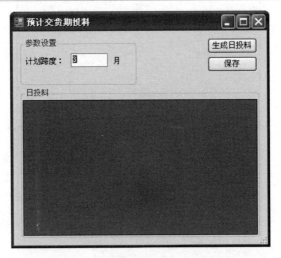

图 8-11 预期交货期投料组件界面

以上是中期生产计划各组件的实现情况，下面描述的是短期生产计划层中的各组件。

（2）短期生产计划组件

① DBR 调度组件

DBR 算法是一种基于分层瓶颈的调度方法，具有三要素：a. 鼓（Drum），即识别瓶颈、发现关键问题；b. 缓冲（Buffer），即借助缓冲管理最大化利用瓶颈资源；c. 绳子（Rope），即利用瓶颈资源的节奏控制非瓶颈资源的调度。算法的基本原则是，以加工中心为单元，优先解决制造系统中紧迫度较高的瓶颈加工中心的调度问题，并以此为先导带动其他加工中心的生产调度决策。基本步骤为，首先基于系统瓶颈的识别把整个生产线划分成若干条层生产线，接着，计算出层瓶颈的加工节奏，再按照层瓶颈的节奏选择瓶颈缓冲区中的工件进行加工，以减少同层工件在生产线上的堆积，达到平衡生产线的目的。

DBR 调度组件各部分实现情况如表 8-11 所示。

表 8-11　DBR 调度组件实现表

组件组成	组件实现类名	说明
组件数据元	LayerDefinition	生产线分层
组件界面	DBRMain	组件主界面
组件工具	OrderManager	订单管理工具
	EquipmentManager	设备管理工具
	StepManager	工艺步骤管理工具
	ProductManager	产品管理工具
组件算法	DBR	DBR 调度算法

组件数据元部分：LayerDefinition 用来存放 DBR 算法对生产线分层定义的数据。

组件工具部分：同上文所述。

DBR 组件用户界面如图 8-12 所示。

② 启发式规则调度组件

启发式规则组件包括了大多数经典半导体调度启发式规则的实现。包括：先入先出（FIFO）、最早交货期优先（EDD）、最早工序交货期优先（EODD）、最长加工时间（LPT）、最短加工时间（SPT）、临界值（CR）、制造周期方差波动平滑（FSVCT）、最短等待时间（LS）、先入先出＋（FIFO＋）、最小剩余加工时间（SRPT）、最小剩余加工时间＋（SRPT＋）、最小剩余加工时间＋＋（SRPT＋＋）、拖期方差波动平滑（FSVL）。

该组件的实现是基于仿真平台的，所以软件层的实现只包含组件界面，起到规则选择的作用,启发式规则组件界面如图 8-13。

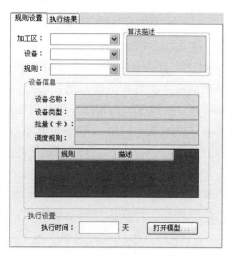

图 8-12　DBR 组件用户界面　　　　图 8-13　启发式规则组件界面

③ ACO 瓶颈调度组件

ACO 瓶颈调度组件是用群体智能——蚁群优化算法,来解决生产线短期生产计划层的瓶颈识别和调度。该方法基于数据,不断更新生产线不同加工区和设备的工件的"信息素",利用缓冲区的饥饿阻塞信息识别瓶颈。在瓶颈加工中心识别的基础上,再基于 ACO 算法逐步形成制造生产线的排程方案。首先使用蚁群优化算法获得瓶颈加工中心的排程方案,然后以其为约束,获得并行批加工设备排程方案,最后以前面的排程方案为约束,递推其他非关键设备的排程方案,形成整个生产线的排程方案。

以上是短期生产计划各组件的实现情况,下面描述的是在线优化与实时调度层中的各组件。

(3) 实时调度组件

实时调度的组件包括:批加工设备调度组件、实时调度排程组件。实时调度直接衔接于中期生产计划层,以设备维护任务及工件投料作为输入,直接根据生产线局部实时数据给出调度决策,其工作流程如图 8-14 所示。

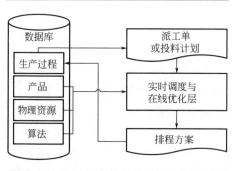

图 8-14　实时调度与在线优化工作流程图

① 实时调度排程组件

实时调度排程组件主要是通过设置不同加工区/设备的调度规则，计算工件的优先级并确定加工先后顺序。该组件允许用户对不同加工区或不同设备设置不同的调度规则。实时调度组件界面如图 8-15 所示，设备信息栏显示了设备名称、设备类型、批量（卡）和调度规则。

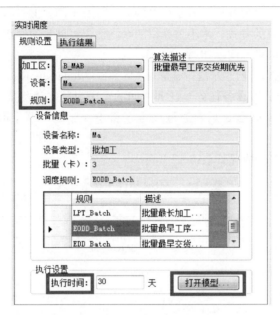

图 8-15　实时调度组件界面

实时调度规则列表包括了大多数经典半导体调度启发式规则的实现，如 FIFO、EDD、EODD、LPT、SPT、CR、FSVCT、LS、FIFO、SRPT、FSVL 等。

② 批加工设备调度组件

批加工设备是复杂制造系统中的一类特殊加工设备，能够同时加工多个工件，对于半导体生产线而言，该类批加工设备占设备总数可达 20%～30%[3]。在批加工设备上进行加工的工件先要进行组批，即设备将相同加工步骤的工件集合，成批加工。最大批量是批加工设备的重要参数，表示每一批次可容纳工件的上限。另外，一旦批加工设备开始加工，其他工件则需等待此批加工完成，才能进入设备进行加工。

批加工设备调度一般解决两个问题：工件组批问题，以及工件开始加工时间。批加工设备调度组件中实现的批加工规则包括 FIFO_Batch、EDD_Batch、EODD_Batch、LPT_Batch 等。

(4) 在线优化组件

在线优化与实时调度在复杂制造系统计划调度体系中，同属于一个层次，工作定位与优化流程基本相同。区别在于，实时调度以中期生产计划形成的投料计划作为输入，而在线优化以短期生产计划形成的静态调度方案作为输入。二者都需要通过读取加工计划数据、物理资源以及算法数据，为生产线的优化运行提供合适的排程方案，并最终写入生产过程数据。只是提供的方式有所不同，上一小节介绍的实时调度组件是通过实时生成的方式，本小节介绍的在线优化组件是通过在线调整的方式。

① 单台设备匹配重调度组件

单台设备匹配重调度方法（Single Machine Match-up Rescheduling，SMUR）的主要思想是充分利用设备任务与任务之间的空闲时间，消除扰动对调度方案的影响，使得在某一个时间点之后，原调度方案将不受影响，这个时间点称为匹配点（Match-up Point）。

SMUR 组件实现情况如表 8-12 所示。

表 8-12 SMUR 组件实现情况表

组件组成	组件实现类名	说明
组件数据元	Dispatch	派工单
组件界面	SMURMain	组件主界面
组件工具	EquipmentManager	设备管理工具
	StepManager	工艺步骤管理工具
	ProductManager	产品管理工具
	MaintenanceManager	设备维护管理工具
组件算法	SMUR	SMUR 算法

组件数据元部分：由于 SMUR 算法是用于调整派工单，Dispatch 是指派工单的一项数据，作为 SMUR 处理的最小单元。

组件工具部分：EquipmentManager 用来读取或设置设备的派工任务。ProductManager、StepManager 用于在调整派工任务时，查询工件对应产品及工艺步骤信息。MaintenanceManager 用于读取或设置设备的维护任务。

SMUR 组件界面如图 8-16 所示。

② 设备组匹配重调度组件

由于生产线中存在着一些互替设备，当其中某台设备突发故障之后，我们不仅考虑设备内的匹配重调度，同时建议在设备组中移动加工任务以减轻故障设备的机时压力，这种有效利用整个设备组空闲时间的匹配重调度方法称为设备组匹配重调度（Group Machine Match-up Rescheduling，GMUR）。

GMUR 组件实现情况如表 8-13 所示。

图 8-16 SMUR 组件界面

表 8-13 GMUR 组件实现情况表

组件组成	组件实现类名	说明
组件数据元	Dispatch	派工单
组件界面	GMURMain	组件主界面
组件工具	EquipmentManager	设备管理工具
	StepManager	工艺步骤管理工具
组件工具	ProductManager	产品管理工具
	MaintenanceManager	设备维护管理工具
组件算法	GMUR	GMUR 算法

GMUR 的实现基本与 SMUR 相同,只是在组件算法部分有些区别,GMUR 需要考虑互替设备的空闲情况,而 SMUR 只考虑本设备。GMUR 组件用户界面与 SMUR 类似。

③ 右移重调度组件

右移重调度(RSR)的主要思想是,当生产线产生某种扰动时,这里假设为某台设备突发故障,需要耗费该设备一定的机时 T,则从受影响的任务开始,调度方案上未加工的任务统一向后延迟时间 T。

RSR 的实现情况如表 8-14 所示。

表 8-14　右移重调度组件实现情况表

组件组成	组件实现类名	说明
组件数据元	Dispatch	派工单
组件界面	RSRMain	组件主界面
组件工具	EquipmentManager	设备管理工具
	StepManager	工艺步骤管理工具
	ProductManager	产品管理工具
	MaintenanceManager	设备维护管理工具
组件算法	RSR	RSR 算法

右移重调度组件在数据元、组件界面、组件工具上的实现类似 SMUR 或 GMUR。只是在组件算法中，RSR 的算法实现要简单得多。

8.4.4　仿真模型接口实现

MRPSS 的仿真层采用 Plant Simulation 作为平台，在仿真接口的实现上，Plant Simulation 自带的 COM 组件很好地实现了这部分工作。表 8-15 列出接口的全部定义，以及所对应的方法实现。

表 8-15　仿真模型接口实现表

接口定义	COM 组件对应方法	说明
仿真模型打开	loadModel	模型名为参数,打开模型
仿真模型关闭	closeModel	关闭模型
仿真模型保存	saveModel	模型名为参数,保存模型
仿真开始	startSimulation	控制器为参数,开始仿真
仿真暂停	stopSimulation	控制器为参数,结束仿真
仿真重置	resetSimulation	控制器为参数,重置仿真
执行仿真内部脚本语言	executeSimTalk	脚本语言为参数,执行脚本

8.4.5　用户界面实现

MRPSS 系统主界面如图 8-17 所示。

界面左边部分为当前载入生产线的车间布局，树状第一级为加工区，第二级为设备。主界面右边部分完全按照生产体系结构划分。

中期生产计划可操作的部分为：投料算法的选择、投料算法的设置、订单设置与查看、日投料列表、日投料编辑与清空。

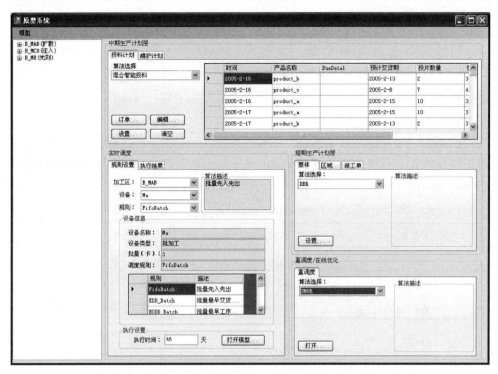

图 8-17 MRPSS 系统主界面

实时调度可操作部分为：设备调度规则设定、调度规则信息查看、仿真时间设置、打开仿真模型进行仿真。

短期生产计划可操作部分为：选择静态调度算法、查看算法描述、设置算法参数。

重调度/在线优化可操作部分为：选择算法、查看算法描述、打开指定算法控制面板。

除主界面外，还包括模型选择对话框、订单管理对话框、性能指标生成对话框、投料编辑对话框界面。

8.5 仿真层实现

MRPSS 仿真层采用离散事件仿真软件 Plant Simulation 作为开发平台，仿真层的实现包括三部分：模型库、算法库、数据接口。

8.5.1 模型库实现

模型库内包含 6 种模型,分别为:MiniFab、HP24-Fab1、HP24-Fab2、HP24-Fab3、BL4、BL6,每个模型的生成都是由统一的建模程序来动态生成的,所以它们的基本结构都是相同的。各模型的组成主要包括以下几块。

(1) 缓冲区

模型中,缓冲区与加工区是一一对应关系,即只为加工区设置缓冲区,设备前无缓冲区设置。缓冲区继承自 Plant Simulation 中的 Sorter,缓冲区参数表如表 8-16 所示。

表 8-16 缓冲区参数表

参数名	参数类型	说明
Mov	整数	该加工区的 Mov 指标统计
Wip	整数	该加工区的 Wip 指标统计
WorkCenterList	列表	属于该加工区的设备列表

(2) 设备

设备继承自 Plant Simulation 中的 ParalleProc。设备参数表如表 8-17 所示。

表 8-17 设备参数表

参数名	参数类型	说明
Batch	整数	设备加工批量
Buffer	对象	设备对应的缓冲区
EqpId	整数	设备 Id
IsFree	数字	设备空闲标志
RecentLotEntryTimePoint	日期时间	最近一次工件进入时间
ScheduleRule	字符串	设备采用的调度规则
StatusId	数字	设备状态
Step	列表	设备可加工菜单列表
WaitingLotList	列表	缓冲区中设备可加工工件列表
WorkingTimeOfPeriod	小数	设备实际加工累计时间

(3) 工件

仿真模型上的工件为生产线上正在加工的工件,未投入到生产线的工件在模型上并不显示。工件继承自 Plant Simulation 中的 Entity。工件的参数表如表 8-18 所示。

表 8-18　工件参数表

参数名	参数类型	说明
DueTime	日期时间	交货期
EndTime	日期时间	最近一次加工完成时间
Equipment	对象	所在的加工设备
Flow	列表	加工流程列表
FlowIndex	数字	当前加工步骤
InLineTime	日期时间	入线时间
LotId	数字	工件 Id
LotName	字符串	工件名称
OrderId	数字	工件对应的订单 Id
OutLineTime	日期时间	出线时间
Priority	数字	优先级
ProductId	数字	工件对应的产品 Id
QualifiedWorkCenter	列表	工件下一步可进入的设备列表
StartTime	日期时间	最近一次开始加工时间
StatusId	数字	工件状态
SumProcTime	小数	累计加工时间
TypeId	数字	工件类型

(4) 投料触发器

投料触发器是指在指定的时间点，根据投料计划向生产线中投料的组件。所有模型的触发器都设定在当日 0 点投料。投料触发器继承自 Plant Simulation 中的 Trigger。

(5) 性能统计触发器

性能统计触发器是指在指定的时间间隔下，对生产线的各种性能指标进行统计，并将统计结果保存。例如，性能统计触发器可以设定每隔 30min 对整条生产线进行统计，统计的指标包括：加工区 MOV 及 WIP、设备利用率等。

以上是仿真模型中各部分的实现细节，图 8-18 为 BL6 模型的部分布局（生产线布局）。

模型最上方依次为：仿真控制器、仿真控制程序（初始化、重置、结束）、投料触发器、性能统计触发器。

靠左边竖排是所有缓冲区，右边与之相连的都是共享该缓冲区的加工设备，每一横排表示一个加工区（缓冲区与设备）。

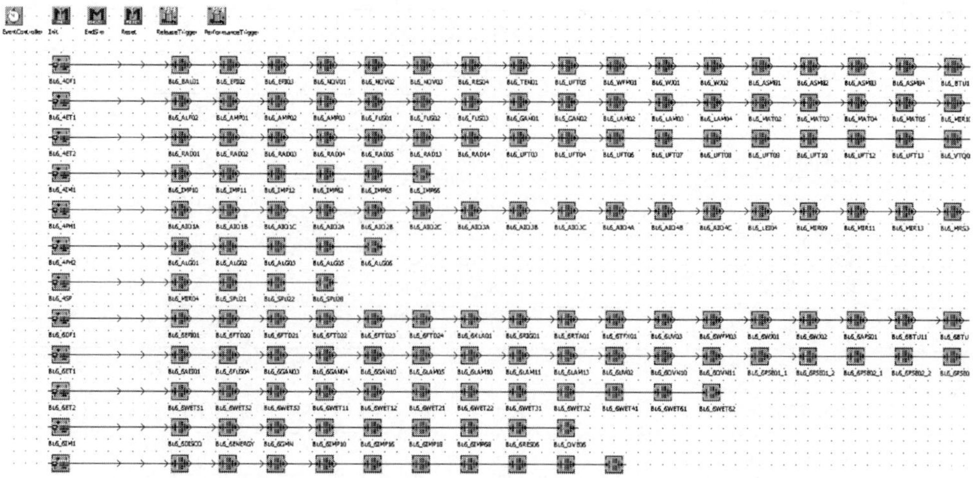

图 8-18　BL6 生产线布局图

8.5.2　算法库实现

算法库包括四块内容：模型加载算法、仿真模型控制算法、调度策略算法以及生产统计算法。

（1）模型加载算法

模型加载算法用于仿真开始建立模型之时，加载算法通过数据接口加载数据层数据，从而完成仿真模型的建立。加载算法相关的程序如表 8-19 所示。

表 8-19　加载算法相关的程序

算法名	说明
ModelInit	模型载入总算法
InitFab	载入车间布局
InitProduct	载入产品信息
InitLot	载入在线工件信息
InitSimulConfig	载入仿真参数
InitRelease	载入投料信息

（2）仿真模型控制算法

仿真模型控制算法包括对仿真进程的开始、停止、初始化，同时也包括在仿真运行之时控制工件的流动，以及设备的加工方式。这部分算法是使仿真模型能够运行起来的底层算法，相关算法如表 8-20 所示。

表 8-20 仿真模型控制算法

算法名	说明
StartUp	开始仿真
BasicEndSim	结束仿真
BasicReset	重置仿真
InBuffer	工件进入缓冲区调用的方法
InWorkCenter	工件进入设备调用的方法
OutWorkCenter	工件出设备调用的方法
ScheduleLotInBuffer	调度在缓冲区中的工件
LotDispatch	将工件从缓冲区中分派到设备
InitLotAttrInBuffer	初始化工件进入缓冲区时的各种参数
ScheduleControl	根据设置调用特定启发式规则

（3）调度策略算法

调度策略算法包括两部分：一是启发式规则算法；二是 DBR 调度算法。其中，启发式规则包括：先入先出（FIFO）、最早交货期优先（EDD）、最早工序交货期优先（EODD）、最长加工时间（LPT）、最短加工时间（SPT）、临界值（CR）、制造周期方差波动平滑（FSVCT）、最短等待时间（LS）、先入先出＋（FIFO＋）、最小剩余加工时间（SRPT）、最小剩余加工时间＋（SRPT＋）、最小剩余加工时间＋＋（SRPT＋＋）、拖期方差波动平滑（FSVL）。

（4）生产统计算法

生产统计算法指相隔固定时间对生产线进行性能指标的统计，模型库中提供调用统计算法的时机，而在算法库中则是统计算法的具体实现。统计算法主要针对基本性能指标进行统计，即 MOV、WIP、设备利用率、平均加工周期、准时交货率、产量（或平均日生产率）等指标，算法名是 PerformanceCtrl。

8.6 MRPSS 使用流程

MRPSS 的使用流程及组件选择示意图如图 8-19 所示。

MRPSS 使用流程主要包括：载入模型、生成投料、生成调度方案、实时调度、重调度。

当打开 MRPSS 主界面，使用的第一步骤是选择一种半导体生产线模型，进行数据载入，为之后的调度仿真做好初始化工作。接着，在 4 种投料算法中选择一种算法，生成日投料计划。此后，根据体系结构的设计，可选择 3 层结构或 2 层结构。若选择 3 层结构，则生成静态调度方案，这里有 13 种启发式规则以及 DBR 算法供选择。若选用 2 层结构，则直接进行实时调度，同样有 13 种启发式规则供选用。3 层结构下，最后若设备有故障发生，还需进行重调度，这里可有 3 种算法供选择，即 SMUR、GMUR 和 RSR。

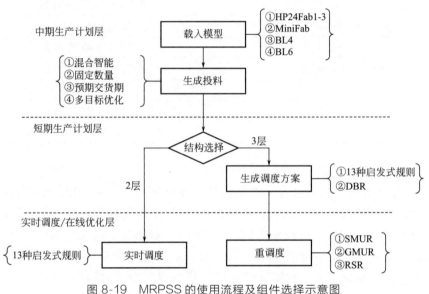

图 8-19　MRPSS 的使用流程及组件选择示意图

参考文献

[1] 吴启迪, 乔非, 李莉, 等. 半导体制造系统调度[M]. 北京: 电子工业出版社, 2006.

[2] 李兆佳. 混合智能算法在半导体生产线生产计划中的应用研究[D]. 上海: 同济大学, 2009.

[3] 吴启迪, 李莉, 乔非, 于青云. 半导体制造系统智能调度[M]. 北京: 清华大学出版社, 2015.

第9章
基于原型系统的可重构实施

前述章节研究了可重构的计划调度集成体系结构的构建,以及系统结构框架下的核心问题及方法,并设计实现了原型系统,建立了多重入复杂制造系统计划调度可重构能力的实现基础。本章首先概述了原型系统的基本使用界面,接着结合复杂制造系统两个 BenchMark 模型(HP24 和 MiniFab 模型),进行体系结构的可重构验证和优化研究。以解决复杂制造系统计划调度的典型问题为背景研究"计划-调度-重调度"结构,进行体系结构的可重构验证,该问题需要投料计划系统、瓶颈优化系统、实时派工系统、设备维护计划系统、重调度系统协同,以综合优化生产性能为导向,进行计划调度体系的可重构优化研究,根据 Little 定律的产出、周期和在制品水平关系,确定生产线整体的优化方向,进而确定参与重构的业务功能系统以及重构结构,有针对性地调用优化策略和方法。

9.1 原型系统基本使用界面

对于复杂制造系统的生产过程,除了产品数量、设备状态、工艺流程等固有特性各不相同外,有运转初期的调整状态,有到一定载荷水平的量产稳定状态,有因为波动带来扰动后的稳态恢复过程。在原型系统中内置了多个半导体生产线模型,并且预留了动态加载模型的接口,可以用于研究生产投料、短期调度、在线重调度优化形成的"计划-调度-在线优化/重调度"三层结构和"计划-实时调度/派工"两层结构的验证研究。依据第 1 篇体系结构重构过程,原型系统的基本使用步骤及界面介绍如下。

步骤①:启动协同节点模型(CV-2)的执行,判断生产线态势,确定所需要的基本调度结构及需要的业务系统,触发业务节点模型(BSV-3)的执行,并将对业务系统的要求及目标传递给业务节点模型。

步骤②:启动业务节点模型(BSV-3)的执行,按照协同目标以及基本结构,选择相应的业务系统及成员,也就选择了相应的目标活动视图(BSV-2),如果不存在所需要的业务系统或者业务系统成员,就需要设计和定制新的业务系统或成员,并加入到体系中。选择了业务系统成员,就相应地选择了其活动行为单元,同样,如果不存在完成活动行为单元的角色,那么也要设计和定制新的角色,加入业务系统成员的行为单元列表中。

步骤③:在原型系统中加载生产线模型,如图 9-1 所示。通过菜单栏模型选择可以打开生产线模型选择窗口。可以选择 mini-fab、hp24-fab1、hp24-fab2、hp24-fab3、bl4 以及 bl6 六种生产线仿真模型。生产线模型加载后,生成其加工区和设备信息示例如图 9-2 所示。

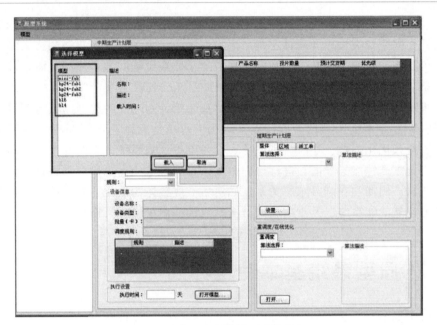

图 9-1 载入生产线模型选择界面

步骤④:选择所需要的计划调度业务系统及其成员。在该界面,根据需要选择投料计划/维护计划、短期计划调度、实时调度、重调度/在线优化系统的相应成员。

例如在投料计划系统中,选择业务系统成员为混合智能投料(图 9-3),在工件实时调度系统设置非瓶颈区设备的业务系统成员,如派工规则 FIFO(图 9-4),再如,针对短期生产计划中的瓶颈调度系统选择业务系统成员为蚁群优化方法(Ant Colony Optimization,ACO)(图 9-5)。

步骤⑤:将所选择的业务系统组织为应用系统,并进行测试,测试通过则转入下一个步骤,测试不通过则需要回到步骤①重新分析目标和约束。

步骤⑥:运行应用系统,业务系统通过业务系统成员完成业务任务,触发业务过程模型(BPV-3)的执行,业务过程的执行触发活动行为单元时序图(BPV-2)的执行,一个活动行为单元执行完毕,将结果返回给业务系统成员,按照活动行为单元时序图触发下一个活动行为单元的执行。全部执行完毕后,将结果返回给业务节点。触发协同时序图（CV-5）的下一步执行，协同时序图将业务系统功能的执行结果信息返回给业务节点，通过业务节点触发协同时序图中下一个业务系统的执行。

图 9-2 所加载模型的生产线加工区和设备组成

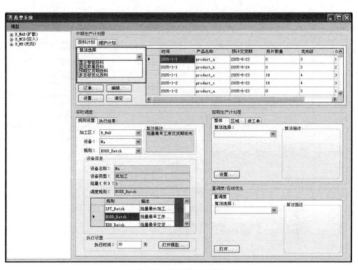

图 9-3 投料系统业务系统成员选择

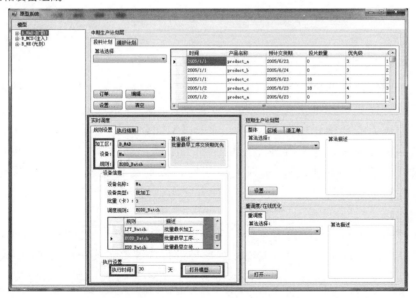

图 9-4 非瓶颈区设备派工规则设置

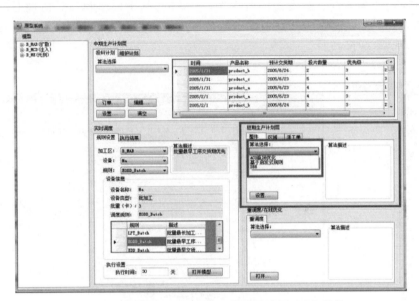

图 9-5　瓶颈调度系统业务系统成员选择 ACO 优化

9.2　基于原型系统的可重构验证研究

9.2.1　概述

生产线运转初期进入一定载荷水平的量产稳定期以后，会存在一些固有的系统问题待优化，如批量调度问题、设备维护问题、瓶颈问题等，其中固有的系统瓶颈成为需要优化的典型问题。对于典型问题的优化方式可以采用三种方式：第一种方式为优化存在典型问题的加工区域；第二种方式为关注生产过程的短板，即基于 DBR 原理，辨别关键问题，以此为优化基点，带动优化其他区域，进行全产线的分层优化；第三种方式为通过实时派工对各个加工区进行实时优化。

前两种方式的优化结构为"计划-调度优化-重调度"三层结构，当计划调度执行过程遇到干扰时，采用重调度模糊推理进行局部修正或全局修正的决策，重调度可以参考第 7 章内容，本章均不再赘述。后一种方式的优化结构为"计划-实时派工"两层结构。

原型系统根据计划调度体系结构理论设计，通过体系结构模型的建立，将生产线模型以及计划、调度、派工、重调度等各类优化算法内置于系统中,并预留了生产线模型与优化算法的接口,可以进行"计划-调度优化-重调度""计划-实时派工"不同优化结构的选择,实现"系统级"可重构;在同一种优化结构内部,也可以进行"加工区域"优化与"全产线"优化的验证对比,实现"组件级可重构";无论采用哪一种优化结构,还可通过优化算法的选择替换,进行"what-if"的验证,实现"算法级可重构"。

限于篇幅,本节主要以瓶颈问题突出的生产线模型——HP24-Fab1为研究对象,在"计划-调度优化-重调度"的三层优化结构下,进行加工区域的优化研究。该模型没有批加工设备,其瓶颈区调度优化问题 Bottleneck Schedule 简称 BS 问题。

9.2.2 瓶颈区需求模型

BS问题涉及投料计划系统、瓶颈优化系统、实时派工系统、设备维护计划系统、重调度系统,时间约束以"天"为单位。在以半导体制造为对象的复杂制造系统瓶颈区,即光刻加工区的研究中,其工件的加工时间以"小时"为单位,动态实时性要求并不高,有较为宽裕的时间进行数据查找、信息提取、信息预测和算法运行,故而以"计划-调度优化-重调度"结构进行协同。根据第1篇可重构的软件复用语义基础,瓶颈区调度优化问题对体系结构组件的需求表达模型如图9-6所示。需求表达模型的形式化描述及语义表达是软件系统未来进行自动化选择组件并进行自动测试的基础。

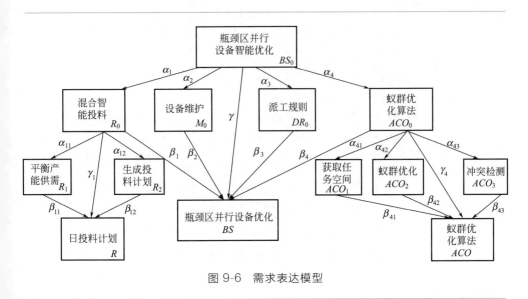

图 9-6 需求表达模型

如图 9-6 所示，定义中的"0"下标表示高层抽象，只包含自身的功能目标和约束条件。BS_0 的全局功能由 R_0、M_0、DR_0、ACO_0 共同协作完成，BS_0、R_0、M_0、DR_0、ACO_0 和 BS 及其关系构成了 BS 智能优化问题的应用系统，需要的业务系统成员为 R_0、M_0、DR_0、ACO_0，作为协同节点模型（CV-2）的需求表达。

瓶颈优化调度系统求解的业务系统成员通常有：复合派工规则、DBR（Drump-Buffer-Rope）[1]、蚁群优化方法。参与本次重构的业务系统成员为蚁群优化方法。

9.2.3 HP24Fab 模型简介

HP24 模型首次为 Wein[2] 所用，其数据来源于真实的 HP 研究型 Fab：TRC 模型（Hewlett-Packard Technology Research Center Silicon Fab），是 HP 公司的可重入生产系统 BenchMark 标准问题，包括 3 种类型生产线。其中 Fab1 模型为瓶颈突出生产线，是本案例选择使用的模型。HP24-Fab1 模型中，光刻区 PHGCA 为瓶颈区（包括 3 台并行设备），加工 1 种产品，加工流程 172 步，原始加工时间总计 549.3h（22.8875 天）。基本数据见图 9-7 和表 9-1，图 9-7 中数字对应于表 9-1 中的设备编号。每台设备的平均加工时间考虑了整定时间及返工人员缺勤等因素，3 台瓶颈设备加工时长不同。

入线↓

1	16	18	23	13	3	20	21	13	22	16	11
2	24	23	22	14	22	23	1	14	12	21	13
13	23	15	17	23	13	1	3	23	6	12	14
14	22	16	1	15	15	17	13	15	22	13	15
23	17	23	2	16	23	1	14	16	6	14	21
15	1	18	8	24	22	1	15	23	1	18	23
20	8	22	9	24	22	3	23	15	1	23	5
22	4	1	21	23	22	13	15	16	4	15	
23	22	1	22	22	17	14	24	10	15		
22	22	13	1	17	13	16	24	23	19	15	
17	1	14	4	24	14	24	23	22	23	16	
13	2	23	22	1	18	23	22	17	1	19	
14	8	15	22	2	23	17	1	10	23		
15	13	16	1	7	15	17	1	3	13	22	
23	14	24	2	1	16	9	3	10	14	17	

↓出线

图 9-7 HP24-Fab1 产品的 172 步加工流程

表 9-1 HP24-Fab1 基本数据[2]

工作站		操作类型	设备数目	访问次数	平均加工时间/h
编号	设备名				
1	CLEAN	DEPOSITION	2	19	1.55
2	TMGOX	DEPOSITION	2	5	4.98
3	TMNOX	DEPOSITION	2	5	5.45
4	TMFOX	DEPOSITION	1	3	4.68
5	TU11	DEPOSITION	1	1	6.14
6	TU43	DEPOSITION	1	2	7.76
7	TU72	DEPOSITION	1	1	6.23
8	TU73	DEPOSITION	1	3	4.35
9	TU74	DEPOSITION	1	2	4.71
10	PLMSL	DEPOSITION	1	3	4.05
11	PLMSO	DEPOSITION	1	1	7.86
12	SPUT	DEPOSITION	1	2	6.1
13	PHPPS	LITHOGRAPHY	4	13	4.23
14	PHGCA	LITHOGRAPHY	3	12	7.82
15	PHHB	LITHOGRAPHY	1	15	0.87
16	PHBI	LITHOGRAPHY	2	11	2.96
17	PHFI	LITHOGRAPHY	1	10	1.56
18	PHJPS	LITHOGRAPHY	1	4	3.59
19	PLM6	ETCHING	2	2	13.88
20	PLM7	ETCHING	1	2	5.41
21	PLM8	ETCHING	2	4	7.58
22	PHWET	ETCHING	2	21	1.04
23	PHPLO	RESIST STRIP	2	23	1.09
24	IMP	ION IMPLANT	2	8	3.86

9.2.4 重构验证过程及分析

根据 9.2.1 概述，首先制定设备维护计划和投料计划，投料系统选择混合智能投料计划方法，短期调度采用基于蚁群优化算法的优化瓶颈区调度，投料系统参数设置以及执行结果如图 9-8、图 9-9 所示。

图 9-8 混合智能投料系统的参数设置

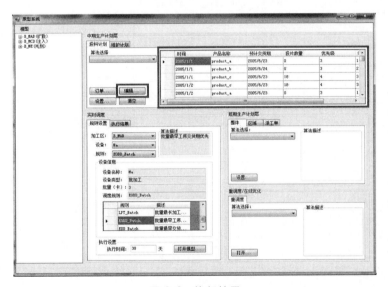

图 9-9 执行结果

设备维护计划是通过在生产线仿真模型中设置设备计划相应参数完成的(图 9-10)。投料计划生成以后,开始预热生产,预热过程中的工件调度均采用 FIFO 规则。每个算例进行前,均进行多次、长时间仿真预热(时长≥1 年),从而得到生产线进入稳定状态的投料速度及平均利用率等长期平均数据,之后再进行瓶颈区优化验证。

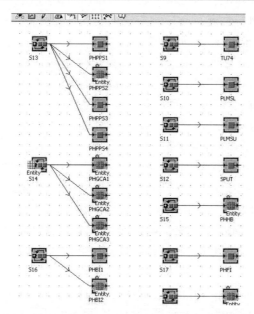

图 9-10　HP24-Fab1 生产线仿真模型（局部）

在生产线模型运行稳定后，在决策时刻 t 作未来 T_s 天 $[t00:00:00,(t+T_s-1)23:59:59]$ 调度决策，将 t 时刻生产线数据作为瓶颈调度系统业务系统成员 ACO 瓶颈优化（图 9-11）的输入数据，得到的瓶颈区平均延误（$\sum_{i=1}^{n} w_{h_i} \times Td_{h_i})/n$。为便于统计又不失客观性，这里决策时刻 t 取某天的 00:00:00 时刻，抽样间隔 50 天。调度期 $T_s=7$ 天。

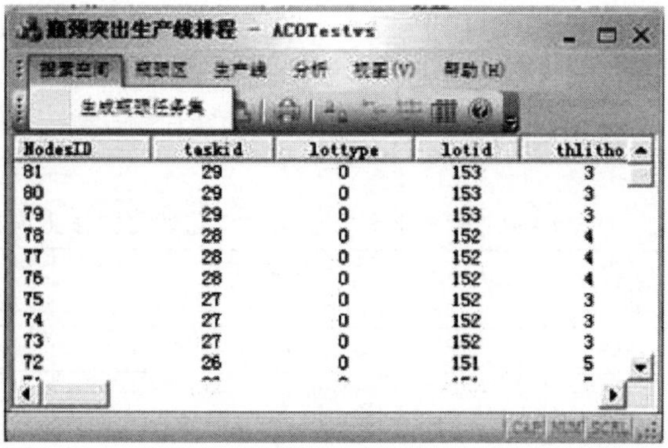

图 9-11　瓶颈调度系统业务系统成员 ACO 瓶颈优化的运行图例

瓶颈区优化排程功能执行完毕,将结果返回给协同节点。返回内容包括两部分:一是返回系统执行情况,会记录角色、业务系统成员、业务系统的完成时间及效果,便于系统维护和演进。例如在 1.83GHz、3G 内存的主机上,载入 HP24 生产线模型需要 23s 左右,在仿真模型稳定后,瓶颈区并行设备调度的 ACO 瓶颈优化方法,调度周期 7 天,执行时间为 1~2min。二是返回生产线数据,由协同节点决定是否进行重调度,或者由"计划-调度优化-重调度"转为"计划-实时派工"结构,以下为 ACO 优化以后的生产线数据。

算例 I:HP24-Fab1 轻载平衡。

投料时间间隔 36h,平均生产周期 23~25 天,工件交货期为 23~35 天均匀分布,瓶颈设备平均利用率为 84%~86%。在任意时刻 t 作未来 T_s 天调度决策。对瓶颈任务集分别采用 5.4 节提出的调度方法、FIFO 调度规则与 EDD 调度规则进行调度,结果如图 9-12 所示。从图中可以看出,30 次抽样有 3 次逊于 FIFO 规则,有 3 次瓶颈区工序拖期率为 0,且瓶颈区设备利用率略有提高,见表 9-2。

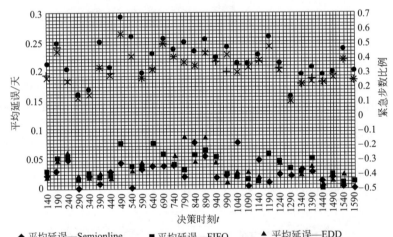

图 9-12 HP24-Fab1 轻载平衡时瓶颈区优化调度方法与启发式规则对比结果

表 9-2 HP24-Fab1 轻载平衡时瓶颈区优化调度方法平均性能

项目	平均移动/步	对比 FIFO	平均延误/天	对比 FIFO	紧急步数比例平均值	对比 FIFO
瓶颈区调度优化	57	1.79%	0.03	21.75%	0.4028	19.85%
EDD	56	—	0.04	−9.6%	0.3404	1.3%
FIFO	56	—	0.04	—	0.3361	—

从数据中可以看出,瓶颈区优化调度方法能够从整体考虑安排未来一段时间

的瓶颈任务,在保证瓶颈利用率的情况下,能够明显改进瓶颈区工序平均拖期性能指标。

算例Ⅱ:HP24-Fab1产能饱和生产线平衡。

通过多次长时间仿真得到 HP24-Fab1 产能趋于饱和且平稳时的基本数据:投料时间间隔 32h,平均生产周期 27~28 天,由于产能几近饱和,导致生产周期与算例Ⅰ相比较长,虽然工件交货期仍为 23~35 天均匀分布,但比轻载情况已经更为紧迫。此时 HP24-Fab1 瓶颈利用率高达 98%,接近于产能完全利用的理想状态。同样在任意时刻 t 作未来 T_s 天调度决策。结果如图 9-13 所示,平均性能比较见表 9-3。

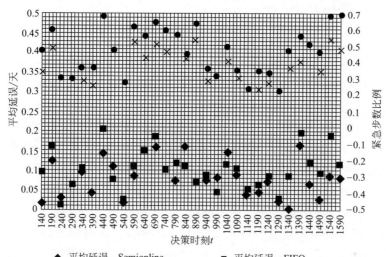

图 9-13　HP24-Fab1 产能饱和稳定时瓶颈区优化调度方法与 FIFO 规则比较

表 9-3　HP24-Fab1 产能饱和稳定时瓶颈区优化调度方法平均性能

项目	平均移动/步	对比FIFO	平均延误/天	对比FIFO	紧急步数比例平均值	对比FIFO
瓶颈区调度优化	58	-7.9%	0.08	21.88%	0.4635	30%
FIFO	63	—	0.1	—	0.3565	—

图 9-13 说明,在产能趋于饱和生产线稳定情况下,瓶颈区优化调度方案瓶颈工序平均延误性能指标较 FIFO 有明显提高,有 5 次情况略逊于 FIFO。从表 9-3 可见,平均延误性能指标平均提高 21.88%,其中紧急工件被调度的步数比按 FIFO 调度情况下平均多出 30.00%,即平均拖期性能并未由于紧急工件被调度的步数比例大而下降,而是改善了很多。但瓶颈利用率为 91% 左右,下降了 7.9%。

算例Ⅲ：HP24-Fab1 过载。

投料间隔时间缩短为 29h，随着仿真时间增加，生产线在制品逐渐堆积，投料速度增加，堆积速度随之增加。表 9-4 关于过载情况的数据是在 WIP 堆积不是非常严重的情况下取抽样平均值所得，"轻载"和"饱和"情况是根据算例Ⅰ和Ⅱ的平均值。从表 9-4 可见，"过载"情况下，虽然平均拖期性能有所提高，但瓶颈设备利用率损失也较大。

表 9-4 HP24-Fab1 不同负荷下瓶颈区优化调度性能比较

HP24-Fab1	WIP	平均延误（天）-瓶颈区优化	平均延误（天）-FIFO	对比FIFO	紧急步数比例-瓶颈区优化	紧急步数比例-FIFO	对比FIFO	移动步数（步）-瓶颈区优化	移动步数（步）-FIFO	对比FIFO
轻载	16	0.029	0.04	21.75%	0.4	0.34	19.85%	57	56	1.79%
饱和	19	0.076	0.1	21.88%	0.46	0.36	30%	58	63	−7.9%
过载	30	2.522	2.87	12.11%	0.44	0.3	44.65%	56	65	−13.8%

经过投料计划、设备维护计划、实时派工系统、瓶颈调度优化的协同，得到上述算例的结论如下，并将结果返回给协同节点。

① 在产能饱和，瓶颈设备几乎满载时（算例Ⅱ瓶颈设备利用率 98%～99%），为生产线均衡上限，此时的平衡态非常脆弱，任何调整性的动作都会带来扰动，因此瓶颈区优化调度方法并不适用，虽然调度性能会有所提高，但是以损失一定的产能为代价的，此时对生产线的控制应当配合投料策略及其他策略加以改进。生产线过载时也存在同样的问题。

② 在生产线轻载稳定时（算例Ⅰ瓶颈设备利用率为 84%～86%），此时生产线本身的平衡态具有一定鲁棒性，有一定的调度自由度，由调度调整所带来的扰动可以被吸收并保持加工的平稳流动，此时通过瓶颈区优化调度方法，不仅可以较明显地提高未来一段时间瓶颈区任务的平均拖期性能，而且可以提高瓶颈设备利用率，相应地提高产能。

在上述过程中，各层次和各粒度之间的信息交换需要系统接口、业务逻辑数据模型、物理数据模型的支持，相关设计作为示例在第一篇体系结构构建研究中已介绍。

9.3 基于原型系统的可重构优化研究

9.3.1 概述

上一节的验证基于生产线稳定，针对系统典型问题进行"计划-调度优化-重调度"结构研究，待优化的目标比较清晰，可以直接对相应的性能指标进行优化。然而在实际中，很多时候生产线状态不是那么显而易见，给生产管理者带来困惑。

① 直接针对某些特定指标进行优化，很有可能牺牲其他性能的长期表现，比如直接提高瓶颈利用率，很可能引起 WIP 爆发式堆积，大大增加平均生产周期时间。

② 针对特定指标进行优化，所用到的参照是同条件下的其他算法，这样的横向比较并不合理。即便得到某种情况下的某个方法比较好，也并不意味着其他情况下也有同样结论，因此特定条件下比较得出的结果意义不是很大。

从实际角度出发，如果将生产线的性能与理论上的可能表现进行纵向比较，任何驱动生产线向整体最优方向调整的方式都是可取的。本节围绕这个观点，依托原型系统，尝试在理解生产线数据的基础上为管理者给出重构优化的指导原则（图9-14）。对生产线数据的理解分为两个部分：生产线数据的表示与评估尺度（9.3.3），生产线数据的分析模型（9.3.4），这两个部分的综合分析过程在下一小节阐述（9.3.2）。本节在 Minifab 模型上研究了上述优化思路（9.3.5 和 9.3.6）。

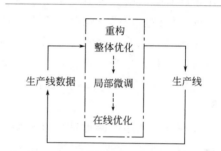

图 9-14 基于数据分析的重构优化步骤

步骤①：整体优化。是指在不改变现有条件和约束的情况下，通过投料、维护、批量、瓶颈、工件调度、派工等功能协同将生产线状态调整为尽可能优的稳定状态。对应可重构结构中的"计划-调度优化-重调度"三层结构。

步骤②：局部微调。对应可重构结构中的"计划-实施派工"两层结构。在生产线整体已经得到优化的前提下，对派工规则进行设计和选择的优化，才能达到交货期、瓶颈利用率等目标的真正优化，具体可参见第 6 章实时调度。

步骤③：在线优化。在前两者基础上，当生产线出现波动，例如设备出现随机故障时，为保持调度方案稳定性起见，在计划调度方案的基础上进行局部重新匹配工件与设备的安排，这是在线优化重调度，对应"计划-调度优化-重调度"三层结构。如何进行重调度，在第 7 章有详细设计，并通过软件组件技术将其整合进入原型系统中加以实现。在原有优化调度方案不可行的情况下，切换到"计划-实时派工"优化结构，进行实时派工优化。

9.3.2 生产线数据分析过程

刻画生产线状态有三类数据表示最为重要：长期平均产出（Throughput，TH）、在制品水平（Work In Process，WIP），以及长期平均生产周期（Cycle Time，CT）。Little 对此进行了深入的研究，给出了产出、周期时间、在制品之间直观的基本关系：WIP=TH×CT。该定律是对长期平均下的 WIP、周期时间、产出之间关系的量化表达，在长期平均前提下成立，是已经过数学证明成立的 Little 定律[3~5]。Little 定律很适于分析生产线，《工厂物理学》[5] 中称其为第一定律，适用于所有生产线，也适用于单一的工站（加工单元）。正确运用 Little 定律分析复杂的半导体生产线，能够在不改变问题本质的前提下进行简化分析。

本节主要研究在理解生产线数据的基础上给出可重构的原则，为生产线优化找到方向。利用生产线数据表示及性能评估尺度与生产线数据分析模型，驱动生产线向整体最优方向调整，步骤如下（图 9-15），所涉及的公式请见随后 9.3.3 和 9.3.4 节。

步骤 1：利用性能评估尺度模型（见 9.3.3 节）建立生产线的理论性能尺度范围，这一步形成两个曲线：WIP-CT 和 WIP-TH。会出现四种结果：优-优、劣-劣、优-劣、劣-优。需要讨论生产线的周期性能落在劣区，产线的产出性能落在劣区，以及二者皆优的重构过程。

步骤 2：利用该尺度模型衡量实际运行数据，如果产出与周期性能均落在优区，则通过实时派工系统进行图 9-14 中的局部微调，使用"计划-派工"2 层结构；如果二者有一个落在劣区，则进行下一步。

步骤 3：如果产出落在劣区，周期落在优区，而 WIP 水平低，说明产线产能没有充分利用，此时首先调整投料计划，调用投料计划系统，而后进行观察；如果产出落在劣区，周期落在优区，而 WIP 水平高，问题应该出在瓶颈工站，调用瓶颈识别及优化系统。

步骤 4：如果产出落在优区，周期落在劣区，利用 9.3.4 节生产线数据分析模型预测各工站的排队周期、产出、WIP 水平，与实际数据比对，如果某工站实际数据异常，则进行下列步骤。

步骤 4.1：通过设备有效加工时间变动性 [式(9-6)] 检查设备故障及维护情况，如果某台设备有效加工时间变动性明显异于历史记录，或者变动性高，则需要调整该设备的维护计划，如果是整定切换频繁引发的加工时间变动性，还可以对整定切换顺序进行优化。

步骤 4.2：如果该工站设备正常，是并联批次加工工站，则利用式(9-11)，是串联批次加工工站，则利用式(9-14)，分析工件在工站的排队周期。可分析的参数有批量、利用率、工件到达时间间隔变动性、工件加工时间变动性、切换整定时间与串联批量。依次检查这些参数是否异常，通过调整参数，看是否对生产周期产生明显影响，如果某参数的影响大，那么针对该参数调用相应的批量优化方法或者派工规则进行单目标或者多目标优化。

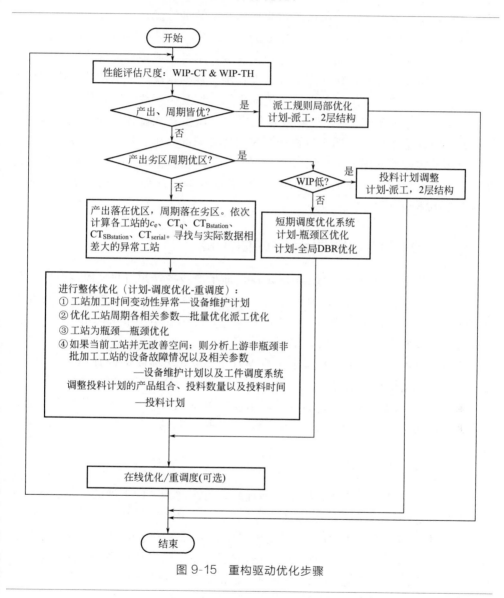

图 9-15 重构驱动优化步骤

步骤 4.3：如果该工站长期产能低，是瓶颈工站，无论是并联批加工还是串联批加工，或者是不需要整定也不是批加工操作的普通设备，同样通过步骤

4.1、4.2 依次检查各参数，调用瓶颈优化系统进行优化。

如果该瓶颈工站通过瓶颈优化系统进行了努力，但效果不佳，那么再通过分析工件到达时间间隔变异系数，进一步检查其上游工站的各个参数。因为根据式(9-10)，具有高度变动性的工站，其工件离开变动性也趋于高度变动性。此时调用工件调度系统对上游非瓶颈工站非批加工工站进行优化。

步骤 4.4：调整投料计划，可以调整的参数有，投料计划的产品类型、投料数量、投料时间等，此时调用投料计划系统进行单目标或多目标优化。

通过上述步骤完成投料计划系统、设备维护计划系统、批量优化系统、瓶颈优化系统、工件调度系统以及派工系统的重构，实现生产线的整体优化。

步骤 5：当设备发生随机故障或其他扰动，而生产线整体性能经过步骤 1～步骤 3 已经运行在优区，那么需要在原先优化方案的基础上进行重调度。

上述重构过程如图 9-15 所示，本节余下部分将介绍评估尺度模型以及分析模型，并以半导体生产线的 BenchMark 模型 Minifab 为实例来说明基于数据分析的可重构驱动过程。

9.3.3 生产线数据表示与评估尺度

本节讨论上一小节提到的 Little 定律，即生产线的产出 TH、周期时间 CT、在制品 WIP 之间基本关系 WIP=TH×CT，首先给出三个基本参数在实际生产过程的表示，接着讨论在制造过程中的变动性，然后在本小节末尾给出基于上述数据对生产线状态进行评价的评估尺度模型。

评估尺度模型分析了两种基本关系 WIP-CT，WIP-TH 的四种结果：优-优、劣-劣、优-劣、劣-优。意味着生产管理者需要应对三种情况，判断优化结构的选择：①生产线的周期性能落在劣区，产出性能落在优区；②生产线的周期性能落在优区，产出性能落在劣区；③生产线的周期性能落在优区，产出性能落在优区。

(1) 基本产出参数

生产线的长期平均产出，根据木桶理论，与产能最低的工站的产出相同。这里涉及的概念一一解释如下。

① 工站：是执行相同加工工序或相同任务的加工设备的集合。设备是生产线中生产加工的最小实体。工站分为多台并联设备工站和单台设备工站。为通过研究得到基本的概念直觉，假设工站的并联设备是完全一样可以互替的。

② 产出 TH：设备、工站、产线、工厂等加工实体在单位时间内的平均产量（单位：lot/h），又称产出速率。

③ 产出速率：分为自然产出速率 r_0 与有效产出速率 r_e。二者之间的关系为

$r_e = Ar_0$,其中 A 为设备可用率。

④ 设备可用率用两个参数来衡量:平均失效间隔时间 MTTF(Mean Time to Failure)用 m_f 表示,平均恢复间隔时间 MTTR(Mean Time to Repair),用 m_r 表示。设备可用率为:$A = \dfrac{m_f}{m_f + m_r}$。

⑤ 瓶颈(Bottleneck):通过产能或利用率定义:长期产能最低的工站,或者长期利用率最高的工站,二者等同。瓶颈产能是指瓶颈最大产出速率。瓶颈速率用 r_b 表示。

⑥ m 台设备工站的产出为 mr_e:产线有 k 个工站,那么产线的产出为:$TH_{line} = \min\{TH_{station(i)} | 1 \leqslant i \leqslant k\}$,产线速率等于瓶颈速率。

产出相关参数表汇总为表 9-5。

表 9-5 产出相关参数

参数	含义
r_0	自然产出速率,单位:lot/h
r_e	有效产出速率,单位:lot/h
A	设备可用率
m_f	平均失效间隔时间 MTTF(Mean Time to Failure)
m_r	平均恢复间隔时间 MTTR(Mean Time to Repair)
r_b	瓶颈速率,单位:lot/h
m	工站所含设备数目

(2)基本周期参数

生产线最为直观的性能就是时间,有加工时间、排队时间、组批时间等,直观体现为生产线上工件排队的拥堵程度。半导体制造行业中用实际平均制造周期(Mean Cycle Time)和理论制造周期(Sum of Process Time)之比来表示拥堵程度,该比值对于轻载生产线为 1.5~2。对于重载生产线会达到 5~10,一般在 4~5[2],比值越大,生产系统状况越复杂。涉及生产周期的相关概念介绍如下。

① 生产线的理论制造周期,也称生产线原始加工时间,记为 T_0,是生产线长期平均原始加工时间(Raw Process Time),也是加工任务在生产线中无需等待、经过各个工站完成加工的长期平均时间之和。

② 设备的原始加工时间记为 t_0。在上一节假设并联设备工站的所有设备是完全相同互替的。因此 m 台设备并联组成的工站,其工站原始加工时间与设备的原始加工时间相同(表 9-6)。

表 9-6　工站原始加工时间及产能

工站	工站原始加工时间	工站产能
单台设备（缓冲区 → 设备）	t_0	$\dfrac{1}{t_0}$
m 台相同设备并联（缓冲区 → 设备）	t_0	$\dfrac{m}{t_0}$

③ 设备的有效加工时间记为 t_e，则 $t_e = t_0/A$，设备的产出（有效产能）$r_e = 1/t_e$，设备产出速率与加工时间互为倒数关系。

④ 生产线实际制造周期简称生产周期，是指从工件（Lot）进入生产线到加工完毕出线的全部时间。生产周期由工件驻留于各个工站的时间组成。这个驻留时间与工站有效加工时间 t_e、工件在工站的排队等待时间 CT_q、工件在批加工设备前等待组批的时间、设备的整定切换时间相关。半导体生产线自动化程度非常高，工件在工站之间转运传输的时间比例很小，在研究中未考虑这部分时间。

⑤ 通过排队模型计算工件在工站的排队等待时间 CT_q。

半导体生产线每个工站，无论是 1 台设备还是多台设备，共享工站前设置的缓冲区。将工站作为一个整体研究，就形成了一个排队模型。假设只生产一种产品。工站的工件排队模型可以用 Kendall 记号表达如下[5]：

$$A/B/m/b$$

其中，A 表示到达间隔时间的概率分布；B 表示加工时间的概率分布；m 表示工站中设备的数目；b 表示工站系统中容纳的工件的最大数量。

A 与 B 的典型分布有：D，确定性分布；M，指数分布；G，完全一般类型分布，如正态分布，均匀分布。当工站系统中对容纳工件的数量没有限制，例如缓冲区很大时，用 $A/B/m/\infty$ 或者简单的 $A/B/m$ 表示。

《工厂物理学》[5] 给出了四种排队模型的排队平均时间的计算公式，如表 9-7 所示。在不考虑缓冲区大小的情况下，这四个队列模型的计算方法实际上只有 $G/G/m$ 一种。当到达时间间隔和加工时间间隔均服从指数分布时，两个变异系数均为 1。当设备数目为 1 时，那么就得到了 $M/M/1$ 的排队等待时间计算公式；设备数目为 m，可得到 $M/M/m$ 模型的排队等待时间计算公式。

表 9-7　排队平均等待时间的 Kingman 方程[5]

排队模型	排队等待时间 CT_q
M/M/1	$\dfrac{u}{1-u}t_e$
G/G/1	$\left(\dfrac{c_a^2+c_e^2}{2}\right)\left(\dfrac{u}{1-u}\right)t_e$
M/M/m	$\dfrac{u^{\sqrt{2(m+1)}-1}}{m(1-u)}t_e$
G/G/m	$\left(\dfrac{c_a^2+c_e^2}{2}\right)\left(\dfrac{u^{\sqrt{2(m+1)}-1}}{m(1-u)}\right)t_e$

参数介绍：

r_a：工件到达工站的速度；

$t_a=1/r_a$：工件平均到达时间间隔；

c_a：工件到达工站间隔时间的变异系数；

m：工站中并行设备数目；

t_e：设备平均有效加工时间，工站的产出速率为 $r_e=m/t_e$；

c_e：设备有效加工时间的变异系数；

CT_q：工件在缓冲队列中的平均等待时间；

$CT_{station}$：工件在工站中的平均驻留时间（队列中的等待时间与加工时间之和）；

WIP：工站处的平均 WIP 水平；

WIP_q：工站前缓冲队列中的平均 WIP 水平。

对于所有的工站，无论到达与加工时间概率分布的假设，无论设备的数量，对于生产单一产品的工站，都有如下基本关系：

设备利用率（Utilization）为：

$$u=\frac{r_a}{r_e}=\frac{r_a t_e}{m} \tag{9-1}$$

驻留于工站的平均时间与驻留于缓冲队列的平均时间之间的关系为：

$$CT_{station}=CT_q+t_e \tag{9-2}$$

对于工站，应用 Little 定律，可以得到如下关系：

$$WIP_{station}=r_e\times CT_{station} \tag{9-3}$$

对于缓冲队列，应用 Little 定律，有如下关系：

$$WIP_q=r_a\times CT_q \tag{9-4}$$

有上述四个基本关系，得到四个参数中的任何一个，就能够计算其他三个。

对于排队模型的选择,究竟是一般类型分布还是指数分布,需要理解工件到达时间间隔的变异系数 c_a 与有效加工时间的变异系数 c_e。如果这两个变量为中度变动性,则为指数分布;如果为低度变动性,则为一般分布。

(3) 基本 WIP 参数

① 在制品水平 WIP 是指已经投料进入生产线并且尚未加工完毕的工件数量。

② 临界在制品水平 W_0 指给定瓶颈速率、生产线原始加工时间,在没有变动性的情况下,最短周期时间能够达到的最大产出。临界在制品水平能够使得周期时间为原始加工时间,瓶颈产出最大。在制品减少,周期时间不会缩短但会损失产出;在制品增加,产出提高不了,但会增大周期时间。

从 Little 定律的角度看,在产出不变的前提下,生产周期越长,产线上的 WIP 越多。如果产出不变,降低生产周期,那么就要控制产线上的 WIP 水平,理想的极端情况是 WIP 降低到 W_0(在没有产出损失的平衡产线中,W_0 与工站数量相当,不平衡的产线中,W_0 一般小于工站数目),这样能够保证长期平均产出大约在一定范围,以及长期平均生产周期最小。

然而,现实情况很少有这么低 WIP 水平运行的产线,而资金密集的半导体生产线更是不可能。许多生产线中 WIP 与设备数量的比率接近 20:1[5]。这是由于生产线存在许多变动性的因素,应对这些变动性,需要一定的周期、产出、WIP 进行缓冲。

(4) 变异系数与变动性

在上一节排队模型中,需要工件到达时间间隔变异系数 c_a 以及设备加工时间的变异系数 c_e 两个参数。变异系数值反映变动性的大小,其作用有三点。

① 根据这两个变异系数判断变动性程度,据此选择排队模型。

② 通过变异系数获知变动性的大小。

③ 根据表 9-7 可知,变异系数与工站排队时间有直接的关系,通过变异系数计算获得工站预期排队时间,通过工站排队时间可以预测生产线周期。

变异系数(Coefficient of Variation,CV)是用来衡量变动性的参数。准确地说变异系数是表示随机变量相对变化的量度,其计算方法为[6]:标准差/算术平均值。随机量绝对变化的量度用标准差 σ 及方差 σ^2 表示。生产线上的主要随机变量是时间 t,本文提到的"变异系数"均指时间 t 的变异系数,为 $c=\sigma/t$,很多时候用变异系数的平方(Squared Coefficient of Variation,SCV)表示更为方便:$c^2=\sigma^2/t^2$。

变动性为三个等级[5]:

低度变动性,变量的变异系数小于 0.75。

中度变动性,变量的变异系数介于 0.75~1.33 之间。

高度变动性，变量的变异系数大于 1.33。

变动性的性质如下。

① 基本变动性

基本变动性包括：设备有效加工时间在自然状态下、设备随机故障、设备换模/返工三种类型，有效加工时间 t_e、有效加工时间的方差 σ_e^2 及变异系数平方 c_e^2 的计算公式如表 9-8 所示，适用于所有生产线。

表 9-8 计算有效加工时间的方差及变异系数平方[5]

项目	自然状态（设备可靠）	设备随机故障（随机变动性）	设备换模/返工（可控变动性）
参数	t_0, c_0^2	$t_0, c_0^2, m_f, m_r, c_r^2$	$t_0, c_0^2, N_s, t_s, c_s^2$
$t_e=$	t_0	$\dfrac{t_0}{A}, A=\dfrac{m_f}{m_f+m_r}$	$t_0+\dfrac{t_s}{N_s}$
$\sigma_e^2=$	$t_0^2 c_0^2$	$\dfrac{\sigma_0^2}{A^2}+\dfrac{(m_r^2+\sigma_r^2)(1-A)t_0}{Am_r}$	$\sigma_0^2+\dfrac{\sigma_s^2}{N_s}+\dfrac{N_s-1}{N_s^2}t_s^2$
$c_e^2=$	c_0^2	$c_0^2+(1+c_r^2)A(1-A)\dfrac{m_r}{t_0}$	$\dfrac{\sigma_e^2}{t_e^2}$

表中符号含义如下：t_0，σ_0 标记自然加工时间的均值和标准差，其变异系数为：$c_0=\sigma_0/t_0$；t_s 为换模时间；N_s 为两次换模之间设备平均加工任务数；c_s 为换模变异系数。其他参数含义与前面几小节保持一致。

② 流动变动性

流动变动性（Flow Variability）是指工件从上游工站到下游工站的转移变动性。当工站有 m 台设备时，计算离开变动性的公式为[5]：

$$c_d^2=1+(1-u^2)(c_a^2-1)+\dfrac{u^2}{\sqrt{m}}(c_e^2-1) \tag{9-5}$$

式中，c_a 为工件到达工站间隔时间的变异系数；c_d 为工件离开工站间隔时间的变异系数；c_e 为工站加工时间的变异系数；u 为工站长期平均利用率。

(5) 评估尺度

《工厂物理学》[5] 给出了基于 Little 定律的最优-最劣-实际最差情形评估模式，是生产线性能的直观表达方式。生产线理论上最优性能与最差性能，是生产线极端好与极端差的情况，现实中的生产线，不可能完全按照最优性能和最差性能来运转。"实际最差情形"（Practical Worst-case）将性能分为"优""劣"两个区域，是两个极端当中的中间状况，这种情形是最大随机性的情况，其性能称为"实际最差性能"（Practical Worst-case Performance）。

生产线极端好的情况是，无任何变动性的理想情况，生产线设备与人员充足，没有任何故障与维护，在制品在产线上通行无阻，没有任何等待，能够达到最短生产周期的理想状况。

生产线极端差的情况是，产线有着理论上最长的周期和最小的产出。产线的瓶颈速率和原始加工时间不变的情况下，在不增加设备的平均加工时间前提下，最长等待时间的情况是，工件到达工站都要在其他所有加工任务后面等待。想象工件全部投料，在投料缓冲区里等候，等前一个任务出线了，后面一个才开始加工的情况，或者，所有工件等在一个设备前，等该设备全部加工完，再一起集中到下一个设备前。

生产线实际最差情形是考虑产线具有最大的随机性发生的情况，最大随机性定义为：引起每种可能状态等频率发生的情况。

三种情况下，给定 WIP 水平 ω、最短周期时间及产出如表 9-9 所示[5]。

表 9-9　最优-最劣-实际最差情形的最短周期时间与最大产出

三种情形	最短周期时间	最大产出
最优情形	$CT_{best} = \begin{cases} T_0, \omega \leq W_0 \\ \omega/r_b \end{cases}$	$TH_{best} = \begin{cases} \omega/T_0, \omega \leq W_0 \\ r_b \end{cases}$
最劣情形	$CT_{worst} = \omega T_0$	$TH_{worst} = 1/T_0$
实际最差情形	$CT_{PWC} = T_0 + (\omega-1)/r_b$	$TH_{PWC} = \omega r_b/(W_0 + \omega - 1)$

9.3.4　生产线数据分析模型

通过 MRPPS 重构实现生产线整体优化，无法通过横向比较，只能纵向比较，那么需要知道生产线在理论上所能达到的性能以及性能范围。而生产线的整体性能是各个工站性能的综合体现，因此从分析半导体生产线的工站性能开始入手分析。

半导体生产线的工站有单设备加工工站、并联设备加工工站、批加工工站和频繁整定换模工站。

后两类工站的排队时间都受到批量影响，我们将半导体生产中的批次分为两种类型。

① 并联批次。一次加工多 lot，称为批加工。成批的数目称为批量。多 lot 成批加工，成批离开工站，是真正意义上的批加工。并联批次工件驻留批加工工站的平均周期记为 $CT_{Bstation}$。

② 串联批次。一次加工一个 lot 的设备称为非批加工设备。对于存在换模的非批加工设备，两次整定切换之间的 lot 看作一个批次。lot 在工站加工完一个

一个离开,称为批次分离。串联批次工件驻留批加工工站的平均周期记为 $CT_{SBstation}$。

需要对上述工站类型一一讨论,最后才能建立起整条生产线的理论加工周期模型,再根据瓶颈产出情况以及 Little 定律得到整条生产线的理论 WIP 水平。而计算每一类工站的排队预期时间都需要两个参数:工站加工时间变异系数 c_e 以及工件到达工站的间隔时间变异系数 c_a。

本节余下安排为先分别建立两个变异系数的分析模型,根据排队模型可以直接计算单身加工工站与并联设备加工工站的排队时间,接着建立后两类工站的排队时间分析模型,在本小节末建立生产线的数据分析模型。

(1) 假设条件

工站分为并联设备工站与单台设备工站,在工站前有缓冲区,接收来自上游设备的工件,等待工站设备加工完毕后送入下游工站前缓冲区。

① 以 lot 为单位加工,每 lot 有 25 片晶圆或者 50 片晶圆。
② 假设并联设备完全相同,可以互替。
③ 只考虑单一产品,即便单一产品,由于光刻层的存在,多重入工站前缓冲队列的 lot 也会需要不同的工序加工。
④ 缓冲区大小不限制。
⑤ 不考虑工站之间的运输过程。

(2) 设备有效加工时间及其变动性

半导体生产设备复杂且精度高,尽管每台生产设备有维护计划,有些设备也会经常性地发生随机故障,由于设备会加工多种类型的产品,以及同一产品的多道工序,对某些特殊工艺,其切换整定时间有可能与加工时间相当,这些变动对设备有效加工时间都会产生影响,影响汇聚的结果表现为设备有效加工时间的变动性。

在表 9-4 基础上,给出设备有效加工时间的方差计算公式如下:

$$\sigma_e^2 = \frac{\sigma_0^2}{A_r^2} + \frac{(m_{rr}^2 + \sigma_{rr}^2)(1-A_r)t_0}{A_r m_{rr}} + \frac{\sigma_0^2}{A_p^2} + \frac{(m_{rp}^2 + \sigma_{rp}^2)(1-A_p)t_0}{A_p m_{rp}} + \frac{\sigma_s^2}{N_s} + \frac{N_s-1}{N_s^2}t_s^2$$

(9-6)

式中,A_r 为设备发生随机故障的可用率,$A_r = \dfrac{m_{fr}}{m_{fr}+m_{rr}}$;$A_p$ 为设备维护情况的可用率,$A_p = \dfrac{m_{fp}}{m_{fp}+m_{rp}}$;$m_{fr}$ 为发生随机故障的平均间隔时间;m_{rr} 为随机故障平均修复时间;m_{fp} 为维护的平均间隔时间;m_{rp} 为平均维护时间。

对于式(9-6),设备加工有效时间的变动性由三部分组成:随机故障带来的变动性、设备维护带来的变动性以及整定切换带来的变动性。如果没有整定切换情况发生，那么 $\sigma_s=0$，$t_s=0$。如果没有随机故障发生，那么 $A_r=1$。

设备的有效加工时间表示如下：

$$t_e=\left(\frac{t_0}{A_r}\right)/A_p+\frac{t_s}{N_s}=\frac{t_0}{A_rA_p}+\frac{t_s}{N_s} \quad (9-7)$$

设备有效加工时间的变异系数平方为：

$$c_e^2=\sigma_e^2/t_e^2 \quad (9-8)$$

下面用一小例子说明前述公式的应用：

假如某设备 Mx 原始加工时间为（225±5）min，那么其自然加工时间变异系数为 $c_0=\frac{\sigma_0}{t_0}=\frac{5}{225}=0.022<0.75$，自然加工时间变动性是低度变动性。

假设 Mx 设备有两台，Mx1 长期平均下来每 56h 发生随机故障，平均故障恢复时间为（7±1）h，不进行预防性维护。Mx2 每 12h 进行一次维护，平均维护时间为（2±0.1）h，没有随机故障。都没有整定切换动作。

根据式(9-6)、式(9-7)、式(9-8) 分别计算设备有效加工时间的变动性，用到的时间单位均为小时。需要的参数以及计算结果如表 9-10 所示。

表 9-10 有效加工时间变异系数计算

设备	σ_0	A_r	A_p	m_{rr}	m_{rp}	σ_{rr}	σ_{rp}	t_0	σ_e^2	t_e	c_e
Mx1	0.083	0.89	1	7	—	1	—	3.75	3.36	4.22	0.43
Mx2	0.083	1	0.86	—	2	—	0.1	3.75	1.27	4.38	0.26

通过表 9-10 最后一列变异系数值可以看到：

① 两台设备的变动性均属于低度变动性。其实对于半导体生产线的自动制造的精密设备来说，相对于传统制造业，其设备大多为低度变动性；

② 发生随机故障的设备虽然可用率相对较高，但其变动性大于没有随机故障的设备；

③ 这是由于故障随机，其恢复时间的可控性差，修复变异系数 c_r 比较大，如果对随机故障不够了解，假设修复时间为中度变动性，c_r 取值为 1，标准差和均值相等，设备可用率也会降低，假如为 0.5，这两项会使得加工时间变异系数上升为 0.97，变为中度变动性，大大高于维护带来的变动性；

④ 对于设备维护来说，长时间低频率的扰动影响大于短时间高频率的扰动影响，应当尽量将前者转化为后者。

(3) 工件到达时间间隔及其变动性

根据排队模型计算工站的排队时间，还需要两个参数：利用率 u 和到达时间间隔（Mean Time between Arrivals）变动性 c_a。

工件到达工站的平均间隔时间记为 t_a，到达速率记为 r_a，这两个量度呈倒数关系，所含信息等效：$r_a = 1/t_a$。

由此，可以得到设备利用率的计算公式为：

$$u = r_a t_e / m \tag{9-9}$$

假设工站 i，其工件全部来源于工站 $i-1$，工件到达工站 i 的变动性与从上游离开的变动性相同：$c_{a(i)} = c_{d(i-1)}$。

离开上游工站的变动性受到两个因素共同作用：到达上游工站的变动性，上游工站有效加工时间的变动性。假设上游工站利用率很高，由上游工站的有效加工时间变动性决定，则 $c_{d(i-1)} = c_{e(i-1)}$；假设上游工站利用率很低，由上游工站的工件到达时间间隔变动性决定，则 $c_{d(i-1)} = c_{a(i-1)}$。

这两个因素权重大小由上游工站的利用率决定。在式（9-5）基础上，给出工站 i 的工件到达时间间隔变动性计算公式：

$$\begin{cases} c_{a(i)} = c_{d(i-1)} \\ c_{d(i-1)}^2 = 1 + (1 - u_{(i-1)}^2)(c_{a(i-1)}^2 - 1) + \dfrac{u_{(i-1)}}{\sqrt{m_{(i-1)}}}(c_{e(i-1)}^2 - 1) \\ c_{a(i-1)} = 1, \text{工站 } i-1 \text{ 为重入工站} \\ c_{a(0)} = c_{\text{release}}, c_{\text{release}} < 0.75 \end{cases} \tag{9-10}$$

从公式可以看出，当上游工站只有一台设备，并且设备利用率很高（接近 1）时，工件到达当前工站的时间间隔变异系数接近上游工站的加工时间变异系数。当上游设备利用率很低（接近 0）时，设备很闲，工件到达当前工站的时间间隔变异系数接近上游工站的工件到达时间间隔变异系数。

尽管投料计划受到订单系统影响，但日投料速率 r_{release} 在一段时间内一般不会改变，为低度变动性 $c_{\text{release}} < 0.75$，计算时可以根据情况直接取在范围里的常数值，例如每 24h 投料 10lot，其标准差为 2，那么投料变异系数 $c_{\text{release}} = 2 \div 24 = 0.083$。对于多重入设备，其工件来源于不同工站，一个工件到达之后的间隔时间并不能为判断下一个工件何时到达提供多少信息，因此到达时间间隔趋向于"无记忆性"，即上一个工件到达并不能为下一个工件的到达提供多少信息，服从指数分布，c_a 接近 1，即标准差与均值近似相等。即便每个给定源头过来的工件到达间隔时间都是规则的低变动性，所有源头叠合也将趋向于中度变动性。这正是"多重入"显著区别于其他生产线的地方。

（4）工站排队时间计算

通过前两小节讨论到达时间间隔变动性与设备加工时间变动性，就可以根据工站排队模型，对半导体生产线的工站排队时间进行计算。

假设某工站只有一台设备 $m=1$，为本节（2）末尾例子中的设备 Mx1，长期平均有效加工时间经计算为 $t_e=4.22h$，其本身为多重入工站，上游工站为多个多重入工站，工件到达时间间隔变异系数为 $c_a=1$，其加工变动性经节计算 $c_e=0.43$。设备利用率 $u=0.65$。

到达时间间隔分布为指数分布，有效加工时间分布为一般分布，仍然按照 $G/G/m$ 排队模型计算，那么工件在工站中的期望排队时间为：

$$\mathrm{CT}_{q(Mx1)} = \left(\frac{c_a^2+c_e^2}{2}\right)\left(\frac{u^{\sqrt{2(m+1)}-1}}{m(1-u)}\right)t_e$$

$$= \left(\frac{1+0.43^2}{2}\right) \times \left(\frac{0.65^{\sqrt{2\times(1+1)}-1}}{1\times(1-0.65)}\right) \times 4.22 = 4.64(h)$$

从该计算过程可以观察到利用率和变异系数对排队时间的影响。

① 假如提高设备利用率到 0.8，那么排队期望时间为 10h，这比我们平时想象的利用率高了，排队时间会变短很不同，其原因在于利用率增大，意味着工站 WIP 数增加，同时也会增加排队的拥挤程度。根据 Little 定律，工站的产出 TH=WIP/CT，工站产出是否得到提高是不一定的。由于 u 在分母上，可以预测 u 逼近于 1 时，会使得工站的 WIP 迅速堆积。

② 假如工件到达时间间隔变异系数为 1.3，高度变动性，排队时间为 5.8h。

(5) 并联批次工件驻留工站的周期分析模型

并联批次工件驻留工站的平均周期时间（$\mathrm{CT}_{Bstation}$）由三部分组成：组批等待时间（t_{waitb}），批次排队时间（CT_q）以及批次加工时间 t_e。

组批批次间隔时间为该批 k 个工件的到达间隔时间和，工件到达间隔时间变异系数平方为 c_a^2，批次到达间隔的变异系数平方为：$c_{batch}^2 = c_a^2/k$。式中，k 为批量，并联批次的批量上限为 MaxB，$k \leqslant MaxB$。工站利用率小于 1，批次的加工时间为 t_e，可以得到如下公式：

$$u = \frac{r_a t_e}{km} < 1$$

$$k > r_a t_e / m$$

因此，组批批量 $(r_a t_e/m) < k \leqslant MaxB$，工件到达速率理论上应该为 $r_a = ukm/t_e$。

计算 t_{waitb}，批次中第一个 lot 等待其他 $k-1$ 到达，工件到达工站速率 r_a，在组批成功时，第一个 lot 等待的时间最长，为 $(k-1)/r_a$，批次中最后一个到达的 lot 不需要等待，组批的平均等待时间为：

$$t_{waitb} = (k-1)/(2r_a)$$

最后，求得工件驻留并联批加工工站的平均周期时间（$\mathrm{CT}_{Bstation}$）：

$$\mathrm{CT_{Bstation}} = t_{\mathrm{waitb}} + \mathrm{CT_q} + t_e$$

$$= \frac{k-1}{2r_a} + \left(\frac{c_a^2/k + c_e^2}{2}\right)\left(u^{\sqrt{2(m+1)}-1} \over m(1-u)\right)t_e + t_e$$

$$= \frac{k-1}{2ukm}t_e + \left(\frac{c_a^2/k + c_e^2}{2}\right)\left(\frac{u^{\sqrt{2(m+1)}-1}}{m(1-u)}\right)t_e + t_e \quad (9\text{-}11)$$

该公式不仅说明了变动性对工站周期的影响，也说明了批量 k 与工站周期之间的关系，以及利用率与周期时间的关系。当设备利用率很低时，说明工件到达速度很慢，等待成批的时间拉长，工站周期很大。

下面举例说明上述公式应用。

假设某批加工工站有 1 台设备 $m=1$，均为本节"（2）设备有效加工时间及其变动性"末尾例子中的设备 Mx1，每台设备长期平均有效加工时间 $t_e = 4.22\mathrm{h}$。该批加工工站为多重入工站，其上游工站为多个多重入工站，工件到达时间间隔变异系数为 $c_a = 1$，其加工变动性经过（2）中计算 $c_e = 0.43$。设备利用率 $u = 0.65$。组批最大批量 $k = 3$。根据式(9-11)计算工件在该批加工工站驻留的平均周期为：

$$\mathrm{CT_{Bstation}} = \frac{k-1}{2ukm}t_e + \left(\frac{c_a^2/k + c_e^2}{2}\right)\left(\frac{u^{\sqrt{2(m+1)}-1}}{m(1-u)}\right)t_e + t_e$$

$$= \frac{3-1}{2\times 0.65\times 3\times 1}\times 4.22 + \left(\frac{1^2/3 + 0.43^2}{2}\right)\times\left(\frac{0.65^{\sqrt{2\times(1+1)}-1}}{1\times(1-0.65)}\right)\times 4.22 + 4.22$$

$$= 8.4(\mathrm{h})$$

假如批量减为 1，每个工件在工站驻留时间通过计算为 8.86h 会增加 5%，也大约等同于本节（4）工站排队时间计算中，设备 Mx1 长期平均有效加工时间 4.22h，与工件在工站的期望排队时间 4.64h 之和。

假如设备数目为 2，则工站周期为 6.14h，降低 27%，增大设备数目会增加产能，降低排队等待时间，然而半导体生产设备非常昂贵，一般不选择这种方式。

（6）串联批次工件驻留工站的周期分析模型

串联批次工件驻留工站的平均周期时间（$\mathrm{CT_{SBstation}}$）由三个部分组成：排队时间 $\mathrm{CT_q}$，换模整定后工件的批内等待时间（t_{waitINb}）、设备有效加工时间 t_e。

k 仍然表示批量，工件到达速率为 r_a，串联批次的到达速率为 r_a/k，串联批次的有效加工时间为切换整定时间 t_s 以及 k 个工件的加工时间 kt 之和：

$$t_e = t_s + kt \quad (9\text{-}12)$$

设备的利用率为：

$$u = \frac{r_a t_e}{km} = \frac{r_a(t_s + kt)}{km} = r_a\left(\frac{t_s}{km} + \frac{t}{m}\right) \quad (9\text{-}13)$$

由设备利用率 $u<1$，可得 $k>r_a t_s/(m-r_a t)$。

到这里，串联批在工站内的平均排队时间 CT_q 可以通过 $G/G/m$ 模型和式(9-7) 以及式(9-8) 求出。

接着计算工件在串联批次的批内等待时间，对于半导体生产非批加工设备，加工完毕后即转入下一工站，因此对于某次整定切换的串联批次，其中第一个加工完的 lot 加工完毕后立即离开，批内第二个 lot 需要等待加工完成后离开，等待在串联批内的时间为其加工时间 t，第三个 lot 的批内等待时间为 $2t$，以此类推，k 个 lot 的平均批内等待时间为：$t_{waitINb} = \dfrac{k-1}{2}t$。

因而，串联批次工件驻留工站的平均周期时间计算如下：

$$CT_{SBstation} = CT_q + t_s + t_{waitINb} + t = CT_q + t_s + \dfrac{k-1}{2}t + t = CT_q + t_s + \dfrac{k+1}{2}t \tag{9-14}$$

在计算一段串联生产线的生产周期时，由于串联批次工站的批次分离特性，属于一个串联批次的工件可能同时在下游多个工站处加工，那么计算这段串联生产线周期时，将各工站的周期时间进行累加，需要考虑串联批次分离造成的工站周期中的重复计算时间。

为研究串联批次带来的这个问题，重点关注工件在这段串联批次生产上的生产周期时间 CT_{serial}，作如下假设。

① 只考虑前后相连的 X 个串联批次加工工站组成的生产线，即每个工站均有切换整定时间，每个工站只有一台设备，且这段产线没有重入，在这段生产线之初，属于同一串联批次的工件同时到达。

② 串联批次中第一个 lot 到达之后才开始整定切换。对于工站 i，换模时间为 t_{si}，工件加工时间为 t_{ei}。串联批量仍然为 k。

那么批次中的第一个 lot 在这段串联生产线中的生产周期时间为：

$$T_1 = \sum_{i=1}^{X}(t_{si} + t_{ei}) \tag{9-15}$$

由于假设所有任务同时到达串联第一个工站，最后一个加工任务总是要在最后一个工站处等待前面 $k-1$ 个完成后作业。最后一个 lot 的生产周期时间，首先会同第一个 lot 一样经历式(9-10) 的时间，并且加上在最后一个工站处等待时间。等待时间上限情况发生在最后工站为加工时间最长的工站，下限情况是最后工站为加工时间最短的工站。

$$T_1 + (k-1)t_{low} \leqslant T_k \leqslant T_1 + (k-1)t_{high}$$
$$t_{high} = \max\{t_i | i=1,2,\cdots,X\}$$
$$t_{low} = \min\{t_i | i=1,2,\cdots,X\}$$

因此这段串联生产线的生产周期 CT_{serial} 为：

$$\sum_{i=1}^{X}(t_{si}+t_{ei})+\frac{k-1}{2}t_{low} \leqslant CT_{serial} \leqslant \sum_{i=1}^{X}(t_{si}+t_{ei})+\frac{k-1}{2}t_{high} \quad (9-16)$$

下面举例说明串联生产线的平均周期时间计算。

- 假设一段串联批次生产线由 3 个工站组成，生产 3 种产品，3 种产品工序流程相同，依次通过工站 1、2、3。
- 每道工艺三种产品的加工时间相同。工站 1 的平均有效加工时间 0.88h，工站 2 的平均有效加工时间为 0.58h，工站 3 的平均有效加工时间 0.88h。
- 工站 1 和工站 3 不存在切换整定。
- 工站 2 根据产品不同、工艺不同或者两者均不同有相应的整定时间，每次整定完后加工的工件个数随机。根据长期观察，切换整定一次平均值为 0.15h，平均加工 7.75 lot。

各参数值为：

$t_{s1}=0$，$t_{s2}=0.15h$，$t_{s3}=0$；
$t_{e1}=0.88h$，$t_{e2}=0.58h$，$t_{e3}=0.88h$；
$k=7.75$ lot；
$t_{high}=0.88h$，$t_{low}=0.58h$。

根据式(9-16)得到该段串联生产线的平均周期为：

$$4.45h \leqslant CT_{serial} \leqslant 5.46h$$

(7) 生产线数据分析模型

生产线是由一步一步的生产加工工序组成的，真正增值部分是每道工序的有效加工时间，排队时间、并联批次等待组批时间、串联批次批内等待时间、整定切换时间是半导体生产线上非增值时间的主要来源，通常统称为延迟时间或排队时间，然而这些却是由于不同原因引起的，区别对待有助于找到针对性的改善措施。前述讨论整体构成了生产线的数据分析模型（图 9-16）。

这些理想数据反映的是生产线理想状态的轮廓，换句话说是"效果图"，由于实际生产的约束众多，随机情况复杂，要准确细致地刻画实际生产线很难。在效果图的基础上能够建立对生产线的理解。

① 稳定的生产线，是指投料速率不超过产出的状态。超过产出，导致生产周期增加，根据 Little 定律，WIP 水平会持续上升而不能稳定。

② 从排队模型可以看出，设备利用率在分母上，当利用率接近 1 时，队列中等待的时间会急剧增长，根据 Little 定律会导致 WIP 急剧增加，生产周期和交货期也会增大。

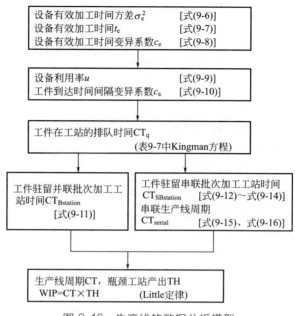

图 9-16 生产线的数据分析模型

③ 在对缓冲区 WIP 不限制的情况下，任一工站处的变动性都会延长该工站处的周期时间，通过流动变动性的公式可知，会向下游工站传递更多的变动性，因而也会延长下游工站的周期时间。

④ 长时间低频率的扰动影响大于短时间高频率的扰动影响。

⑤ 多重入流会使得工件到达工站的变动性趋于中度变动性，影响生产周期。

⑥ 组批批量是产能与延迟的平衡结果，因此批量影响着这两个方面。

从①、②可知，投料的平均速率应小于产线产出速率，生产线才能稳定。产线的产出受制于瓶颈速率，如果以瓶颈速率投料，生产线必然会经历不稳态，直至这种不稳定消除，回到稳态的循环过程。从③~⑥可知，任何来源的变动性都会降低某一个或多个性能度量，但怎样产生影响以及影响的程度依赖于变动性起因。

9.3.5 Minifab 模型

Minifab 是 Intel 公司 Dr. Karl Kempf 设计的五机六步模型，是半导体生产线研究的 BenchMark 模型，其工艺流程如图 9-17 所示。Minifab 中 Ma-Mb 工站有两台批加工设备，完全一样可以互替；Mc-Md 工站有两台完全一样可以互替的设备，没有批加工操作和整定操作，但是经常出现突发性故障；Me 工站只有一台设备，没有批加工操作，根据工艺要求以及产品类型不同进行整定切换动作。三个工站均存在多重入流。因此该模型能够较为全面地涵盖了半导体生产线的特殊之处。本节对该模型进行详细介绍。

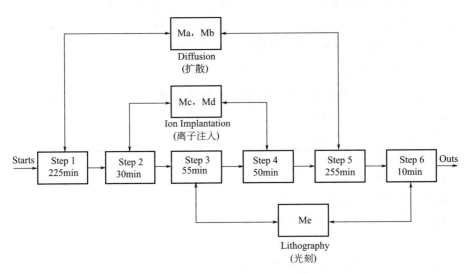

图 9-17 Minifab 模型工艺流程

该生产线生产三种产品，每种产品每周的生产计划：pa：51 lots, pb：30 lots, tw：3 lots, 一周总计 84 lots, 每天 2 班（shift, 每班 12h），每班平均生产 6 个 lots。其中, pa 和 pb 是生产型产品, tw 是工程测试型产品。

所有生产型和测试型晶圆的工艺步骤如下：投料, S1, S2, S3, S4, S5, S6, 出线。

(1) 模型说明

① 设备 Ma、Mb 是批加工设备，设备 Me 根据产品类型或者工艺需要一定的整定（Set-up）时间。

② 对于工程测试晶圆（以下简称测试晶圆），在批加工时，同一批不能有多于 2 个 lot 的测试晶圆，一个测试 lot 不可以两次经过同一设备，用于保证覆盖所有的设备，可以监控设备性能，批量限制以及设备选择。

③ 设备组相关约束。

a. Ma 与 Mb 完全可以互替，例如离子扩散设备，可以分别最多一次加工 3 个 lot, 对于第一步工艺流程 S1，生产型产品和测试型产品可以混合组批，例如：pa/pa/pa, pa/pa/pb, pa/pa/tw, pa/pb/tw, pb/pb/tw, pb/pb/pa, pb/

pb/pb。然而，在第 5 步工艺流程 S5，生产型产品不可以混合组批，但是可以与测试型产品组批，例如，pa/pa/pa、pa/pa/tw、pb/pb/pb、pb/pb/tw。S1 和 S5 步的 lot 不能混合组批。

b. Mc 与 Md 完全可以互替，没有批加工操作或者整定操作。

c. Me 加工第 3 步工艺和第 6 步的光刻工艺，发生整定的情况如下：第 3 步和第 6 步切换时，整定时间 10min；生产型产品和测试型产品切换时，整定时间 5min；两种情况同时切换，整定时间 12min。

(2) 基本参数

a. 各设备的长期平均原始加工时间，不包括装载、卸载和整定时间，设备一旦开始加工，就必须进行完毕。

Ma　Mb　　S1＝225min　　S5＝255min
Mc　Md　　S2＝30min　　S4＝50min
Me　　　　S3＝55min　　S6＝10min

b. 设备开机准备和关机需要辅助操作，操作员 op1、op2 需要的时间如下。在开机准备完毕之后，关机开始之前这段时间不需要人员辅助，对于设备 Mc 或者 Md 来说，每次仅需要一位操作员即可。

op1　　　　　Ma Mb　　S1 S5　　load＝20min　　unload＝40min
op1 或 op2　　Mc Md　　S2 S4　　load＝15min　　unload＝15min
op2　　　　　Me　　　　S3 S6　　load＝10min　　unload＝10min

c. 技术人员一名，维护设备的时间如下。

Mc 与 Md 设备经常有突发性故障，长期平均下来，半个星期（54±30）h（24~84h）出现一次，设备复机时间为（7±1）h（6~8h）。

预防性维护：

Ma　Mb　每台设备　75min 每天
Mc　Md　每台设备　120min 每班次
Me　　　　　　　　30min 每班次

设备正在加工时不可以进行预防性维护，只能等待设备完工后进行预防性维护。当维护窗口结束，操作员还未完成维护，设备不可以开始加工。一旦开始预防性维护，就必须在给定的时间窗口内结束维护。

9.3.6　Minifab 数据分析的重构过程案例

(1) 建立产线评估尺度

首先对该生产线性能建立评估尺度。需要的参数有产品长期平均原始净加工周期 T_0，产线临界 WIP 水平 W_0，以及瓶颈产能 r_b。

T_0 为工件 6 个加工步骤的长期原始平均净加工时间之和：625min (10.42h)。

各工站产能计算如表 9-11 所示，其中，对于单机工站，产能是加工时间的倒数。由多台设备并联组成的工站，其产能为设备数目乘以单机产能。例如 S1 步，由 Ma、Mb 组成的工站，其长期平均产能为：$2 \times [1 \div (225 \div 60)] = 0.53\text{lot/h}$。

表 9-11 Minifab 加工步骤对应工站产能

加工步骤	加工工站	长期平均原始净加工时间/(min/lot)	工站产能/(lot/h)
S1	Ma-Mb	225	0.53
S2	Mc-Md	30	4
S3	Me	55	1.09
S4	Mc-Md	50	2.4
S5	Ma-Mb	255	0.47
S6	Me	10	6

由于多重入流的存在，存在并联设备的工站可能会同时加工处于不同工序的工件，因此工站的产能取不同加工步骤产能的平均值，例如 Ma-Mb 工站，加工 S1 步和 S5 步，其工站平均产能为 $(0.53+0.47) \div 2 = 0.5\text{lot/h}$。以此类推，得到各工站产能如表 9-12 所示。

表 9-12 Minifab 各工站平均理论产能

加工工站	工站产能/(lot/h)
Ma-Mb	0.5
Mc-Md	3.2
Me	3.55

显然，工站 Ma-Mb 产能最低，为瓶颈工站，其理论瓶颈产能为 0.5lot/h。根据 Little 定律，该生产线的临界在制品水平 $W_0 = r_b T_0 = 0.5 \times 10.42 = 5.2\text{lot}$。得到三种情形下的最短周期与最大产出如表 9-13 所示。

表 9-13 最短周期与最大产出

三种情形	最短周期时间	最大产出
最优情形	$CT_{best} = \begin{cases} 10.42 & \omega \leq 5.2 \\ \dfrac{\omega}{0.5} & \omega > 5.2 \end{cases}$	$TH_{best} = \begin{cases} \dfrac{\omega}{10.42} & \omega \leq 5.2 \\ 0.5 & \omega > 5.2 \end{cases}$

续表

三种情形	最短周期时间	最大产出
最劣情形	$CT_{worst}=10.42\omega$	$TH_{worst}=1/10.42$
实际最差情形	$CT_{PWC}=10.42+\dfrac{\omega-1}{0.5}$	$TH_{PWC}=\dfrac{\omega}{10.42+\omega-1}\times 0.5$

本案例通过 Plant Simulation 仿真平台，建立满足约束条件的模型，仿真初始设置如下：投料计划采用固定日期投料方法，批加工的组批规则为按最大批量组批，其他工站的工件调度采用 FIFO 规则。图 9-18 为仿真过程截图。

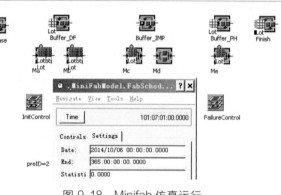

图 9-18 Minifab 仿真运行

仿真运行 365 天，总计产出 4320lot，平均产出为：0.49lot/h。

4320 个 lot 的平均生产周期为：33.9h。

实际仿真 WIP 水平为：10.3lot。

对于设备 Me 存在整定切换，根据仿真记录（图 9-19），平均 0.15h 切换一次，每次切换平均加工 7.75lot。

实际仿真平均（WIP，CT）性能为（10.3lot，33.9h）；平均（WIP，TH）性能为（10.3lot，0.49lot/h）。生产线最优情形、最劣情形以及实际最差情形的 WIP-CT 曲线、WIP-TH 曲线以及仿真运行的实际平均性能点分别如图 9-20、图 9-21 所示。

图 9-19 设备 Me 的整定切换记录

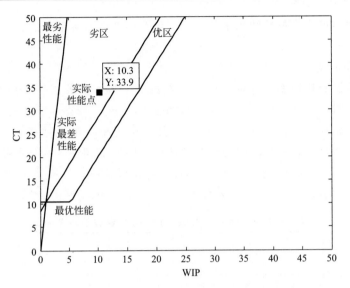

图 9-20　Minifab 生产线的 WIP-CT 曲线

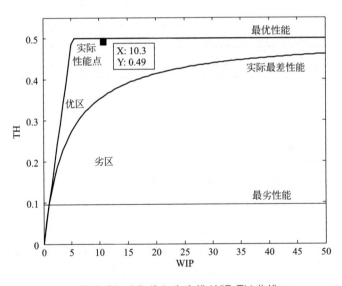

图 9-21　Minifab 生产线 WIP-TH 曲线

图 9-20 所示 WIP-CT 曲线实际性能点落于劣区，接近实际最差情形，而图 9-21 所示 WIP-TH 曲线实际性能点接近最优。根据 Little 定律计算实际 WIP 水平应在：33.9×0.49＝16.6(lot)，当前为 10.3lot。

（2）分析产线问题及确定参与重构的计划调度系统

根据评估尺度模型反映出来的问题，生产周期性能落于劣区，生产线产出落于优区。

① 数据计算

依据数据分析模型，计算生产线各参数值。基本参数如表 9-14 所示，时间单位均为小时。例如，设备 Ma 的原始加工时间 $t_0=(225+255)\div 2\div 60=4\mathrm{h}$。工件在各工站驻留时间如表 9-15 所示，其中由于每一个工站都是多重入工站，按照 9.3.3 节公式，到达时间间隔变动性均为中度变动性，变异系数均为 1。对于 Me，存在整定切换，有三种切换模式，为获得参数 t_s、N_s，只能根据仿真运行统计取平均值，$t_s=0.15\mathrm{h}$，平均加工 $N_s=7.75\mathrm{lot}$。

表 9-14 Minifab 仿真生产线基本参数平均值

设备	t_0	m_{rr}	m_{fr}	m_{rp}	m_{fp}	A_r	A_p	σ_0	σ_{rr}	σ_{rp}	t_s	N_s	t_e	σ_e^2	c_e
Ma	4	—	—	1.25	24	1	0.95	0.013	—	0.07	—	—	4.21	0.26	0.12
Mb	4	—	—	1.25	24	1	0.95	0.013	—	0.07	—	—	4.21	0.26	0.12
Mc	0.67	7	54	2	12	0.89	0.86	0.075	1	0.08	—	—	0.88	0.86	1.05
Md	0.67	7	54	2	12	0.89	0.86	0.075	1	0.08	—	—	0.88	0.86	1.05
Me	0.54	—	—	0.5	12	1	0.96	0.031	—	0.17	0.15	7.75	0.58	0.46	1.17

表 9-15 Minifab 仿真生产线各工站工件驻留时间计算值

工站	m	t_e	c_a^2	c_e^2	u	CT_q	k	t_s	$CT_{station}$
Ma-Mb	2	4.21	1	0.01	0.66	1.68	3	—	6.95
Mc-Md	2	0.88	1	1.1	0.33	0.69	1	—	1.02
Me	1	0.58	1	1.37	0.54	0.96	7.75	0.15	3.65

6 步加工工序步骤经过的工站展开，依次为：

Ma，Mb→Mc，<u>Md→Me→Mc，Md→Ma</u>，Mb→Me

  并联批   串联加   并联批

当中一段串联加工生产线的周期在 9.3.6 节末尾已经计算过，结果为：

$$4.45\mathrm{h}\leqslant CT_{serial}\leqslant 5.46\mathrm{h}$$

因此，生产线周期为：

$$CT_{line}=CT_{Bstation}+CT_{serial}+CT_{Bstation}+CT_{Me\text{-}station}$$

其理论计算值范围：$22\mathrm{h}\leqslant CT_{line}\leqslant 23\mathrm{h}$。

② 数据分析

WIP 低，产出性能优，WIP-CT 曲线图实际平均制造周期为 33.9h，实际平均 WIP 为 10.3lot，性能点落于劣区。根据 Little 定律计算，产出 TH 为

0.49lot/h，那么平均生产周期应为 CT＝WIP/TH＝10.3÷0.49＝21h，上述理论计算周期范围也是 22～23h，这意味着生产周期可以优化的理论上限在 21～23h。从表 9-14、表 9-15 可以看到：

a. Mc-Md 工站以及 Me 工站的有效加工时间都有较大的变动性，这是由于前者经常发生随机故障，后者存在工艺和产品类型相关切换整定时间。

b. 串联产线生产周期平均时间为 5h，两次经过 Ma-Mb 工站为 6.95＋6.95＝13.9(h)，占 60% 的周期时间。

由于 Ma-Mb 是并联批加工瓶颈工站，其工件来源为投料计划以及 Mc-Md 工站，Mc-Md 工站的随机故障一般不好短期修正。因此可以进行如下改进措施：优化 Ma-Mb 工站的排队时间，优化 Me 工站的切换整定操作。首先选择前者进行分析。

从表 9-15 可以看到，与 Ma-Mb 工站的排队时间相关的参数有：两个变异系数、批量、利用率、设备数目、有效加工时间，其中可以直接进行调整的是批量和变异系数，经过仿真，在当前条件下，批量为 3 时是生产周期最短的。设备有效加工时间变异系数很小。只有尝试降低工件到达时间间隔变动性。

Ma-Mb 的工件来源于投料和 Mc-Md 工站，由于 Mc-Md 工站有效加工时间变动性大，但是利用率并不高，因此根据前述变动性传递的讨论，来源于 Mc-Md 变动性影响的权重至少不是关键部分，因此转而分析另一个源头——投料计划。

由于 Ma-Mb 是第一道工序的加工工站，且是瓶颈和批加工工站，其平均有效加工时间为 4.21h，因此可以修改日投料计划，配合 Ma-Mb 的加工节奏，降低投料工件的到达时间间隔变动性，减少第一道工序的等待时间。因此调用投料计划系统，优化投料策略。

(3) 重构优化结果

瓶颈产能 r_b 以及原始周期 T_0 均未改变，因此评估尺度模型不变。仿真所有条件不发生变化，仅仅通过投料计划系统调整投料策略，在保持同样投料数量，优化投料时间的前提下，得到如下结果。

平均生产周期：24.81h；

产出：0.5lot/h；

WIP：10.7。

(WIP, CT) 性能为 (10.7lot, 24.81h)，坐标落于图 9-20 的优区，另一方面根据 Little 定律，计算理论上 WIP 的水平值应该为 12.4。优化以后的 WIP 值与理想值之间存在一定的差距，其原因在于两点：一是评估尺度模型是根据生产线是只有一种产品建立的，而当前生产线存在 3 种产品；二是当前生产线的测试工件在重入设备时有约束条件（每次重入不能使用上一次加工用过的设备）。产品种类增加以及约束条件增加，会增大一定的生产周期，使得优化数据不能完全达到理论计算数值。

参考文献

[1] 丁小进. 基于 DBR 的半导体制造生产调度研究[D]. 上海：同济大学，2008.

[2] L. M. Wein. Scheduling Semiconductor Wafer Fabrication. IEEE Transactions on Semiconductor Manufacturing，1988，1（3）：115-130.

[3] Little J. D. C. A proof for the queuing formula: L = λW. Operation Research 1961，9（3）：383-387.

[4] Little J. D. C. Little's law as viewd on its 50th anniversary. Operation Research 2011，59（3）：536-549.

[5] 霍普（Wallace J. Hopp），斯皮尔曼（Mark L. Spearman）.工厂物理学-制造企业管理基础. 北京：清华大学出版社，2002.

[6] 施金龙. 应用统计学. 南京：南京大学出版社，2005.

附 录

专业词语汇总表

首次出现章节	中文	英文	缩略词
1.1.1	备货型生产	Make to Stock	MTS
1.1.1	订货型生产	Make to Order	MTO
1.1.1	按订单组装	Assemble to Order	ATO
1.1.1	按订单设计	Engineer to Order	ETO
1.2.1	多重入复杂制造系统	Multi Re-entrant Lines	—
1.2.1	在制品	Work in Process	WIP
1.2.1	返工	Rework	—
1.2.1	作业生产	Job Shop	—
1.2.1	流水生产	Flow Shop	—
1.2.2	沉积	Deposition	—
1.2.2	曝光	Lithography	—
1.2.2	刻蚀	Etching	—
1.2.2	去胶	Resist Strip	—
1.2.2	离子注入	Ion Implant	—
1.2.3	普渡企业参考体系结构	Purdue Enterprise Reference Architecture	PERA
1.2.3	先进制造研究机构	Advanced Manufacturing Research	AMR
1.3	非确定多项式难题	Non-deterministic Polynomial Hard	NP-hard, NPH
1.3.1	计划	Planning	—
1.3.1	调度	Scheduling	—
1.3.1	工件派工	Dispatching	—
1.3.1	工件排序	Sequencing	—
1.3.1	集束型设备	Cluster Tool	—
1.3.2	加工周期	Cycle Time	—
1.3.2	成本	Cost	—
1.3.2	库存	Inventory	—
1.3.2	成品率	Yield	—

续表

首次出现章节	中文	英文	缩略词
1.3.2	固定在制品数投料法	Constant WIP	CONWIP
1.3.2	避免饥饿投料法	Starvation Avoidance	SA
1.3.2	固定工作负荷投料法	Constant Load	CONLOAD
1.3.2	平均故障间隔时间	Mean Time Between Failure	MTBF
1.3.2	按加工数量的周期性维护	Unit Based Maintenance	UBM
1.3.2	基于性能参数的维护	Condition Based Maintenance	CBM
1.3.2	基于设备故障预测与健康管理	Prognostics and Health Management	PHM
1.3.3	工序	Step	—
1.3.3	调度方案	Schedule	—
1.3.4	生产调度	Production Scheduling	
1.3.4	静态调度	Static Scheduling	
1.3.4	动态调度	Dynamic Scheduling	
1.3.4	反应式调度	Reactive Scheduling	
1.3.4	预测-反应式调度	Predictive-reactive Scheduling	
1.3.4	主动式调度	Proactive Scheduling	
1.3.4	实时调度	Real-time Scheduling	
1.3.4	调度规则	Dispatching Rule	
1.3.4	重调度	Rescheduling	
1.4.1	时间、质量、成本	Time, Quality, Cost	TQC
1.4.1	时间、成本、质量、服务	Time, Quality, Cost, Service	TQCS
1.4.1	信息通信技术	Information and Communication Technology	ICT
1.4.1	信息物理系统	Cyber Physical System	CPS
2.1.1	体系结构(体系)	Architecture	—
2.1.1	体系结构框架	Architecture Framework	
2.1.1	控制维护和组织生成的	Department of Defense Architecture	—
2.1.1	美国联邦企业体系结构框架	Federal Enterprise Architecture Framework	FEAF
2.1.1	财政部企业体系结构框架	Treasury Enterprise Architecture Framework	TEAF
2.1.1	英国国防部体系架构框架	Ministry of Defence Architectural Framework	MODAF

续表

首次出现章节	中文	英文	缩略词
2.1.1	开放标准的 SOA 参考架构	The Open Group Architecture Framework	TOGAF
2.2.4	面向生产计划与调度的	Production Planning and Scheduling	—
3.4.2	蚁群优化	Ant Colony Optimization	ACO
4.1.1	工作负荷	Workload	—
4.1.1	分层固定在制品投料	Layerwise Constant WIP	Layerwise CONWIP
4.1.1	动态分类在制品投料	Dynamic Classified WIP	DC-WIP
4.1.1	复合优先级派工策略	Compound Priority Dispatching	CPD
4.1.1	工作负荷控制	Work Load Control	WLC
4.1.1	约束理论	Theory of Constraint	TOC
4.2.1	负荷均衡投料控制算法	Work Load_Balancing	WL_Balancing
4.2.2	极限学习机	Extreme Learning Machine	ELM
4.2.2	综合评价值	Comprehensive Index	CI
4.2.2	动态负荷均衡投料控制算法	Dynamic Workload Balancing	—
4.3.1	基于设备故障的维护策略	Failure Based Maintenance	FBM
4.3.1	基于设备改造的维护策略	Design-Out Maintenance	DOM
4.3.2	基于加工片数的维护	Wafer Based Maintenance	WBM
5.2	鼓-缓冲-绳子方法	Drum-Buffer-Rope	DBR
5.1.2	TRC 模型	Hewlett-Packard Technology Research Center Silicon Fab	—
5.2.2	基于 DBR 的分层调度	Different Layers Scheduling	DLS
5.3	基于仿真的优化	Simulation Based Optimization	SBO
5.3.3	非支配排序遗传算法	Non-dominated Sorting Genetic Algorithm	NSGA
5.3.3	改进的非支配排序遗传算法	Improved Non-dominated Sorting Genetic Algorithm	NSGA-II
6.1.1	启发式规则	Huristic Rule	
6.1.1	最短加工时间优先	Shortest Processing Time	SPT
6.1.1	最长加工时间优先	Longest Processing Time	LPT
6.1.1	最早交货期优先	Earliest Due Date	EDD

续表

首次出现章节	中文	英文	缩略词
6.1.1	最早工序交货期优先	Earliest Operation Due Date	EODD
6.1.1	最短剩余时间优先	Smallest Remaining Processing Time	SRPT
6.1.1	先序先服务	First Buffer First Serve	FBFS
6.1.1	下一排队队列最小的工件优先	Fewest Lots at the Next Queue	FLNQ
6.1.1	产线平衡	Line Balance	LB
6.1.1	流程控制	Flow Control	FC
6.1.1	基于实例推理	Case-based Reasoning	CBR
6.1.2	先进过程控制	Advanced Process Control	APC
6.1.2	数据采集与监视控制系统	Supervisory Control and Data Acquisition	SCADA
6.1.2	无线传感网	Wireless Sensor Network	WSN
6.1.2	无线射频识别	Radio Frequency Identification	RFID
6.2.1	最小松弛时间优先调度规则	Least Slack	LS
6.2.1	加工周期波动平滑调度规则	Fluctuation Smoothing Variance Cycle Time	FSVCT
6.2.1	拖期方差波动平滑调度规则	Fluctuation Smoothing Variance Lateness	FSVL
6.2.1	动态调度策略	Dynamic Dispatching Rule	DDR
6.2.3	K 邻近算法	K-Nearest Neighbor Algorithm	K-NN
6.3.1	支持向量机	Support Vector Machine	SVM
6.3.1	贝叶斯	Bayes	—
6.3.1	决策树	Decision Tree	DT
6.3.1	信息增益率	Information Gain Ratio	—
6.3.1	信息增益	Information Gain	—
6.3.1	分割信息量	Split Information	—
6.3.1	预剪枝	Pre-pruning	—
6.3.1	后剪枝	Post-pruning	—
6.3.2	最低允许值	Lowest Limited Value	LLV
6.5	基于数据的瓶颈设备实时调度算法	Data-Based Bottleneck Scheduling	DBBS
7.1.2	右移重调度	Right Shift Rescheduling	RSR

续表

首次出现章节	中文	英文	缩略词
7.2.1	托肯	Token	—
7.2.1	面向重调度决策的模糊Petri网	Fuzzy Petri Net for Rescheduling	FPNR
7.3.1	匹配点	Match-up Point	—
7.3.1	设备组	Machine Group	MG
7.3.2	单台设备匹配重调度	Single Machine Match-up Rescheduling	SMUR
7.3.2	设备组匹配重调度	Group Machine Match-up Rescheduling	GMUR
7.6	全局生成式重调度方法	Full Generation Rescheduling	FGR
8.1	组件化可重构生产计划与调度系统	Modular Reconfigurable Planning and Scheduling System	MRPSS
9.3.2	长期平均产出	Throughput	TH
9.3.2	长期平均生产周期	CycleTime	CT
9.3.3	平均失效间隔时间	Mean Time to Failure	MTTF
9.3.3	平均恢复间隔时间	Mean Time to Repair	MTTR
9.3.3	平均制造周期	Mean Cycle Time	—
9.3.3	理论制造周期	Sum of Process Time	—
9.3.3	原始加工时间	Raw Process Time	—
9.3.3	变异系数	Coefficient of Variation	CV
9.3.3	变异系数的平方	Squared Coefficient of Variation	SCV
9.3.3	实际最差情形	Practical Worst-Case	—
9.3.3	实际最差性能	Practical Worst-Case Performance	—
9.3.4	到达时间间隔	Mean Time Between Arrivals	—

索 引

D

短期生产计划与调度方法　122

K

可重构　16, 57, 61, 66
可重构体系结构　52, 65, 240
　　计划-调度优化　40, 66, 109, 272
　　计划-调度/优化-重调度　63, 66, 272, 278, 281
　　计划-派工　29, 37, 63, 67, 282
　　计划-派工-重调度　63, 67

P

批加工调度　69, 123, 241
　　匹配重调度　69, 217, 224, 233, 241, 260
　　评估尺度　284, 289, 300

S

设备维护计划系统　40, 69, 240, 269, 273, 284
生产计划与调度　10
　　重调度　14, 204, 241, 260
　　动态调度　13, 14, 170
　　短期生产计划　10, 12, 54, 121, 251, 257
　　派工　11, 55, 87, 171, 178, 241
　　生产调度　12, 13
　　中期生产计划　10, 11, 54, 84, 112, 251, 252
实时调度　14, 170, 251

T

体系结构模型　20, 31
　　活动行为单元时序图（BPV-2）　42, 51, 67, 72, 111, 157, 196, 231, 270
　　目标活动视图（BSV-2）　39, 51, 70, 108, 151, 193, 228
　　任务描述模型（BSV-1）　38, 51, 108, 150, 193, 228
　　通用角色维护模型（CV-3）　47, 51, 65
　　物理数据模型（CV-6）　35, 49
　　系统接口视图（CV-1）　37, 45, 51
　　系统维护模型（BSV-4）　41, 51, 109, 154, 193, 229
　　协同节点模型（CV-2）　34, 46, 51, 70
　　协同时序图（CV-5）　48, 51, 66, 67, 72, 271
　　协同性能视图（CV-4）　48, 53
　　业务过程模型（BPV-3）　44, 52, 112, 197, 231
　　业务活动模型（BPV-1）　42, 51, 110, 155, 195, 230
　　业务节点模型（BSV-3）　40, 51, 70, 109, 153, 193, 229, 269
　　业务逻辑数据模型（BPV-4）　44, 51, 112, 157, 197, 232
投料计划系统　40, 69, 98, 240, 269, 273, 282, 305